ドイツ史

HISTOIRE DE L'ALLEMAGNE

◎André Maurois　アンドレ・モロワ 著

◎桐村泰次 訳

論創社

HISTOIRE DE L'ALLEMAGNE

(1965)

by André Maurois

凡例

一、本書はAndré MauroisのHISTOIRE DE L'ALLEMAGNE（HACHETTE, 1965）の邦訳である。著者、アンドレ・モロワは一九六七年に亡くなっており、したがって、その二十三年後の一九九〇年に米ソ冷戦構造の雪解けという世界情勢の変化のなかでドラマティックに実現した東西ドイツ統一とその後の歴史は、本書で扱われている範囲外である。

一、この『ドイツ史』は、同じモロワの歴史書でも、つとに邦訳され、新潮文庫にも収められて広く読まれていた『フランス史』『英国史』『アメリカ史』のいわゆる自由主義諸国三部作に較べて、文章の量は約半分ほどと少ないが、原著にはたくさんの興味深い図版と写真が収められており、視覚的に楽しみながら読めるように工夫されている。本訳書でも、そうした図版をできるだけ収録させていただいた。

一、半面、原著では、文章記述が要約的で簡略であるため、西欧の人々にとっては恐らく常識の範囲内であっても、日本の私たちにとってはわかりにくいのではないかと思われる部分もあり、お節介ながら、〔訳注〕として付け加えさせていただいた箇所が幾つかある。

一、人名や地名など、原著ではフランス語式に綴られているが、本訳書では、ドイツやイギリス、スペイン、イタリアなど、それぞれの言語式に直して表記した。とくに中世の初期から中期にいたるキリスト教の聖職者や文人に関してはラテン語式が重んじられていたことを考慮し、ラテン語式を原則としたが、すでにドイツ式の呼び名が当たり前になっている人については、必ずしもラテン語式を用いなかった。

一、また文学作品名も、ドイツ語のそれではなく、本原書で記されているフランス語表記を付記した。

ドイツ史【目次】

ドイツ史

はじめに

ドイツの歴史を書くことは困難な試みである。というのは、ドイツは、一度も、確たる国境線も、一つの安定した中心も持ったことがないからである。不確定な周縁部では、さまよえる部族たちが漂い続けただけでなく、あるときは、イタリアの一部がドイツ神聖帝国の一部となり、あるときは、低地諸国やオーストリアだのスイスがドイツの地図に組み込まれ、ある時期は、イスパニアもゲルマン人たちの国に君臨する君主を王として戴いた。古代ローマの歴史が唯一の都市による多様な国土統治の歴史であったのに対し、ドイツの首都はアーヘン（これは、ドイツのというよりカロリングの都であった）、ウィーン、ベルリン、ボンと移り変わった。プラハも、一時は皇帝の住むドイツの都市であったが、その後、ウィーンと同じく、ドイツからすると外国の首都となった。

ドイツ人の歴史は、形もさまざまなら期間の長さも色々だが、フランス人の歴史、イギリス人、スカンディナヴィア人、ポーランド人、ハンガリー人、チェコ人、オーストリア人、スイス人、オランダ人、ベルギー人の歴史と混じり合ってきた。このため、ドイツ人の歴史は、なるほど独立した絵で表現されるものの、その広がりは時代によって変化してきた。ただ、そのなかで姿を現す一つの理念がある。それが「ライヒReich」である。この言葉は、ケルト語の「リクス rix」、ラテン語の「レクス rex」、すなわち《王》から来た派生語で、「王国」であるとともに、ドイツ人にとっては、ローマ帝国の復活とつながって「帝国」の意味も含んでいた。したがって、ドイツの過去は、現在のドイツと関連づけてではなく、ヨーロッパ的広がりをもち、ヨーロッパの形成に参画した一つの力の歴史として記述されなければならない。

これについては、さらに大きな重要性をもつ二つの点が忘れられてはならない。それは、本書で扱う時代において、ドイツは「中央の帝国 Empire du Milieu」であり、スラヴ人とラテン人の間の緩衝帯であることだ。それ以前はそうではなかった。古代ローマ人たちにとってドイツすなわちゲルマニアは「地平線の彼方の世 l'au-delà」であり、ローマ化されていない多様な民族が湧き出してくる神秘的な貯蔵庫であった。

ドイツがキリスト教世界になるのは、イタリアやガリア（すなわちフランス）より何百年もあとである。しかし、その後ドイツとなった幾つかの地域、たとえばライン川に沿った一帯は早くからローマ化していた。彼らの性格と思考法は、いまもこの経験を刻印されている。

第一章　先史時代から《ゲルマニア時代》へ

先史時代〔訳注・六〇万年前から西暦紀元ごろまで〕には、ヨーロッパは四度も中心部まで氷河に覆われた。その最初の間氷期には人間が生活した痕跡が見られる。ハイデルベルク人の骨が見つかっているのである。第二の間氷期にはシュツットガルトの近くのシュタインハイムで人間の遺骨が見つかっている。第三間氷期の人間の痕跡がデュッセルドルフの近くで発見されたネアンデルタール人のそれである。

これらの先史時代人たちは、フランスにおけるヴェゼールの谷〔ラスコーの洞窟で知られる〕の人々と同じく、氷河のへりの危険な場所で接近しあい、生き残るために苛酷に戦った。しかし、初めは部族も民族もなかった。これらの「化石人類 préhominiens」をドイツ人と考えることはできない。彼らは原初の人類の名残なのである。

〔訳注・氷河期と間氷期が反復したこの約六〇万年の時代を地質学的には更新世と呼び、第一間氷期は前五四万年から同四八万年まで、第二間氷期は同四三万年から二四万年、第三間氷期は同一八万年から一二万年まで続いた。前一万年ごろから以後は第四間氷期とされる。人類学的に現生人類であるホモ・サピエンスの誕生は十数万年前で、彼らがヨーロッパに登場するのは最後の氷河期の末である。〕

しかし、この最後の氷河期の初めには打製石器から磨製石器が現れ、やがて青銅器、そして鉄器というように、人間の生活の痕跡が増えてくる。野生の獣たちを狩ることによって衣食を手に入れた長い狩猟時代のあと、獣たちを飼育して安定的に衣と食を手に入れるようになる牧畜の時代が続く。その場合、ある土地で牧草がなくなると別の土地へ、家族ともども、財産をもって移動したから、そのなかで車や舟が発明された。

西暦前二五〇〇年から同二〇〇〇年までのこの時代のゲルマニアで唯一のモニュメントが墳墓（tumuli）である。そうした墳墓からは宝石や首飾り、腕輪、また陶製の食器や銅を打ち出したコップなどが見つかっている。死者を葬り、こうした様々な品を副葬した墳墓は、人間が死について考え、あの世について想いを抱くようになっていたことの重要な証拠となっている。彼らが、ヨーロッパじゅうで、何世代にもわたって遺した物的痕跡は、このように石器や墓しかないが、言葉や社会の仕組み、調理法や薬草の処方などの遺産も継承されていった。これらがなくしては、彼らの冒険の継続はありえなかったであろう。

青銅器時代〔訳注・ヨーロッパでは前一七〇〇年から同八〇〇年ごろまで〕の終わりごろ、もう一つ別の文明である鉄器文明が東方から中央ヨーロッパに入ってきた。オーストリア北部のハルシュタット、スイスのヌシャテルが、こうした青銅や鉄の武器製造の本物の中心となり、「野蛮な世界」と古典世界との通商が始まった。商人たちは、武器だけでなく、脆いガラスをエジプトからアルプスの北側に運び、帰りには、北の砂のなかから発見された黄色い琥珀（ギリシア人たちは、これを《エレクトロン》と呼んだ）をもたらした。

しかし、エジプトでは何千年も齢を重ねた文明をヒクソスの王たちが引き継いでいる間〔訳注・前一六五〇年ごろから同一五七〇年ごろまで〕に、アルプスの北に広がる森の民たちは、部族形成への最初の何歩かを踏み出したばかりであった。ようやく前五八年から同五一年のころ、ユリウス・カエサルは「ゲルマニア人」について語っているが、この「ゲルマニア人」とは一つの大きな民族の名称ではなく、「広漠たる共同体に属する不明確なグループ」でしかなかった。

くだって西暦一世紀後半、タキトゥスは、ゲルマン人がなんら統一性をもっていないことをはじめて明言し、インガエウォーネスIngévons、ヘルミノーネスHerminons、イスタエウォーネスIstévonsの三つの部族群があり、それぞれが異なる神々を崇めていることを指摘している。しかし、タキトゥスは、そのいずれの部族も目は灰色がかった青で、毛は赤く、戦いでは勇気を鼓舞するために声を合わせて歌をうたうこと、王は生まれによって決まるが、戦いの指揮官は勇敢さによって選ばれることを述べている。

実際には、タキトゥスが区別したのは、部族的というより宗教的違いで、彼が言う「インガエウォーネス」はキンブリー族Cimbresのことで、彼らは北海沿岸で生活していたが、テウトニ族Teutonsやヴァンダリ族Vandalesと同様、度重なる高潮のため逐われたのであった。これには、ジュート族Jutes、フリーシィ族Frisons、アングリー族Anglesも含まれる。またタキトゥスのいう「ヘルミノーネス」はスエヴィ族Suèvesと、のちに低地オーストリアとなるモラヴィアやボヘミアの最初の住民であったランゴバルディー Lombards族である。また、同じく「イスタエウォーネス」はケルスキー族Chérusques、バタヴィー族Bataves、シカンブリー族Sicambresで、彼らはライン川や、その支流のリッペ川、ルール川、マイン川の流域に住んでいた。

彼の三部族説はきわめて恣意的なもので、同じように大異変のなかで故地を逐われ、初めは東欧地域で、のちには全ヨーロッパ的に重要な役割を演じるブルグンドBurgondes族やゴートGoths族などの有力部族は考慮されていない。これらの人々がどのように移動したか、その跡を辿ることは困難で、しかも、局面によって違う名前で登場してくるので、特定することは至難の業である。スエヴィー族は、アラマンニ族

Alamans、フランク族Francs、ザクセン（あるいはサクソン）族Saxonsを名乗るし、ボヘミアのマルコマーニ族Marcomansからはバヴァロワ族Bavaroisが出てくる。

これらの古代ゲルマン人にあっては、商人も農民も漁民も船乗りも未分化で混在している一方で、宗教的には次第に共通の信仰をもつようになる。それは、勇敢に戦うことによって、死後はオーディンOdin（またはヴォータンWotan）が君臨する英雄たちの楽園、ヴァルハラWalhallaに生まれることを期待するもので、このゆえに、彼らは好戦的精神に溢れていたが、客人を歓待する慣習を大事にし、敵であっても、宿所を提供し御馳走でもてなした。ただし、タキトゥスの記述には明らかに理想化と誇張が見られる。そこには、堕落した文明社会の悪徳と対照してこれら野蛮な人々（善良な野蛮人）の美徳を宣揚しようとする意図があった。

部族内にあっては、王は戦士たちの集まりで選ばれ、大楯に載せて推戴された。しかし、王はあくまで戦士仲間の一人であって、『イリアス』に見られるギリシア人の事例と同様、強情っ張りの戦士たちは、しばしば公然と王に抗議した。ゲルマン人たちは、生死が懸かっている戦いにあっては、指揮官（Herzog）に絶対的に服従したが、指揮官と兵士の関係は人間的で、ローマにおけるように杓子定規ではなかった。

ゲルマン人は、部族ごとに頻繁に移動を繰り返した。通常は、より豊かな処女地や牧草地を求めての移動であったが、ときには、東方アジアからやってきたモンゴル系部族の圧力のせいでもあった。その意味では、ゲルマン人たちがローマ帝国にまで押し寄せたのは必然の流れであった。ローマは、共和政時代から長い間、地中海の安全確保に力を注ぎ、北方の守りはアルプスが、越えることのできない防壁となってくれると考え、内陸部のゲルマン人にはあまり注目しなかったようである。このため、これら北方人たちについて知られて

ルーン文字が刻まれた七世紀の留め金
（ミュンヘン先史時代博物館）

いるところは少ない。ブナの木に刻まれた神秘的な記号から生まれた彼らの《ルーン文字》を誰が解読できただろうか？

ユリウス・カエサルは、ゲルマン人たちが太陽と月を礼拝していることを知っていたし、おそらく役割の類似性から《ウルカヌスVulcain》と名づけた火の神のことも述べている。しかし、ドネールDonner（雷神トールThor）やフレイヤFreya（愛の神フリッガFrigga）など、『エッダ』や『ニーベルンゲン』、さらには現代のヴァグナーの歌劇を満たしているそのほかの神々については無知であった。

これらの神々の名は、今もドイツ語の週の曜日名に使われている。日曜日は「太陽の日Sonntag」であり、月曜日は「月の日Montag」、木曜日は「雷神の日Donnestag」、金曜日はフレイヤの日で「Freitag」である。英語の「水曜日Wednesday」は「ウォータンWotanの日」である。こうして、キリスト教化以後も、異教の神話が感情的詩的価値を保持していくこととなる。

〔訳注・ちなみにドイツ語や英語の曜日がゲルマン神話の神々の名に多く由来しているのに対し、フランス語のそれは、火曜日の「mardi」は「軍神マルスmars」、水曜日「mercredi」は「メルクリウスmercure」、「木曜日jeudi」は「主神ユピテルjupiter」、「金曜日vendredi」は「美神ヴィーナスvénus」のようにローマ神話の神の名から来ているものが多い。〕

ゲルマン人とローマ帝国

長い間、ゲルマン人たちは、ローマの力と勢いの前に圧倒されて、家族単位で土地を求めてさまよい歩くのがやっとであった。前一〇二年から同一〇一年、イタリアに侵入したキンブリー族とテウトニ族はマリウス〔訳註・ローマに職業的軍人制度を導入した執政官〕によってアルプスの彼方へ追い返されている。逆に、アルプスの彼方の土地を初めてローマの軍事的政治的行動領域内に組み入れたのがカエサルである。彼は、ガリア人たちを屈服させただけでなく、アルザスでスエヴィ人たちを打ち負かし、ヘルウェティア人Helvètesたちをスイスへ押し戻し、さらには、現在のベルギーの地までローマの属州にした。前一五年と同一二年、初代皇帝アウグストゥスの二人の養子、ティベリウスとドルススがゲルマニア人討伐に出かけ、ドルススはエルベ川にまで軍を進めたが、落馬して、その連続勝利記録だけでなく生涯にも終止符を打っている。

総体的に、ローマは、貧しいゲルマニアの土地の征服には、あまり執着しなかった。のちにアウグストゥスの後継皇帝となるティベリウスは、ゲルマン人王国を保護下に入れることは、利益より危険のほうが大であると見た。彼は、ケルスキー族と同盟条約を結んだが、このゲルマン人たちもローマを信用しなかったし、ローマ人のほうも、ゲルマン側に不満が充満しているのを感じ取ると、条約を無視して相手から攻めてくる

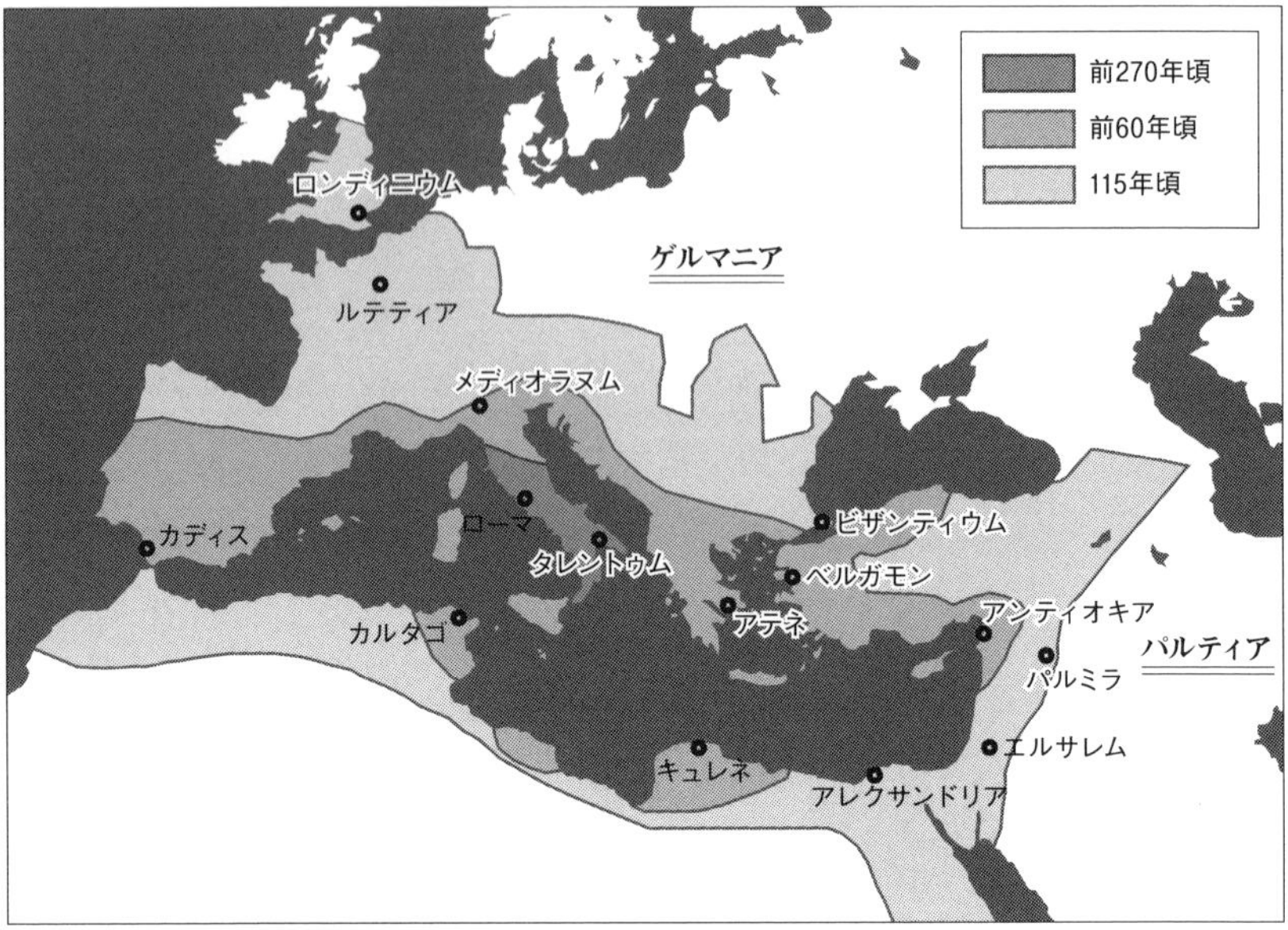

ローマ帝国の版図拡大と周辺地図

前に先手を打って攻撃しようとした。この条約締結から三年経った西暦九年、アウグストゥスからゲルマニア総督に任じられていたウァルスは、ローマ軍三個軍団を率いて行動を起こした。敵方のケルスキー族の指揮官であるアルミニウスは、昨日までローマに仕えてローマ軍をよく知っていたから、広大なトイトブルクの森にローマ軍を誘い込んでこれを全滅させた。これは、ローマにとっては、かつてクラッススがパルティア王国を攻めて喫した大敗以来の大きな災厄であった。アウグストゥスは、この報せを受けるや、「ウァルスよ、ウァルスよ、わしの軍団を返してくれ！」と絶望的に叫んだという。

〔訳注・クラッススはカエサル、ポンペイウスと第一回三頭政治を組んだが、前五三年、軍功を焦ってパルティア帝国に戦いをしかけて惨敗し、自らもカライで戦死した。ウァルスはアウグストゥスと姻戚関係になったことから用いられてゲルマニア総督に任ぜられたのであったが、アウグストゥスは、この敗北を教訓に、帝国領土をライン川より手前の南ゲルマニアまでにとどめることを遺言したとされる。」

その五年後、ドルススの息子のゲルマニクスがローマ軍の雪辱をめざしてゲルマニアに軍を進めたが、タキトゥスによると、このとき、森のなかで、ローマ兵たちの白骨遺体が累々と横たわっているのを目にしている。彼は、ゲルマン人たちをなんとか打ち負かしたものの、凱旋式を飾るのにアルミニウスを捕らえることはできず、その妻子を連れてきただけであった。

ローマは、この危険な国にこれ以上征服戦争を押し進めることを望まず、ライバル同士であったアルミニウスとゲルマニクスも、西暦一九年には、いずれも側近によって、おそらく毒殺されている。ゲルマニクスは、ローマで人気が高まり過ぎたため、アルミニウスは、権力を強めすぎているのではと不安がられたためである。

ゲルマン人たちが内輪争いに明け暮れている間に、ローマ人たちは、ダニューブ川（ドナウ川）とライン川に沿って延々とのびる防衛ラインを設けた。ドミティアヌス帝（81-96）以後は、擁壁で守られた戦略道路沿いに一〇ないし一五キロ置きに塔（castelli）を設置し、兵士を常駐させるようにした。このいわゆる《リーメス limes》（要塞線）には、西暦一世紀には八軍団が配備され、二世紀、ハドリアヌス（117-138）のときには配備される兵員は四軍団に減ったが、見張り塔の増設、濠の掘削によって設備の強化が図られた。

その後、民族大移動の時代になるが、そのなかで起きたゲルマン人たちの帝国領への侵入を、あたかも組織化された軍事的遠征であったかのように言うこと以上に真実に反する嘘はない。たしかに、ゲルマン人の侵入は波状的に続いたが、彼ら自身、東方からの脅威に逐われてやむをえず帝国領内に移動したのであり、意図的に要塞線を破ったのではなかった。もともと彼らはローマ人たちを憎んでいたわけではなく、むしろ、チャンスがあれば、喜んでローマ軍兵士になったのであって、西暦二七五年ごろには、ライン要塞線の守備兵は、ほとんどがもはやローマ人ではなく彼らゲルマン人たちになっていた。

ローマは、帝国になってから、兵員をローマ人〔訳注・本来のローマ市民だけでなくイタリア半島の人々も含めて〕で補強することはむずかしくなっていただけでなく、農業労働力も不足しはじめていた。それを埋めてくれたのが、領内に移動してきたゲルマン人たちであった。ゲルマン人たちは、ローマ軍団として各地に宿営したし、退役後も、報酬として土地を提供されたので、帝国領とゲルマニアの境界地帯には、そうした退役兵たちの入植地が次々と生まれ、都市まで誕生していた。その代表というべきケルンKöln〔訳注・ラテン名をコロニア・アグリッピナColonia Agrippinaと言った〕、アウクスブルクAugusbourg（ラテン名はアウグスタ・ウィンデリコールムAugusta Vindelicorum）などは、ローマ風に広場（forum）、集会所（basiliques）、神殿（temples）、大浴場（thermes）、円形劇場（amphithéâtres）などを備えたローマ都市であった。家々は高層化し、暖房設備が施され、壁は美しいモザイク画で飾られていた。退役兵士たちは別荘（villas）も建てた。こうした都市には、土着のアラマンニ族やガリア人もやってきて住んだ。ローマは、排除できないものを躍起となって排斥しようとするよりは、進んで同化しようとしたのである。

キリスト教の浸透

いまや帝国を守っているのが野蛮人たちで、《リーメス》の要塞の上にいるのがゲルマン人たちばかりであるという事実は、ローマ人市民にとってはうれしいことではなかったが、帝国衰退の趨勢は如何ともしがたいことであった。皇帝ディオクレティアヌス（284-305）は、この広大な帝国を一人の皇帝が治め、国境を守ることは不可能であると悟り、正帝二人と副帝二人、計四人で帝国を分割し、そのそれぞれに首都を置いて統治するようにした。〔訳注・ディオクレティアヌスはマクシミアヌスをもう一方の正帝に、コンスタンティウスとガレリウスを副帝にした。〕

この四つの都の一つが、現在のドイツの地ではトレウェリ Trèves（トリーア）で、副帝コンスタンティウスは、ここからガリアとヒスパニア、ブリタニアを統治した。〔訳注・ちなみに、ほかの三都とは今のミラノ、バルカン半島のシルミウム、小アジアのニコメディアであった。〕

当時のローマ軍の兵力は、最大値でも四〇万を超えていない。これは、一億の人口を擁する帝国にしては少ないし、延々と延びた国境を守るには不充分であった。とくにゲルマニアは大規模な民族移動が行われる舞台となっており、東部では、ゴート人（これに西ゴートと東ゴート人がいた）たちが帝国領に押し寄せてきていた。三三二年、コンスタンティヌスは西ゴート人と条約を結び、ダニューブの境界線の防衛を彼らに委

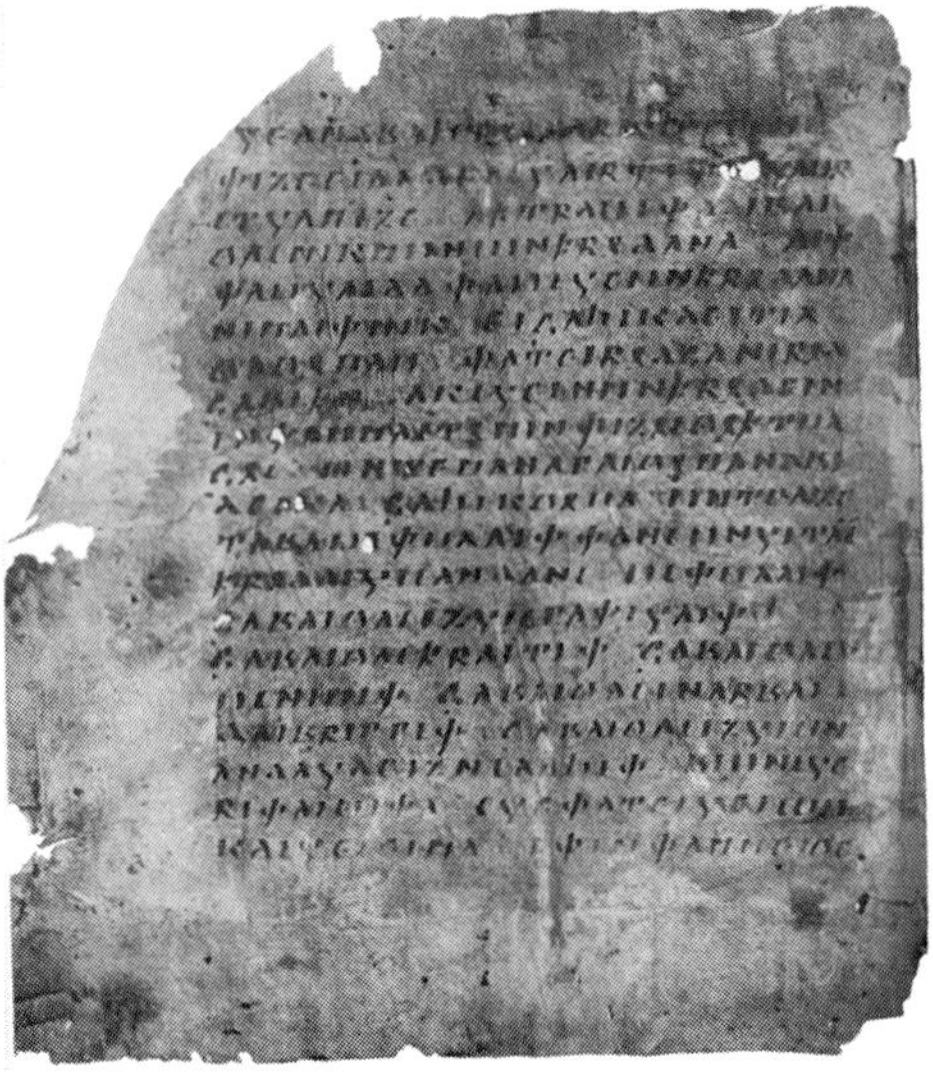
ウルフィラのゴート語バイブルの断片（アンブロジウス写本B）

ねざるを得なくなる。西方でも、フランク人がラインの要塞線を突破して帝国領ガリアに侵入し、ザクセン人たちは、これまた帝国領のライン西岸に定住する。

この間に、精神的次元においてであるが、キリスト教が帝国じゅうに広まり、強大な新しい力を形成しており、三一三年にコンスタンティヌスがこの新しい宗教を公認したときには、すでにローマ世界は、このキリスト教の司教区・小教区の網目によって覆われていた。ゲルマン系部族のなかで最初にキリスト教信仰を受け入れたのは、バルカン地方に定住した西ゴート人たちであった。偉大な伝道師、ウルフィラス（ゴート人。311-383）はゲルマンのルーン文字とギリシア文字からゴート語のアルファベットを創り、旧約聖書は《七十人訳》（訳注・前三世紀から一世紀にかけて、アレクサンドリアのユダヤ人共同体で、七十二人の人々によってヘブライ語原典から、当時のこの地域の共通語であったギリシア語に翻訳された）から、新約聖書はギリシア語原典からゴート語に翻訳した。

ゴート人たちにとって不幸だったのは、ウルフィラスが広めたのがアリウス派の信仰だったことである。アリウス、すなわちアレクサンドリアのアレイオスは、キリストは「父なる神」と違って人間であり、神性はあっても副次的であるとする説を立てた。このキリストの神性に関する神学論争はキリスト教会を引き裂いていく。使徒聖ペテロの後継として随一の権威を誇ったローマ司教は、「父なる神」と「子なるイエス」と「聖霊」は一つであるとして《三位一体》を唱え、三二五年、コンスタンティヌス帝によって招集されたニカイアの普遍公会議でアレイオス説は異端と宣告される。

この結果、ゴート族の信仰は、ローマ教会に従う民衆から異端として見放され、彼らがイタリアとアクィタニアで建てた王国は凋落し、それに対し、《三位一体》の教義に従ったフランク族やサクソン人の王国は、ローマ教会の支持を得て、永続性を保障された。

ゲルマン人たちがローマ帝国の番兵であることを受け入れているかぎりは、彼らの大移動も、それほど不安を呼ぶことはなかった。しかし、四世紀終わりごろ、モンゴル系騎馬民族であるフン人たちが中央アジアの草原から移動してきてヨーロッパ南東部に侵入してくると、ちょうど液体のなかを圧力が伝わるように、それに押されて西ゴート人が、妻子たちを連れ、徒歩や車で移動を始めた。八万人の西ゴート人がダニューブ川を渡って、帝国領に入り、コンスタンティヌスによって「新しいローマ」として建設されたビザンティンの都に避難の場を求めてきた。アリウス派信仰を保持していたウァレンス帝は同じアリウス派である誼《よしみ》でこれらの西ゴート人と条約を締結し帝国領内に受け入れたが、ローマ人側が条約を破ったことから、行き場を失ったゴート人たちは西へ方向を転じ、四一〇年にはイタリアに入り、ハリケーンのようにローマに襲いかかる。

このゴート人たちから身を守るためにローマはライン地方に配置されていた部隊を呼び戻した。そこでガリア北部に生じた空白にサリイ系フランク族が侵入してきた。それとともに、帝国の都の一つであったトレウェリも別系統のフランク人たちにより、アルザスはアラマンニ族によって占拠された。加えて、西ゴート族のある部族はトローサ（トゥールーズ）を都とし、ブルグンド人たちはヴォルムスを都として、それぞれ王国を樹立するにいたる。

こうして蛮族たちは、その侵入した国々で、元から住んでいた人々と隣り合って、別の言葉を話しながら、お互いに物々交換などしながら生活を営んだ。なかにはカップルになって内縁関係を結ぶ男女もいれば、正式に結婚する人々も現れる。その間に生まれた子供たちは、多くは母親の言葉を話したから、早くからローマ化していたこれらのガリアの地では、これまでどおりラテン語が優勢を占めた。ゲルマン的なものでわずかに生き残ったのが、「heaume」（兜）、「trêve」（休戦）、「bourg」（城）、「brèche」（狭間）など幾つかの軍事用語である。

このようにして平和的に生活していたフランク人やゴート人とガロ・ローマ人たちであったが、そのあとやってきた蛮族たちのなかには、荒々しい侵入者たちもあり、それに立ち向かうために結束しなければならなかった。四三六年、フン族が嵐のように襲来したとき、ガロ・ローマ地域は、逐われて避難してきたブルグンド人たちを受け入れているが、四五一年には、フン族本隊が侵略してきて、ローマ人とガリア人、ゲルマン人たちは、「最後のローマ人」と呼ばれたアエティウスの指揮のもとにカタラウヌムの野で戦った。これによってフン族は東方へ追い返され、首長のアッティラは結婚していたゲルマン人女性によって暗殺されて、恐れられたフン族の侵入に終止符が打たれる。アエティウスは、戦乱を超えて生き残ったブルグンド人たちをソーヌ川とローヌ川の谷に住まわせ、これが、のちの《ブルゴーニュ》の核となる。

アエティウスの勝利によって西欧は救われた。なぜなら、フランク人もブルグンド人もゴート人も、ローマに対する真摯な敬意を失わなかったからである。権力を握ったゲルマン人首長たちも、根底からローマ化していた西ヨーロッパの諸民族を治めるためには、ローマの諸制度を採り入れなければならなかった。《ガロ・ローマ人》〔訳註・ローマ化されたガリア人〕たちも、ゴート人やフランク人為政者たちと、さまざまな意味で協調していくよう努力した。しかし、五世紀を過ぎると、ローマとの交流は途絶し、中央からの指令は届かなくなる。

四七六年、パンノニア出身の武将、オレステスが西ローマ皇帝ネポスを倒し、息子をロムルス・アウグストゥルスの名で玉座に登らせるが、翌年、ロムルスは、ゲルマン人や東方人傭兵で構成されていた軍隊により廃位され、隊長であるスキリ族〔訳注・原著では誤って「scythe」となっている〕の首長の息子、オドアケルが王に推戴された。オドアケルは皇帝の位に即くことを拒み、西側皇帝の紋章をビザンティンに送り返した。これは、自分たちはローマ帝国から独立した立場であることの宣言であり、この結果、ロムルス・アウグストゥルスが最後の西ローマ皇帝となった。

しかし、ビザンティンは、これを《ローマ帝国》の終わりとは考えなかった。むしろ帝国の中心が東のビザンティンに一本化されることによって統一性を取り戻したのだと考え、《帝国》の支え役を自任していた東ゴート王、テオドリックをオドアケル討伐に差し向けた。テオドリックは勝利を得たあと、自らを「ローマに君臨するローマ人とゴート人の王」を名乗ったが、《皇帝》の称号は名乗らず、ローマの元老院には敬意を払いつつも、ラヴェンナに王都を置いて統治した。彼の大胆さと神話的スケールの大きさは、数々の英雄伝説(『ヒルデブラントの歌 Hildebrand's Lied』『ディートリヒの逃亡 Fuite de Dietrich』『コルボーの戦い La Bataille des Corbeaux』)によって語られている。彼の死後、ユスティニアヌス(482-565)の治下、ビザンティンは、何度も、西側帝国の領土回復を試みたが、成功しなかった。

ローマでは教皇の権威が強大になり、西側世界の第一人者になっていった。教皇は聖職者たちとローマ人貴顕によって選ばれたが、その選定の結果はビザンティンの皇帝によって承認されなければならなかった。この教皇権がドイツ史のなかで、どのように大きな役割を演じることになるかは、あとで見ていくが、それは、ドイツの範囲を超えて、外に溢れ続ける。

六世紀末ごろには、エルベの下流域から転々と移動してきたランゴバルド人たちがモラヴィア、ボヘミア、オーストリア、ハンガリーの地を占拠し、イタリア半島にも住み着き、五八〇年、ランゴバルドの王は、熱心なカトリック教徒である妻テオデリンデの影響でカトリックに改宗。テオデリンデがモンツァ〔訳注・北イタリアのミラノの北〕に建てさせた教会堂には、ランゴバルド王重代の鉄製の冠が保存された。

カトリックの優勢の前にアリウス主義は後退していった。イスパニアのトレドに住む西ゴート王、レカレド一世も、五八七年にはカトリックに帰依している。しかし、このころ、予想できなかった新しい要素が歴史のなかに入ってくる。はるか東方、アラビア砂漠の地で、マホメット（ムハンマド。571-632）がアラーの預言者としてイスラム教を樹立するとともに、この教えに従わない人々に聖戦をしかけよという好戦的理念をアラブ人たちに遺した。その教えのままに聖戦を繰り広げたイスラム教徒たちは、一方は小アジア、バルカン半島方面に勢力を広げるとともに、もう一方は北アフリカ沿岸を西に進んで、ジブラルタル海峡を渡って、イスパニアから、ちょうどやっとこで挟むように西ヨーロッパに迫った。イスパニアでは七一一年には最後の西ゴート王が姿を消し、この極西の地が東方はるかなダマスクスのカリフの支配下に入る。ビザンティウムに押し寄せたイスラムの艦隊は、七一八年、レオ三世の手で辛うじて撃退されるものの、キリスト教世界はアフリカとアジアを失って、重心は西へ移動する。

これで、ローマ教皇の立場はさらに強くなったが、これを支えたのがフランク人という新しい力の台頭である。

フランク人の王国

ドイツの歴史はこれまでにも他の国々のそれと混ざり合ってきたが、これからの二節はフランス史（より正確にいえばフランク人の王国の歴史）とドイツ史の双方に関わっている。

このころ、ガリアはさまざまな蛮族王国のモザイクという様相を呈していたが、フランク人たちは、低地地域（Pays-Bas）からロレーヌにいたる広大な帝国を樹立していた。その首長のクローヴィス（クロドヴェヒ。482-511）は、カトリック教徒の女性、クロティルドと結婚し、彼自身は異教徒であったが、妻の信じる宗教を取り込むことによって、《三位一体派trinitariens》の司教たちの強力な支持を確保し、立場をほかの首長たちに対し有利にすることができた。カトリックの司教たちにとって重要なのは、ガリアにおけるアリウス主義を打ち負かし、《子》（イエス）と《父》（神）と《聖霊》が一体であることを認めさせることであったが、他方の、およそ宗教についてシニカルなクローヴィスにとっては、三つのペルソナを同一とするか否かは「政治的・軍事的選択」でしかなかった。

クローヴィスがめざしたのは、ガリア全土を掌握し、フランクの王座を文句のつけようのない権威のうえに樹立することで、その最初の一歩が、ローマ的権威の最後の残滓を一掃するためのソワソンの戦いであった。〔訳注・四八六年、現在のパリ周辺からノルマンディーにかけて支配していたローマの武将、シヤグリウスの軍を破り、北ガリアを手中に収めた戦い。〕その後も、彼は、勢力拡大のためには、策略であれ暗殺であれ戦争であれ、手段を選ばなかった。相手が身内であろうと敵であろうと構わず、片っ端から殺すことによって西ゴート族が領有していたアクィタニアを併合し、ピレネー山脈にまで領土を拡げた。

その意味でこの王は悪党ではあったが、大きな貢献もした。ガリアに統一性をもたらし、戦士たちに洗礼を受けさせ、王権をカトリック教会に結びつけた。生涯の最後にいたって、彼はビザンティン皇帝、アナスタシオスから「ローマ執政官」の称号を受け取ったが、これは、権力の連続性を打ち立てるものとなった。

こうして樹立されたメロヴィング王朝は、クローヴィスの死後、三百年間、続いた。しかし、父が死ぬと資産を息子たちの間で分割するというこの部族の慣習のため、代が替わるごとに王国は細分され骨肉の争いが起きた。この時代の年代記者、トゥールのグレゴリウス（538-594）は、野蛮な君主たちの暴虐が、子供

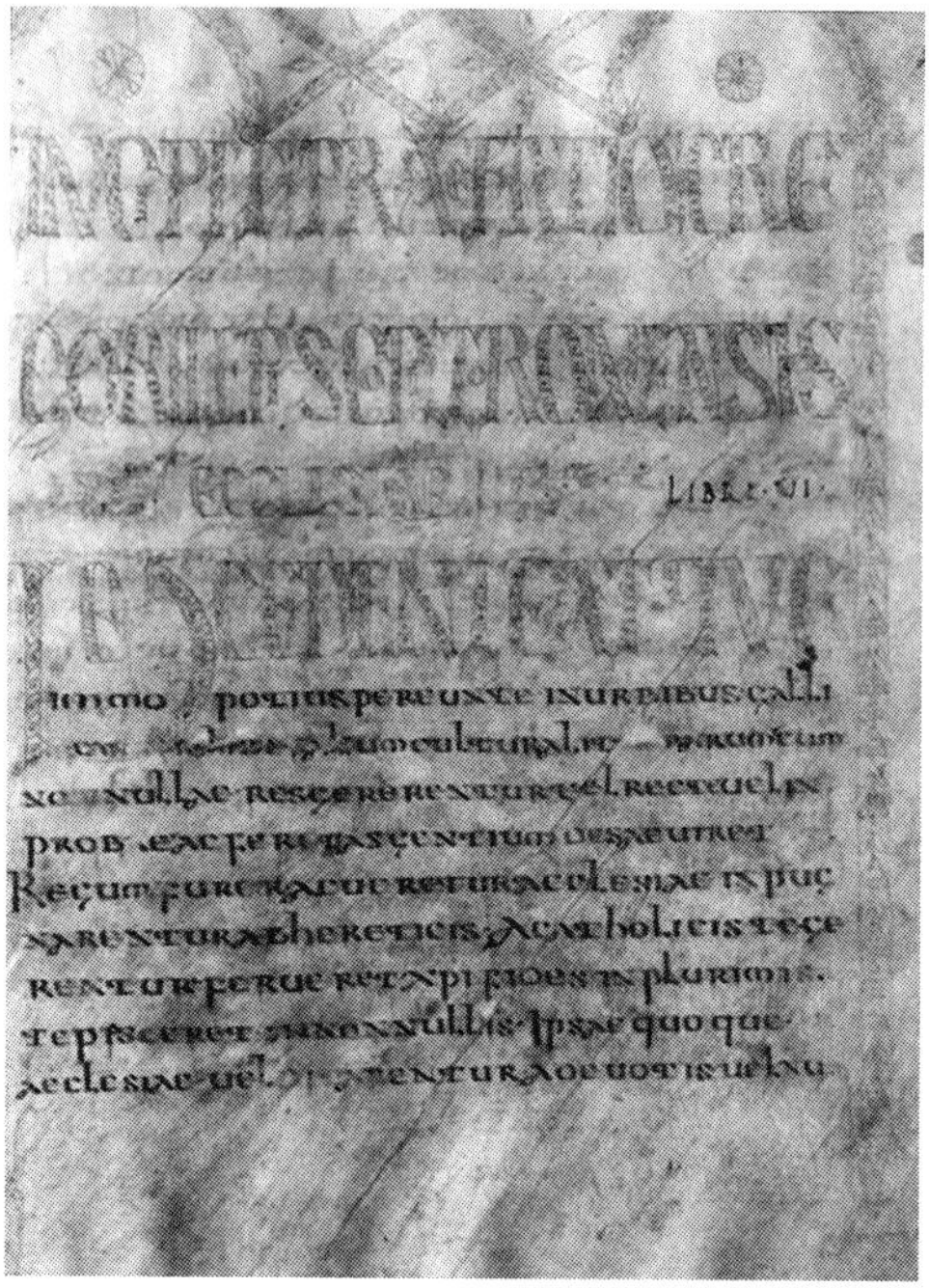

グレゴリウス「フランク史」の七世紀の写本

や妻たちだけでなく、さらには司教たちの上にも容赦なく加えられた恐るべき世界を描き出している。メロヴィングの宮廷生活は、国じゅうの富が集められた市場《いちば》（souk）であるとともに、妻妾たちが愛憎劇を繰り広げるハーレム（sérail）でもあった。

結局、メロヴィングの王たちの衰亡は避けがたいものであった。彼らの生命の力は不節制と淫蕩で消耗され、多くが成人に達しないうちに死んでいった。他方で、イスラム軍の侵略は勢いを増していた。地中海の覇権はイスラムのものとなり、七二五年にはローヌ川流域がアラブ人の支配下に入り、フランク王国は異教徒のカーテンによって他のキリスト教世界から遮断される。王権は失墜し、王が有しているのは称号と名誉と長髪のみとなる。それに対して、本来は王家の家令でしかなかった《宮宰 maire du palais》と呼ばれる一人の役人が王国の事実上の首長となる。

私たちは、何人かの宮宰について語らなければならない。なぜなら、彼らの子孫の一人がヨーロッパの歴史のなかで最も威信ある存在になっていったからである。メロヴィング王家の宮宰の職務は、約百年間、ラテン人とテウトニ族が相接するムーズ出身のペパン（一般的にはピピン）家に代々受け継がれてきた。六八一年にメロヴィング家の宮宰になったヘリシュタールのピピン二世の庶子がカール・マルテル。このカール・マルテルの子がピピン三世（短軀王）、孫がシャルルマーニュである。「マルテル」とは「le Marteau」（鎚）から来た渾名で、その勇猛さをもって、七三二年、イベリア半島からガリアに侵入してきたイスラムの大軍をポワティエの近くで敗走させる。この輝かしい勝利は、アラブ人たちのガリア征服の野望を打ち砕いた。

このころ、ゲルマン人たちのキリスト教化に尽くしたのが、とくにイングランドやアイルランドからやってきた宣教師たちである。ブリテンの島々は、蛮族の侵入から比較的に守られ、多くの書物が焼失や破損を免れ、学問も信仰も大きく発展していた。ドイツの布教史において最も偉大な足跡を遺したイギリス生まれのウィンフリード（ウィンフリスWinfrith）は、ベネディクト会修道士としてローマに滞在していたとき教皇グレゴリウス二世から「ボニファティウス」の名を与えられ、七一九年、フリージア人、ヘッセン人、テューリンゲン人、フランク人、ザクセン人などゲルマン人たちへの布教を託されたのであった。

ボニファティウスが教皇から与えられた権限は、教皇庁のプロコンスル（ローマ帝国における地方総督）で、伝道師であるとともに行政官としてのそれであった。彼は、フルダに修道院を創設し、フランク人たちの軍事力に支えられてアイヒシュタット、ザルツブルグ、レーゲンスブルク、フライジンゲン、パッサウ、エルフルト、ヴュルツブルクに次々、新しい司教区を設立した。バイエルンの教会を組織し、七三二年には教皇によってマインツ大司教に任命された。彼の生涯に関して人口に膾炙しているエピソードは、異教神トールThorの樫の木を倒したことであるが、このような荒っぽい行動は彼の通常の振舞いにはないことで、むしろ、善意にあふれた寛容さから異教的慣習をキリスト教の礼式のなかに採り入れたというのが真相である。それでも、七五四年、ヴェーゼル川〔訳注・エルベ川より少し西で北海に注ぐ〕の畔のドックムでフリージア人たちによって殺され殉教している。

ゲルマン人たちを改宗させることは容易な仕事ではなかった。彼らは絶えず移動してまわる生活に馴染んでいて、祖国というものをもたなかった。神々自体、名誉ある死を遂げた英雄たちが迎え入れられる天上のヴァルハラに住んでいるとされ、固定的に祀られる神殿をもたなかった。ゲルマン人たちは心底から宗教的ではあるが、キリスト教会に対しては敵対的で、なかんずく彼らの人格は、権威主義的に服従を要求するローマ教会に屈服するようには作られていなかった。

このような人々がまず触れたキリスト教はアリウス派のそれであり、カトリックに改宗するのは、定住生活に入り、祖国をもつようになってからである。とりわけザクセン人は反抗的で、彼らは長い間、アリウス派のそれさえ信じようとせず、なんとか改宗を逃れようとした。せいぜい受け入れても、キリストを自分たちの神々のなかに新顔の一員として仲間入りさせただけであった。彼らの社会は貴族（Edlinger）、自由民（Freilinger）、農奴（Laten）という強固な階層構造をもっていたから、精神面に限って見ても、絶対神のもとでの平等観というキリスト教的倫理にはマッチしなかった。これと対照的なのがフランク人たちで、彼らにあっては、平等主義が政治的・道徳的力をなしていた。

フランクの王制が成功し、教会の支えとなったことで、教皇ステファヌス二世（752-757）は、未来を見据えた大胆な政策を考え出した。ローマ教会にとっては、かつては東ローマ帝国が背後の支えであったが、聖像破壊問題を機に決定的に対立関係になったため、新しい強力な守護者が必要であった。その教皇庁を支えてくれる戦士をメロヴィングに取って代わったカロリング家に見出したのである。もし、このとき、彼がビザンティンと天敵の間柄であったランゴバルド王を選んでいたら、ヨーロッパは全く別の顔になっていたであろう。だが、彼は賢明にも、ランゴバルド人はローマに余りにも近くに住んでいることから、教皇座（Saint-Siège）に対しうるさく口出ししてくるに違いないと判断した。すでに、クレゴリウス三世（731-741）は、近場の荒っぽい隣人に頼るよりも、もっと遠くて教皇に敬意を抱いているフランク人たちを味方につけようと決意していた。

〔訳注・グレゴリウス三世はランゴバルド王によるローマ襲撃に遭ったとき、カール・マルテルに救援を求め、ス

テファヌス二世も、ランゴバルド王アイストゥルフによるローマ襲撃のなかで、フランク王ピピン三世に救援を求めていた。〕

他方、カロリング家は、メロヴィングに代わって王になったので、教皇が自分たちを必要とするより以上に、自分たちも教皇による権威の正当化を必要としていた。というのは、メロヴィングの王たちは、即位にあたって聖レミギウスの聖なる油を塗油されることで神聖さを付与されていたが、その聖なる王たちに代わってフランクの王となった自分たちの正当化のためには、ローマ教皇の承認がどうしても必要であったからである。

七三九年、カール・マルテルは、グレゴリウス三世から聖ペテロの墓の鍵（あるいは《信条》）を贈られ、東方ビザンティンの皇帝に代わってローマの支配者になるよう勧められていたが、まだメロヴィング王に仕える身であることから、彼自身はこの名誉を拒絶していた。しかし、その息子のピピン短軀王は、メロヴィング家から王座を奪うべきときが到来したと判断し、教皇ザカリアスに使者を送って、その意志を伝え、色よい返事をもらった。事実、ピピンは王位に即くにあたり、教皇特使の聖ボニファティウスの手で聖別されている。（ただし、ボニファティウスは、それに立ち会っただけであるとも言われている。）

七五四年にいたって、教皇ステファヌス二世は、自らはるばるピピンのもとに赴き、ランゴバルド人の暴虐からローマを救い保護してくれるよう求めた。このとき、教皇はフランク王にローマのパトリキウス（貴族）の称号を授与し、その二人の息子にも塗油し、フランク人たちに向かって、これより以後はピピンの子孫のなかから王を選ぶよう命じている。そのお返しとして、ピピンはランゴバルド人たちを追い払って、その不法に占拠していた町を、聖像破壊を唱えるビザンティンにではなく、「使徒たちの頭、聖ペテロと聖パウロ」の手に戻した。教皇は、これによって、フランク王の臣下になることなく領地を受け取ることができたのであったが、この駈け引きから生まれた教皇の世俗君主権は、その後の歴史を通して西欧の君主たちの桎梏となり、とりわけイタリア統一の障碍となって、大きい禍根を残していくこととなる。

カール大帝（シャルルマーニュ）

ピピンの跡を引き継いだカールCharlesは、その傑出した事蹟によって、ラテン語式では「カルロス・マグヌスCarlos Magnus」フランス式では「シャルルマーニュCharlemagne」と呼ばれるヨーロッパ史上随一の大帝となる。〔訳注・原著はフランス語であるから、以下シャルルマーニュと記述されているが、本訳書では、ドイツ史であることを踏まえて、「カール大帝」とする。〕

その治世は、幸運に恵まれて四十三年間に及んだ。長く続くことは、いつの時代も一つの偉大な幸運であり、しかも、彼の品性には、この幸運に負けない高いものがあった。背は高く、美男子で、並外れて活力があり、任務を逞しく全うし、みんなから尊敬された。すばらしい健康にも恵まれ、性欲も健全（正妻を五人、内縁の妻を四人もっていた）で、常に上機嫌であった。フランク人たちの歌と言葉が大好きで、フランク族の衣服（亜麻の下着、緋色の半ズボン）を身につけ、脚には皮のバンドを巻いた。

彼が基本的にめざしたのは、カエサル（皇帝）たちの遺業を引き継ぎローマ帝国の伝統と栄光を蘇らせる

カール大帝のブロンズ小立像。馬にまたがり左手に世界を象った球を持っている（ルーヴル美術館蔵）

ことであった。こうした理念は、殊更に新しいものではなかったが、ローマ帝国滅亡後の世界の無秩序ぶりは、一つの確固たる中心的権威を必要としていた。「永遠の都」ローマはすでに皇帝たちによって見捨てられ、いまローマに君臨しているのはカエサルの後継者ではなく、聖ペテロの遺髪を嗣ぐ教皇であった。カールがローマの遺産を集めようと企てることができたのは、先祖たちが積み重ねてきた勝利のおかげであった。

しかし、ランゴバルド人たちも同じ考えをもってイタリアを占拠し、教皇を脅かしていた。当初、カールは彼らに対し友好的な政策を採り、ランゴバルド王デシデリウスの娘と結婚したが、一年後、そりが合わないという理由で離縁を申し立てている。本来なら離婚に反対する教皇がこれをあっさり認めたのは、彼が、ランゴバルド人を嫌って、フランク王カールの力を使って、お払い箱にしたかったからであった。

しかし、カールにとって、ランゴバルドとの戦いは、圧迫されている教皇を救うためというより、帝国統一への第一歩であった。ランゴバルド王国は征服され〔773-774〕、デシデリウス王は修道院に閉じ込められて、カールがランゴバルドの鉄の王冠を戴いた。彼は、この勝利のあと初めてローマに足を踏み入れ、荒れはててはいるが、この町の美しさと儀式の壮麗さ、古代遺産の豊かさに驚嘆する一方で、アーヘンの自分の宮廷を文化と信仰の中心にしようというプランを描いた。彼が、自らをキリスト教世界の庇護者をもって任じて自称した「神の恩寵による王」は、その後のフランク人たちにとって新しい標語となった。

このときカールは「ピピンの寄進」〔訳注・教皇領〕を追認したが、征服したばかりのランゴバルドの領土を《使徒たちの第一人者Prince》に寄贈することはしなかった。彼がめざしたのはローマ帝国を再現することであり、そのために勢力範囲を拡げることであって、それを妨げるものは、教皇であろうと王たちであろうと大貴族たちであろうと、容赦するつもりはなかった。それには、まず足許のフランク人たちの宿年の敵であるザクセンとの戦いを終わらせる必要があった。ザクセン公ウィティキンドは野心家で、配下のザクセン人たちはキリスト教に反抗的であった。カールは、ゲルマン諸部族を一つにまとめるためにも、秩序と規律の源泉であるローマ的キリスト教文明によって箍をはめる必要があると考えた。

七七二年、カールは一門の故地であるヘリシュタール〔訳注・ベルギーのリエージュの近く〕を出発して、かつてウァルスの軍団が全滅した森に到達し、ザクセン族が信奉するイルミンスル Irminsul〔訳注・ゲルマン人たちが崇めた木を刻んだ偶像〕の聖域を一掃すると、ザクセンの国の中心であるパーデルボルンに人々を集め、貴族や自由民たちに洗礼を受けさせた。北方に逃れたウィティキンドは、各地で兵力を補強しては抵抗を続け、ヘッセンやチューリンゲンを荒らし回り、聖職者たちを虐殺し、フルダの修道士たちを追放した。カールはアラー河畔のフェールデンでウィティキンドの軍勢を打ち破り、四五〇〇人以上を捕らえて処刑させたという。しかし、この記述は、おそらく写字生の書き誤りによるもので、カールはザクセン人たちを「潰走させたdelocati」のであって「斬首させたdecalloti」のではなかった。

逃れたウィティキンドも、味方の大勢が改宗していくのを見て、七八五年、アッティニー（アルデンヌ）に洗礼を受けにやってきた。異教徒として熱烈であった彼は、洗礼を受けてのちは、熱烈なキリスト教徒となり、修道院を建てるなど、信仰でもカールに負けまいとした。たしかに剣の力で強引に改宗させられた彼らであったが、改宗後はフランク人たちと対等の立場を獲得したし、キリスト教を自分たち固有の英雄的観念に合わせようとして、その固有の言葉とともに、「漠とした騒々しい精神」をいつまでも保持することとなる。

ウィティキンドに輪をかけて反抗的姿勢を貫いたのが、ランゴバルド王デシデリウスの娘婿であったバイエルン公、タシロ三世である。彼は、フランク王の臣下になってからも、遠征のために割り当てられた兵員を提供することも集会に出ることも拒絶したので、カールから臣従誓約のやり直しを命じられ、そのとおりにしたが、誓いを守ろうとはせず、反フランク同盟を作って反抗した。その挙げ句は敗北を喫して修道院に隠遁させられ、領地のバイエルンはフランク王国に併合された。

東方のダニューブ川の流域では、アヴァール人たちがフン族の跡を引き継いで周辺を荒らし回った。カールは、大規模な遠征軍を編成してアヴァール討伐に取り組み、戦いは七九一年から七九六年まで続き、きわめて苛烈な戦争となったが、最終的にはアヴァール人たちを屈服させた。以後、アヴァール人の辺境地域は帝国の東の境界となって、宣教師たちによって彼らの同化が進められた。

イスラム勢力との対決では、西方のイスパニアで『ローランの歌 Chanson de Roland』が伝えている挫折のあと、ピレネーの防衛線を強化してイスラム勢力からフランク王国を守ると同時に、東方ではバグダードのカリフ、ハルン＝アル＝ラシッドと使節を交換し、一頭の象と水時計を贈られている。こちらでは、イスラム教とキリスト教の間で、一種の休戦協定が結ばれたのである。

こうして、彼の《帝国》(正確には、まだ帝国の名を帯びていなかったが) は、西はピレネーのイスパニアとの境界から東はダニューブ川のアヴァールの境界まで、北はザクセンから南はイタリアの教皇領まで広がる。新任の教皇レオ三世は、この現実を踏まえて、自分が聖ペテロの後継に選ばれたことをカールに伝えるとともに、前教皇ハドリアヌスの甥を中心とするローマ貴族から攻撃を受け苦境に立たされていたことから、カールの援護を求めて、はるばるパーデルボルンに旅した。裁定役を引き受けたフランク王はイタリアに南下し、ローマとフランクの高位聖職者たちをサン・ピエトロ教会に集めると、裁判を行って、レオ三世の無罪を宣言した。そのお返しに、教皇は、西暦八〇〇年十二月二十五日、サン・ピエトロ大聖堂でのクリスマス・ミサのなかで、ビザンティンの礼法に則ってカールを「尊厳なるカール Charles Auguste」と呼び、《ローマ人たちの皇帝》の冠をその頭に戴かせたのであった。

これは、西側帝国を復活させるとともに、皇帝をローマ教会の守護者とする教皇の権利を確認するという二重の目的をもっていた。歴史は、この戴冠には塗油を伴わなかったこと、カールにとっては不意打ちであったことを伝えている。カールがこのセレモニーを前もって知らなかった可能性はあるが、教会を守ろうというカールの胸中の願いに合致していたことは確かである。カールが唯一恐れたのは、ビザンティン皇帝の権威を傷つけることであった。

この新しい称号は、彼の力に何かを付け加えるものではなかった。彼は、すでに実際上、帝国の主であった。しかも、この皇帝の称号には君主権は包含されていなかった。君主権についていえば、彼は、「フランク人の王」および「ランゴバルド人の王」としてそれを有していた。したがって、皇帝称号の目的は、古代と九世紀との間に一本の橋を懸けることでしかなかったが、伝統をよりどころにすることが力を増す効果を生んだことは確かで、カールの玉璽には、「Renovatio Romani Imperii」（ローマ帝権の再興）と刻まれている。

他方、ビザンティン皇帝との関係については、八一二年、カールがヴェネツィアとダルマティアを放棄し、東帝国の権威を認める協定を結ぶことによって修復された。そのお返しに、ビザンティンはカールに「バシレウオス basileus」〔訳注・ビザンティンで用いられていた「皇帝」の称号〕を名乗ることを許している。

しかし、諸民族の目からすると、ローマこそ、古代において世界に支配力を行使した唯一の都市（la Ville）であり、世界の中心であることに変わりなかったし、「皇帝 empereur」であることはローマ皇帝たち

（Césars）の継承者ということであった。西側帝国で皇帝が途絶えてのち、ローマに住んでいる唯一の君主は教皇（pape）であったが、シャルルマーニュ（カール）は、新しい皇帝となることによって新しい尊厳性をこのローマから獲得したのであった。

では、ローマにとって《皇帝》とは何だったのだろうか？　あくまでローマという町の戦いの首長であり、この特別の都市がめざした覇権の夢を実現する人であった。カール自身は、「フランク王」というゲルマン人諸民族の王以外の何かでありたいとは思っていなかった。ところが、そのフランク王が「教皇のローマ」から《皇帝の紫衣》を授けられることによって、フランク王の臣下たちは、自分たちの王に対する忠誠だけでなく、ローマ教会に対する宗教的・政治的・道義的義務を担うこととなったのである。こうして、皇帝は、公爵ducsたちと同じく司教たちをも任命する立場となり、フランク語と同様にラテン語を話し、アーヘンに宮殿を建てて住んだ。なぜなら、ここが二つの言葉の境界線上にあるからである。〔訳注・アーヘンは現在のベルギーの東。ゲルマン系フランク語圏と当時のフランス語であった卑俗ラテン語圏の境界であった。〕

行政機構も、ゲルマン的素材とローマ的様式、キリスト教的技法をもって構成された。ゲルマン人諸部族は、カールによる征服のあと初めて、一つに統一された政府、さまざまな利益と言葉、信仰から成る一つの共同体を受け入れたのであった。ライン地方でローマ的都市が興隆する一方で、ローマ化されていない地域でも、皇帝は森のなかに新しい町を建設した。ローマ教会は、ゲルマン人たちに都市と城壁に対する恐怖や嫌悪を克服させた。

「太古の森から伐り出された樫の老木の列柱に支えられて、枝と葉叢が形作るアーチの下を、聖歌が響き

カール大帝の礼拝堂内部（アーヘン。ドームを載せた八角集中式プラン）

渡る。」

学問への嗜好がガリアの地で息を吹き返し、ドイツでは初めて創り出されたのも、カールのおかげであった。彼の秘書であり文化大臣の役を務めたアインハルト（フランス式ではエジナール）は、オーデンバルト〔訳注・マイン川とネッカー川に挟まれた山地〕の生まれであった。神の言葉がゲルマニアでも、粗野なテュートン語（tudesque）で告げられるようになったのも、カールのおかげであった。

そのカールも、生涯の終盤にいたって、自分の壮大なプロジェクトが達成できていないこと、しかも、息子の誰ひとり、イタリアのティベリス川から北海まで、イスパニアのエブロ川からダニューブ川にまでわたるこの帝国を維持できるだけの力がないことを悟り、自分の目が黒いうちから、息子たちの間で分割することを決意した。しかし、息子三人のうち二人は早世し、残ったルートヴィヒを皇帝として戴冠させ、共同で統治させることしか、この老いた皇帝に残された道はなかった。

セレモニーは八一三年、アーヘンで行われた。翌八一四年、カール大帝が亡くなったとき、遺された帝国は、フランク人たちの想像以上に広大であったが、脆さも露呈した。というのは、この新しい君主は信心深く、お人好しで、断固たる姿勢に欠けていたからである。大貴族たちは不従順で、外からはさまざまな敵の憎悪に囲まれ、さらには、カールに対してはせめて対等な姿勢をとった教皇が、ルートヴィヒに対しては見下げる態度をとってきた。

「キリストが頭である聖なる普遍教会は、身体は一つであるが、教会を担う聖職者と王権を担う人との二つのペルソナに分かれている」と教皇は述べた。この「教皇と皇帝が神の半分ずつを分担する」という考え方が、中世を通じてやむことのない抗争の淵源となっていく。

第二章　教皇たちと皇帝

カロリング朝

カロリングの帝国は、外見は堂々としていたが、中身は奇妙に脆かった。すべてがカール（シャルルマーニュ）という一個の人格の上に立てられていたからで、彼は宗教的・道徳的力をそなえた王であるとともに、アウグストゥスのように、諸民族個別の慣習を超越した国家を象徴し、この国家に献身する皇帝であった。彼の強力な精神は、宗教を活気づけ、正義を保証し、一つの文化を創造することのできる中央政府の理念をめざめさせたが、カールの死後その理念を引き継ぐべき西側キリスト教共同体の概念は、諸王国や諸部族の首長たちの狭小な見方の根強さに比して、はるかに微弱なままであった。

カールによってローマ帝国は復活したが、これを永続させるためには、偉大な後継者が必要であった。ところが、カールから権力を継承した息子のルートヴィヒ（在位814-840）は「le Pieux 敬虔」「Débonnaire 温厚なお人好し」という渾名が示しているように、高潔ではあったが、おっとりしており、王としての責務を果たす厳しさに欠けていた。尊敬に値するほど敬虔に贖罪に努めたが、自らの魂の救済にこだわるあまり、公衆の前で罪を告白し、戦士たちから失笑を買った。

その一方でルートヴィヒはフランク人としてゲルマン慣習法には忠実であった。ゲルマン法では、王が亡くなった場合、遺産はその息子たちの間で分割することが原則で、帝国も相続財産として扱われたから、最初の結婚で儲けた三人の息子だけでなく、アラマンニ人ヴェルフの野心的な若い娘ユーディットとの再婚で生まれた息子も加えた四人の間で分割された。長男のロタールは帝位とイタリア王を継ぎ、次のピピンは若くして亡くなったが、その次のルートヴィヒは、「ゲルマン人 le Germanique」の渾名のとおり、ゲルマン人地域である東フランキアを相続することになった。ユーディットとの間に生まれたシャルルは若禿げのため「禿頭 le Chauve」と渾名されていた。敬虔帝は、この「ベンジャミン benjamin」〔訳注・旧約聖書のヤコブの末子、ベンジャミンに由来する〕には第四の王国（シュヴァーベンとスイス）を譲るつもりであった。

この時代の考え方では、これはきわめて公平なやり方だったが、帝国にとっては、これ以上危険なことはなかった。息子たちは、父親がまだ生きているうちから分け前を要求し、まず父親を逐い出し、ついでは、自分のもとに引き止めようとした。不幸な父親は息子たちの間をたらい回しされ、アクィタニアからゲルマニアへ彷徨い、疲れ切ってラインの一つの島で「Heraus! Heraus!」（出ていけ）と叫びながら息を引き取ったという。これは、争い合う息子たちを枕元から遠ざけるためだったのだろうか？　それとも、自由を奪われた彼の魂が、彼岸の王国に逃れようとして発せられた言葉だったのであろうか？

八四〇年にルートヴィヒが天国に旅立ったあとに遺されたのは、秩序を失った帝国であった。年長のロタールは皇帝の称号と、フリーシア〔現在のオランダ〕からカラブリア〔訳注・南イタリア〕に及ぶ帯状地域（これには、アーヘンとローマという二つの首都が含まれていた）を継ぎ、シャルルは、この帯状地の西、今日のフランスのローヌ・ソーヌ川以西を手に入れた。帯状地の東、のちにドイツとなる東フランキアは「ゲルマン人ルートヴィヒ」のものになった。

その後、兄弟たちの間で骨肉相食む抗争が起きる。同じキリスト教徒の君主が《殺戮者の狂宴 orgie de meurtres》が繰り広げたのである。ルートヴィヒとシャルルはロタールを倒すために相携えた。彼らの協力関係を象徴しているのが、古代から異教世界に対するラテン文化の牙城であったストラスブール〔ドイツ語式でいえばシュトラースブルク〕で交わされた荘厳な誓約である。誓いは、当時使われていた《卑俗ラテン語 lingua romana rustica》〔訳注・フランス語の原型〕とゲルマンのフランキア方言との二つの言葉で交わされた。〔訳注・このセレモニーでは、両者は、互いに相手の言葉で誓いを述べたとされる。〕これらは、フランス語とドイツ語の原型を示しており、ドイツをフランス語で「アルマーニュ Allemagne」というのは「アラマン二人の国」の意であり、ドイツ語で「ドイチュランド Deutshland」というのは「Diots〔人民〕の国」という意味であるが、ドイツとフランスの二つの国の棲み分けは、このときには始まっていたと考えられている。

しかしながら、固定的な境界や国民的感情が存在していたと考えてはならない。たしかに、この誓約が行われた翌年の八四三年、《ヴェルダン条約》によって、シャルル禿頭王は将来フランスになる部分を、ルートヴィヒは未来のドイツの部分を統治することが決められた。しかし、長兄のロタールが領有する部分は、半分がイタリア、もう半分はゲルマニアである。しかも、この三分割は仮りそめのもので、兄弟たちそれぞれが、全フランク族の王を自称した。たとえばルートヴィヒが都を置いたフランクフルトは「フランク族の徒渉地」の意である。帝国についても、それぞれ、自分が継承者であると考えていた。

ゲルマニアの諸部族は、古代ギリシアのアテナイ人やテーバイ人、スパルタ人がもっていたような祖国愛をもっておらず、君主が死ぬたびに、互いの間の境界線は引き直された。たとえば八七〇年のメルセン条約、八八〇年のリブモン条約がそうである。

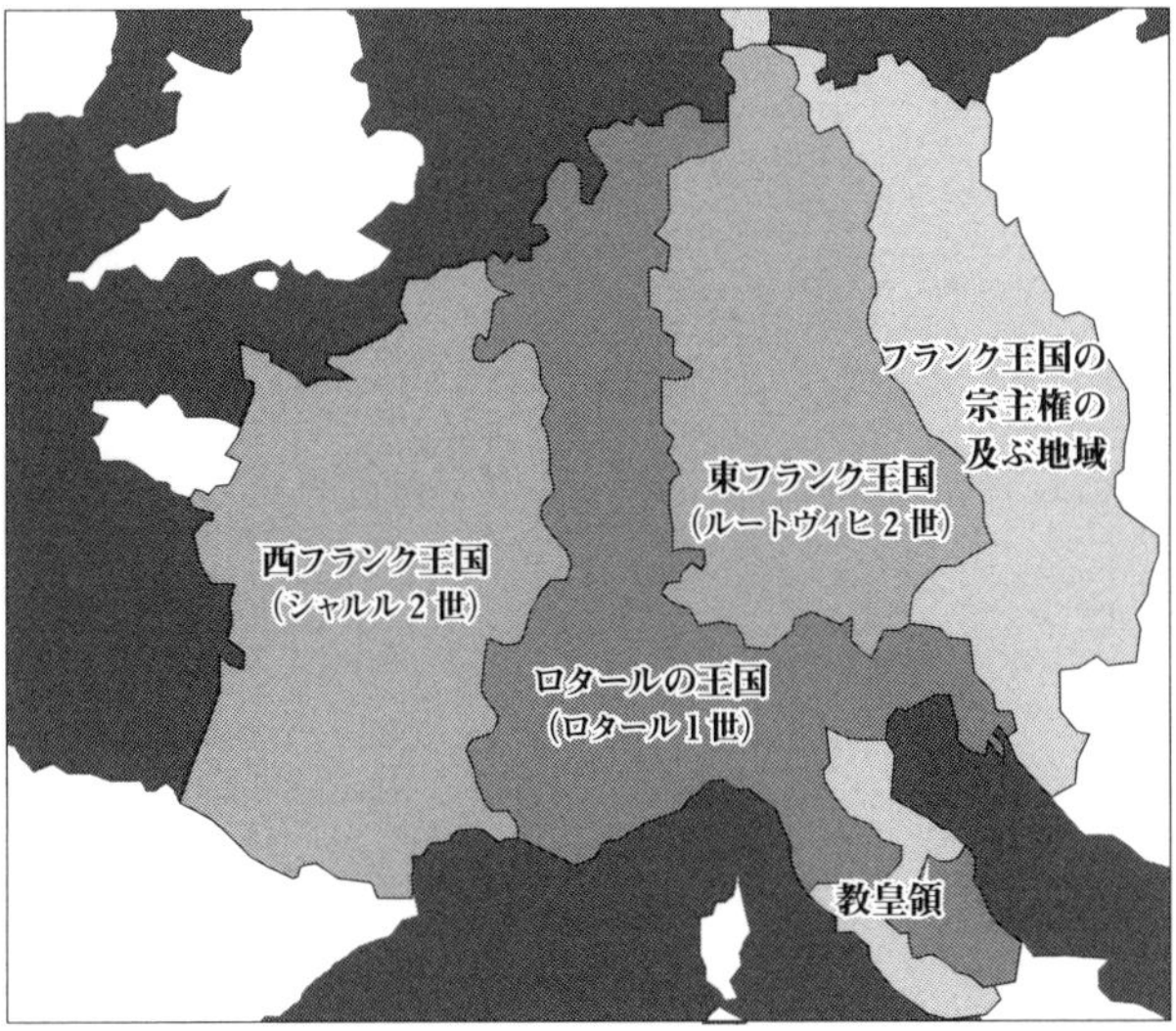

ヴェルダン条約によるフランク王国分割

〔訳注・メルセン条約では、ロタール二世の死でロートリンゲンが東フランキアと西フランキアの間で分割され、リブモン条約では、シャルル禿頭王が亡くなって、旧ロートリンゲンのほとんどが東フランキアに併合されている。〕

ロートリンゲンは「ロタールの王国」の意で、ロタール帝が亡くなり、息子のロタール二世が相続したとき、父親の名前をとって名づけたものであったが、メルセン条約の分割で、ライン下流左岸域の《低地ロレーヌ Basse-Lorraine》（こちらは、一時、ロティエ Lothier と呼ばれた）と《高地ロレーヌ Haute-Lorraine》に分けられた。歴史的にフランスとドイツの紛争の的になったのが後者で、この分割によってフランスとドイツの識別は、より明確になったのであった。

カロリング帝国は、短期間だが二度、統一性を回復した。一度はルートヴィヒ敬虔帝の四番目で最後に生き残った息子、シャルル禿頭による統合〔訳注・シャルル禿頭王は、八七五年、イタリアに遠征して帝位に即き、カール二世を名乗るが、八七七年に没した〕であり、もう一度は、ルートヴィヒ・ゲルマニア王の息子で八八一年に教皇の手で戴冠したカール三世肥満王（le Gros）による統合である。しかし、この異常に肥った男は、勇気もなければ知性も劣っていて、カール大帝に較べると「カリカチュア」ともいうべき不肖の末孫で、臣下の貴族や司教たちによる簒奪から帝国の権威を守ることはできず、城から城へ「黄昏《たそがれ》どきの幻」のようにさまよい歩いた。

帝国の辺境地方は無防備状態で、モラヴィア人やハンガリー人（またはマジャール人）、ノルマン人、サラセン人たちに好き放題に掠奪された。とくにスカンディナヴィアから南下してきて沿岸地域を劫掠したノルマン人たちに対しては、カール肥満王は惨めにもカネで平和を購わなければならなかった。

〔訳注・八八六年、パリがノルマン人たちに包囲されたとき、カール肥満王は大軍を率いて前面に到達したものの、カネを払って平和を購い、しかも、彼らがブルゴーニュを劫掠しても干渉しないことを約束した。〕

結局、東西のフランキア人たちは、この無能な皇帝を排除することで一致したが、このとき、カロリングの血を引いていた唯一の戦士が、彼の甥で庶子であったアルヌルフであった。肥満王は本物の十字架と聖なる槍〔訳注・十字架上のイエスの脇腹を突いたとされる槍〕などの聖遺物とともに権限をアルヌルフに譲り、みずからはダニューブ川の近くの小作地に隠遁し、晩年を過ごした。

粗暴ではあるが活力に満ちたアルヌルフ（887-899）によって、瀕死のカロリング家は最後の息を吹き返す。当時まで不敗を誇ってきたノルマン軍に襲いかかり、ルーヴァンの近く、ダイル川のほとりで殲滅した。

とはいえ、これはノルマン人たちの一軍に過ぎなかったから、大部分のノルマン人たちの掠奪行為が終熄したわけではなかった。彼らのある者は、定住地としてフランスのノルマンディーを獲得し、ある者はロシアにヴァリャーグVarègues王国を樹立（キエフ）、また別のノルマン人たちはアイスランドやグリーンランドに入植し、あるグループは新大陸に上陸している〔訳注・西暦一〇〇〇年のころ、レーフ・エリクソンを隊長とする一団はアメリカ大陸を発見している〕。さらに別のノルマン人たちはシチリアに王国を樹立して、同じくイタリアに勢力を築いていたドイツ皇帝たちと張り合うこととなる。

このような海の戦士と戦うためには艦隊が必要であったが、ドイツ帝国でそのような試みがなされた痕跡はない。ベルギーでの勝利によってカロリング帝国の威信を回復したアルヌルフは、さらに、当時ボヘミアとスロヴァキアを支配し帝国東部を劫掠していたモラヴィア人たちを討伐するため遠征を行ったが、この東方戦線では勝利を得るにいたらず、なんとか講和を結ぶにとどまった。しかも、カルパティア山地とカスピ海の間を動き回っていたこの勇猛で危険なマジャール（ハンガリー）人たちは、その後も、フランク帝国の東方諸州を荒らし回り、中央ヨーロッパを無政府状態に陥れている。

アルヌルフは、教皇フォルモススから皇帝の冠を授けられたものの、粗暴な振る舞いで嫌われ、威信を高めることにはならなかった。王を王たらしめるのは資質のみである。この「偶々《たまたま》なった皇帝César de rencontre」は、ルートヴィヒ敬虔帝と同じく、目の黒いうちから権威の崩壊に立ち会わなければならなかった。それでも、六歳になる息子〔訳注・ルートヴィヒ四世小児王Louis l'Enfant〕を跡継ぎにする認可をローマ教会から得ることには成功した。このとき、苦渋の選択をしたマインツ大司教ハットー（891-913）は、教皇に「教会の船は揺れています。しかし、われわれは、新しい制度を試みるよりは、フランク人たちの慣習に従って同じ家門のなかから王を選ぶこととしました」と書いている。西暦九〇〇年、帝冠は、この幼い王に授けられたが、九一一年、カロリング家の時代は終わる。

カール大帝の時代には帝国に仕える役人であった司教たちが、いまや大司教となって皇帝を思うままに操る人形使いとなっていた。事実、帝国の理念など、誰が気に懸けていただろうか？ 聖と俗を問わず、伯たちも司教たちも、君公たちは自分の城を築き、家臣を養い、本来は王の特権であった貨幣の鋳造を行い、税を徴収し、法廷を開き裁判を行うようになっていた。権力は空白を恐れる。皇帝や王が権力を行使しなくなっていた以上、封建領主たちがこれを行使するようになったのは自然の流れであったし、他方、人民も、暴虐な政治であっても混乱よりはましだと考えた。ドイツでは、生まれかけていた全ドイツ的共同体は崩壊し、部族時代からの名家の主導のもとに《公国duchés》が復活して、フランク人、ザクセン人、シュヴァーベン人、テューリンゲン人等々に再び細分化した。

そこへ東方から襲ってきたのが、アルヌルフの遠征でもなんの痛手も受けなかったマジャール人たちによる侵略であった。すでに大モラヴィア王国を倒し、北イタリアなどに侵略を繰り返していたアジア系騎馬民族のマジャール人の前に、内部分裂に陥って統一軍も編成できないでいるドイツは、好餌でしかなかった。九〇七年、バイエルン人たちは「総動員して」立ち向かったが、プレスブルク〔訳注・スロバキアの都ブラティスラヴァの旧名〕の近くで惨敗。九〇八年にはパッサウが陥落し、シュヴァーベンも劫掠される。マジャール人たちは、小型の馬を自在に乗りこなす恐るべき弓の使い手で、行動は迅速で、敵に対しては容赦しなかった。九一一年、カロリング最後の王、ルートヴィヒ四世《小児王》が成年に達したばかりで亡くなったときには、マジャール人たちはダニューブ流域に強固な足場を築いていた。

カロリングのゲルマン支族は消滅して王位は空白になり、この侵略者と戦うことのできる王を、フランク人とザクセン人の二つの部族から探すほかなかった。マインツの大司教ハットーは、司教と領主たちを招集し、フランコニア（フランケン）のコンラートを選出するよう提示した。これは、生まれに拘ることなく王を選ぶゲルマンの伝統には合致していたが、コンラートは統一された国を足場に持たず、彼を支持したのは専ら司教たちで、教皇の更なる後押しを必要とした。王国は、ホーエンアルトハイムで開かれた公会議に臨んだ教皇から、その世俗的政策についてまで干渉されたが、コンラートにどうすることができただろうか？

ゲルマン諸部族は、相変わらず互いに敵愾心を抱いて対立し合った。バイエルン、シュヴァーベン、フランケン、ザクセンといった自治国家が世襲君主のもとで形成され、それぞれが宮廷を維持し、軍勢を養った。人々の言葉も法律もそれぞれに異なっていた。相互の衝突を和らげるために《辺境地 marches》が設けられ、「辺境伯 margraves」と呼ばれる伯たちが管轄した。なかでも独立精神の強い北方のザクセン人たちの大公、ハインリヒはカロリングの血を引いていたうえ、ローマ化に対するザクセンの抵抗の英雄、ウィティキンドの末裔であるマティルダ〔訳注・キリスト教の信仰心が厚く、のちに聖女と崇められる〕と結婚していたから、なおさら民衆の尊敬心も強く、結束が固かった。コンラートにとって、ハインリヒは最も恐るべき敵であった。

コンラートはドイツに平和と秩序を回復するには力不足であったが、少なくとも、その死の床では、帝国の救済をいかに心に懸けているかを示した。というのは、彼の後継者は弟のエーベルハルトになるはずであったが、息を引き取る間際、王のしるしをザクセンのハインリヒに渡すよう命じ、こう述べたという。「運命の女神はハインリヒの側に移った。情勢はザクセン人たちに有利である。この黄金の腕輪とマント、剣、冠をハインリヒに手渡し、彼と和平を結ぶように。フランク人たるもの、彼に刃向かって死んでよいわけがあろうか？　ハインリヒこそゲルマン諸部族の王であり皇帝になるべきである。」

伝説によると、ハインリヒは、これらの品が届けられたとき、鳥を捕まえる罠の準備に夢中であった。そこから、彼は、「ハインリヒ捕鳥王Henri l'Oiseleur」と呼ばれる。

ザクセン朝

こうして始まったのがザクセン朝であるが、このこと自体、ドイツの歴史でも驚くべき変化といわなければならない。というのは、カール大帝がザクセン人を併合し改宗させたのが僅か百年前で、そのころのザクセンは、ライン地方の文明化されたフランク人と違って、タキトゥスの『ゲルマニア』を思い起こさせる半ば野蛮人の国であったからである。

ハインリヒは、最初から王としていかにふさわしいかを示した。彼は、王冠は受けたが、塗油は拒絶した。信仰心は厚かったが、自分はあくまで「英雄たちの種族」の末裔であるとして、マインツの大司教に対しても自己の独立を守ろうとした。「自分には神の恩寵と人民の信頼があれば充分だ」というのが彼の信念であった。

しかしながら、彼の仕事は困難さを増していった。なかでも南ドイツのバイエルン人たちはカロリング王に服従することは受け入れたが、ザクセン人に支配されることは我慢がならなかった。事実、バイエルン公アルヌルフは、いったんは屈服したものの、叛旗を掲げている。ハインリヒはロタリンギアを手に入れるために娘のゲルベルガをロートリンゲン公に嫁がせ、九二六年にはマジャール人と九年間の休戦協定を結んでいる。これは、掠奪行為をやめてもらうことを条件に毎年貢ぎ物を納めるという屈辱的な協定であったが、戦いの準備を調えるための時間稼ぎというのがハインリヒの策略であった。

騎馬戦を得意とするハンガリー人たちにしてみれば、ドイツのなかでも北部で、地理的には隔たっているが、防御物もない平地に散らばって生活しているザクセン人は格好の餌食であった。ハインリヒは、この劫掠からザクセンを防備するために、クヴェードリンブルク、デューダーシュタット、マイセン、メルセブルクなどの城塞を次々建設した。これらが、のちに町へと発展したことから、ハインリヒ自身は一つの都市も建設しなかったが、「都市建設者」と呼ばれるようになる。

それと並行して軍隊の整備・強化にも力を注いだ。ハンガリー人たちに対抗するには騎馬軍の強化が必要で、その訓練のために彼は、スラヴ人地域にたびたび侵入し、エルベ川を渡ってボヘミアのウェンツェスラス公を服従させた。九年間の休戦期間が過ぎた九三三年、ハインリヒはマジャール人たちへの入貢を停止して宣戦を布告。ハンガリー軍はザクセンに襲いかかったものの敗北を喫し、後退する。しかし、これは一時的な後退であって、襲撃は、その後も繰り返される。

ハインリヒは、ローマに赴いて帝冠を受けることを望んだであろうか？　彼は、人生の晩年になって、イタリアに対する権威の象徴である《聖なる槍》を高地ブルゴーニュのルドルフから受け取り、ローマ行きを夢見ていたことは確かである。しかし、この夢を実現することはできず、九三六年、エルフルトの会議でマ

神聖ローマ皇帝の帝冠（ウィーン、美術史美術館宝物庫蔵）

ティルダとの間に生まれた長男、オットー（912-973）を後継者に指名したあと亡くなった。この年、オットーはアーヘンで聖別されて戴冠し、ドイツ神聖ローマ帝国の創始者となる。この神聖ローマ帝国は、担い手の王家は交代するものの、一八〇六年まで続くこととなる。

オットー一世は、いまでこそ、多くのドイツ人たちにとって、法的にはとっくに存在しなくなっていたもののローマ帝国の頂点に立ち、カエサル、アウグストゥス、コンスタンティヌス、カール大帝（シャルルマーニュ）を引き継いだ《大帝》であるが、何人かの歴史家たちは、シャルルマーニュがピピン短軀王の跡を継いだように、オットーも父のハインリヒが築いた土台の上に乗っただけだと言ってきた。だが、これは言い過ぎであろう。彼が、父親とは反対に、シャルルマーニュの教会堂で塗油の儀式を受けることを望んだことは事実である。大貴族たちも、皇帝としての彼の権限に異議を挟むことなく、フランケンのエーベルハルトは《écuyer tranchant》〔訳注・王の食卓で肉を切り分ける係〕を、シュヴァーベンのヘルマンは《échanson》〔訳注・飲み物係〕を、ロートリンゲンのギスベルトは《gentihomme de la chambre》〔訳注・お部屋係〕を、バイエルンのアルヌルフは《maréchal du palais》〔訳注・厩係〕と、宮廷での役割をそれぞれ引き受けた。

しかし、聖別の翌日、オットーが王の称号だけで満足するつもりはなく、王国の完璧な統治権を求めていることが明らかになったとき、彼と大貴族たちとの「よき関係bonne intelligence」は崩れる。弟のタンクマールやハインリヒは、兄弟間の資産配分が均等でなくゲルマン法に反しているとして刃向かったため、大公たちは、自領の司教任命権を手放すまいと抵抗したため、そしてフランス王はロートリンゲン（ロレーヌ）を奪い返そうとしたため、彼はつぎつぎと戦いを余儀なくされた。

こうした数々の戦いののち、オットーは反抗した大公たちの領地を取り上げて自分に味方した親族や味方の人々に分配した。彼の統治は、ローマ人やカール大帝のそれのように法に則ったものではなく、ゲルマン人伝統の専断的手法によるものであった。半面、親族には甘く、自分を暗殺しようと企んだ弟のハインリヒを二度も赦したばかりか、最後にはバイエルンを彼に与えている。同様に、シュヴァーベンは息子のリュドルフに、ロートリンゲンは娘婿のコンラート赤公（le Roux）に与えている。

とりわけ司教たちには、世俗的職務と権限の多くを任せたが、これは、宗教的心情から聖職者を重んじたわけではなく、彼らの場合、独身であることから、相続をめぐる紛争や親族間の分割という問題がなく、取り戻して、また自分に有利なように活用できるからであった。とはいえ、ドイツでは、この結果、教会の大物たちは、精神的特権にも守られて、広大な領地を支配し、政治的・財政的力を増大していった。こうして、マグデブルク、マインツ、アウクスブルク、レーゲンスブルク、ヴォルムス、バンベルク、ミュンスター、パーデルボルン、アイヒシュタット、シュトラスブルク、メルセブルクなど大きな司教区が形成された。これらのカテドラルや修道院の周辺には学校が設立され、修道院では、挿絵入りの豪華な写本が製作され、王朝の年代記も幾つか作られた。

九四九年、オットーがアーヘンで復活祭を祝ったとき、そこには、あらゆる国の使節たちが集まってきた。ビザンティンからも使者が来た。背が高く、髭を長く伸ばしたフランクの偉大な皇帝らしい堂々たる彼の風貌は、人々の尊敬心を呼び起こした。

九五一年から九五二年にかけて、初めてイタリアへ旅した。混迷のどん底にあったイタリアの人々は、黄金時代の古代ローマ帝国が復活したかのように歓喜した。オットーの勝利の栄光は、カール大帝の伝説と混じり合い、多くの人が、彼こそイタリアに正義と平和を蘇らせてくれる帝王であると信じた。オットーは、イタリア王ロタール二世亡き後、臣下のベレンガル二世に身柄を拘束されていた未亡人、聖アデライード〔訳注・ドイツ語風ではアーデルハイト〕を救出し、彼女と結婚して「フランクおよびランゴバルドの王Rex Francorum et Lungobardorum」の称号を手に入れる。これは、かつてカール大帝が名乗っていた称号であった。

しかし、この最初のイタリア旅行は、本国のドイツがマジャール人たちの侵攻に晒される事態が生じ、オットーは急遽切り上げなければならなかった。帰国したオットーは、九五五年、レヒフェルトで圧倒的な勝利を博することによって《大帝》と呼ばれるようになるとともに、これを機に、この御しがたい騎馬民族をダニューブの肥沃な平野に定住させた。このとき設立した辺境地域が、のちの「Österreich（東王国）」、すなわち「オーストリアAutriche」となる。

こうしてマジャール問題を片づけたあと、教皇の手から直接に帝冠を受けるとともに、教皇ヨハネス十二世に、その世俗領地（教皇領）に関して臣従礼を執らせること、さらには、司教や高位聖職者の叙任権を認めさせることを目的として第二回のイタリア旅行を行った。冷静な眼からすれば、つい最近キリスト教に改宗したばかりで、先祖たちはローマ帝国の一部ですらなかった一人のザクセン人が帝国の頂点に立ち、教皇に臣従礼を執らせるのを目にすること以上に衝撃的なことはなかったであろう。

彼が力を入れたドイツとイタリアの間のこの緊密な関係は、これら二つの国民の利益に合致していたろうか？　多くのドイツ人は、自分たちの国に秩序を回復し、東方蛮族の侵略から西欧を守り、教皇を支えている君主を誇りに思ったし、ローマ教会がこの君主を支える堅固な保障になってくれるを期待した。しかし、なかには、王がイタリア問題に関わり、ローマから種々の影響がもたらされることによって自分たち本来のドイツ的性格が損なわれることを危惧する人々もいた。

事実、フランスやイギリスでは、世襲制が王国の安定的堅固さを保障していったのに対し、ドイツでは、皇帝が選挙で決められることが不安定さをもたらしていった。危険性をもたらす要因がもう一つあった。皇帝の権威を保障してくれる教皇への接近が、精神界を統べる教皇と世俗界を治める皇帝との絶え間ない相互干渉を生む恐れである。ローマ教会は今のところ司教叙任権を皇帝に任せると言っているが、もし力を回復したら、争いが起きることは明白であった。

その間、ラヴェンナの公会議（九六八年）で、ヨハネス十三世とオットー一世の合意により、スラヴ人たちの土地の組織化〔訳注・マグデブルク大司教座がブランデンブルク、マイセンなどスラヴ人地域の司教座を統括すること〕が決定された。

こうして、オットーは、一つに統合された帝国を息子に譲った。このザクセン人が、カロリングの原則によって帝国をリードしたことは認める必要がある。伝説では、彼は、ある日、カール大帝の墓に詣で、皇帝のしるしの品々を限りない敬意をもって厳粛に受け継いだ、という。これは、フランク皇帝の精神的遺産を引き継いだということである。オットー大帝は九七三年五月七日、晩禱の鐘を聴きながら息を引き取り、マグデブルクのカテドラルに埋葬された。

オットー朝とザリアー朝

偉大な君主から、彼にふさわしい子孫が何人も出ることは稀である。オットー大帝の場合、妻であるイタリア女性のアデライード（アデルハイド）は、息子のオットー二世を、オットー二世の妻、ギリシア女性のテオファノは、夫と息子のオットー三世をイタリアへ向かわせた。

オットー二世（955-983）は、聖女と仰がれた母の影響で輝かしい宗教教育を受けて成長し、父亡きあと、十八歳でアーヘン、ローマ、そしてパヴィアで戴冠した。ドイツでは家門内部の抗争に直面し、ロートリンゲン（ロレーヌ）の帰趨をめぐってはフランス王と戦い、イタリアでは、ビザンティン皇帝との戦いに関わった。ギリシア王女（テオファノ）を妻としてからは、南イタリアのビザンティン領をめぐってサラセン人たちと戦ったが、これには敗北を喫し、ドイツとイタリアの諸侯会議をヴェローナで開き、軍勢を集めて捲土重来を期しているさなかに、おそらくマラリアに罹って二十八歳の若さで世を去った。遺体はあるローマ皇帝の遺品である大理石の柩に納められて、サン・ピエトロ寺院の列柱回廊の下に葬られた。これは、彼の人生をよく象徴している。

このとき、息子のオットー三世は僅か三歳であったため、「le Querelleur」（喧嘩好き）と渾名された従兄のハインリヒ、祖母のアデルハイド、母テオファノなど、親戚みんなが摂政の地位を争った。結局、高徳の人として知られるマインツ大司教ヴィリギスが調停し、全ドイツの諸侯たちをこの幼子の前にひれ伏させた。高位聖職者と女性たちが、この国を支配したのである。

オットー三世は、十五歳に達して初めて権力を手にした。ギリシア語、ラテン語、イタリア語、ドイツ語を話し、西側帝国皇帝の息子にして東方帝国皇帝の親戚であった彼は、もし信仰心厚い神秘主義者でなかったら、際限なく野心を膨らませていたであろう。

当然のことながら、彼も、成人するや、イタリアへ向かった。イタリアは抗しがたい魅惑力を放つ文明と宗教の中心であった。ここで、従兄であり礼拝堂付き司祭であるブルーノを教皇に推薦し、九九六年、キリスト教世界ではじめて、ドイツ人教皇、グレゴリウス五世（996-999）が誕生する。一方は十六歳、もう一方は二十四歳という若い二人のドイツ人が世俗世界と精神世界の統治を分担し合ったのである。

グレゴリウス五世は「ゲルマニアはキリストの右腕でなくてはならない」との信条から、ローマ教皇庁の行政をすべてドイツ人たちに任せたため、ローマ人たちはヨハネス十六世（997-998）を対立教皇に擁立して対抗した〔訳注・ヨハネスは、オットー二世とテオファノに重用され、オットー三世の教師を務めた教養あるギリシア人であったが、陰謀に巻き込まれたのである〕。異変を知ったオットー三世は、直ちにアルプスを越えてイタリアに入ると、グレゴリウス五世をふたたび教皇座に据え、ヨハネス十六世を捕らえて、裁判にかけて処刑し、その遺骸をばらばらにさせたという。〔訳注・ただし、ヨハネスの最期については、西暦一〇〇一年以後、修道院で亡くなったとする異説もある。〕

折しも《西暦千年l'an Mille》〔訳注・この世界が破滅的な終末を迎えると考えられた〕が近づいており、さまざまな事象がその不吉な予兆として不安がられた。東方では、蛮族に対する「防波堤」がまたも破られ、スラヴ人たちがオットー大帝による《文明化》の事績を無に帰しながら、エルベ川にまで西進してきた。大帝が設置した帝国の境界地域は消滅し、ボヘミア人、ハンガリー人、フリースランド人たちは、帝国の境界外に残され、ノルマン人たちが掠奪行為を再開した。

しかし、オットー三世は、自分はローマ人であるとしてアウェンティーノの山〔訳注・《ローマ七丘》の一つ、アウェンティヌスの丘〕の宮殿に住み、そこから、イタリアとドイツを支配しようと考えた。そして、教会を支配する君主としては、従兄のブルーノ（グレゴリウス五世）が亡くなったあと、選挙を行うことなく次の教皇として自分の家庭教師であり友人であったゲルベルトゥス（ジェルベール）をシルヴェステル二世（999-1003）の名のもとに聖別させた。これは、フランス人最初の教皇となった。神学者であり数学者でもある最も学識豊かな教皇と最も夢想癖のある皇帝との奇妙な結合が生まれたのである。

西暦一〇〇〇年、オットー三世は《千年祭millénaire》の大巡礼事業を企てた。アーヘンではシャルルマーニュの墓廟を開かせて、かつて祖父（オットー大帝）がやったように、そこへ降りた。カール大帝の遺体は防腐処置を施されており、石の玉座に座ったままであった。オットー三世は恭しくひれ伏したあと眼を上げた。そして、大帝の鼻先が欠けているのに気づくと、黄金で修理させてから墓を閉めさせた。

西暦一〇〇〇年のクリスマスのために、オットー三世とシルヴェステル二世は、再度ローマで会い、教皇座と帝座をより緊密に結合する《協約concordat》のプロジェクトに着手した。しかし、ドイツではこの「ローマかぶれのザクセン人」（ce Saxon romain）に対する反発が高まる一方で、ローマでは「ザクセンのローマ人」（ce Romain saxon）に対し民衆の叛乱が起きた。そのため、オットーは一〇〇一年二月、密かにこの《永遠の都》を去らなければならず、翌年、二十二歳で死去。シルヴェステルも、その次の年（一〇〇三年）五月十二日に亡くなった。

　すでに述べたように、神聖ローマ帝国の皇帝は、ゲルマン慣習法による世襲制にはよらず、選挙によって決められるのが原則であったが、ハインリヒ一世以来のザクセン朝が、そのたびに帝位を保持してきていた。しかし、オットー三世は子供を遺さなかったので、ハインリヒ一世の曾孫のバイエルン公（973-1024）が、いつも通りの争いののち、ハインリヒ二世としてザクセン家を継いだ〔訳注・皇帝の位につくのは一〇一四年である。〕彼は、信仰心が厚い一面で実際的な君主でもあり、カールとオットー両大帝の帝国の復活という野望を抱いた。

　このころ、ローマ教会は、一つの大きな改革の動きに揺れていた。震源はブルゴーニュのクリュニーにあるベネディクト修道院で、修道院長のオディロ（962-1048）は、新しい皇帝の友人であった。俗人の権力を縮小し聖職者の権限強化をめざしたクリュニー派は、聖職者の威信を高めるために、修道会に属している（régulier）か在俗である（séculier）かを問わず、すべての聖職者に純潔と規律を義務づけ、仁慈の徳を課した。〔訳注・ここでいう在俗とは、大司教・司教・司祭など、俗人信徒の掌握・指導にあたった聖職者。〕

　ハインリヒ二世は、司教任免権を確保しつつも、このクリュニーの改革理念を採用し、貴族たちの会議より司教会議を基盤に、教会の政治的権限を拡大し、ドイツの修道院改革を進める一方で、何度もイタリア遠征を行って帝国の権威を強化した。その功績を教会から高く評価され、没後百二十年経った一一四六年、ローマ教会によって聖人に列せられるとともに、妃のクニグンデ（Kunigunde, Cunégonde）も一二〇〇年に聖女に列せられている。

　しかし、ザクセン家には、もう男の相続人は残っていなかった。そこで、帝国の後継者を選挙で決めるために、高位聖職者と貴族たちがヴォルムスに集まり、サリイ系フランク族であるフランケンのコンラートを選出した。〔訳注・サリイは、ドイツ語でザリアーと言い、そこから、この新しい王朝を「ザリアー朝」と呼ぶ。〕

コンラートは、引き受けた任務を「全ヨーロッパ諸民族の君主」と自負したが、これは、フランスもイングランドもデンマークも、とうてい受け入れうるものではなかったばかりか、帝国内部においてすら反発が強く、皇帝がイタリアに南下するとドイツで叛乱が起きそうになり、彼がイタリアを去ると、イタリア半島の情勢が怪しくなった。

ローマ教会の内部はクリュニー的傾向をますます強めた。クリュニー会が取り組んだのは、修道会に属している聖職者の人格陶冶だけでなく、在俗聖職者にはびこっていた二つの悪徳を追放することであった。その一つは司祭の妻帯であり、もう一つは教皇座も含め司教など高位の聖職をカネで売買する悪習である。聖職売買をクリュニーは「シモニアsimonie」と呼んで糾弾したが、この呼称は、奇跡を行う権利をカネで買ったと信じられていたユダヤの魔術師シモンの名に由来している。

教皇は自分に都合のよい人物を皇帝に選び、皇帝も自分に有利な教皇を選び、複数の教皇が同時に立って互いに破門し合い、貴族たちは流血の抗争を繰り返し、そのために農民たちは貧窮のどん底に追いやられている時代にあって、もし教会が文明を救おうと思うなら、聖職者の尊厳性を回復することから始める必要があった。これが、クリュニーの修道院長たちがめざした目的であった。

クリュニーの試みは、幾つかの成功を収めた。コンラート二世の息子で「黒王le Noir」と渾名されたハインリヒ三世（1017-1056）は、一〇三九年に王になると、諸侯たちの争いを緩和させるために《神の休戦

Trêve de Dieu》と呼ばれる考え方を採り入れた。これは、水曜日の夕方から月曜日の朝までは一切の戦闘を休止するというもので、絶え間ない戦いに苦しめられる社会に、ある種の休息を毎週、確保した。それに加えて、皇帝は聖職売買につながる贈り物の慣習をやめさせ、「神の恩寵を売買する罪」を犯した司教を厳しく戒告した。

ローマでは、一〇四六年から翌一〇四七年にかけての一年間で三人もの教皇が入れ替わった〔訳注・一四〇五年に教皇座を追われたベネディクトゥス九世がシルヴェステル三世に教皇位を売ったが復位し、今度はグレゴリウス六世に売ったのである〕。ハインリヒ三世は、ストリ〔訳注・ローマの少し北〕で会議を開き、有徳の人ではあったが教皇座をカネで買ったことを認めたグレゴリウス六世を廃位し、クレメンス二世を立て、その協力のもとに聖職売買を禁じる法令を出した。しかし、クレメンスがすぐ亡くなったので、そのあとダマスス二世を擁立したが、この教皇も一か月で世を去り、最終的にトゥールの改革派司教であった親族のブルーノをレオ九世（在位1049-1054）として立てた。

レオ九世はクリュニーの規則を基盤に、教皇庁をローマだけのローカルな政庁でなく、諸国民とその君公たちの上に君臨する国際的な機構にすることをめざし、そのために、自らヨーロッパじゅうを廻って、さまざまな国の人を枢機卿に任命し、シチリアのノルマン人たちとも協調関係を樹立した。要するに、この教皇は、一人の皇帝によって教皇になったが、その後の皇帝たちを束縛するのに充分な存在になる術を弁えていたのである。

司教叙任権をめぐる抗争

十一世紀には、教皇と皇帝の関係が時代を動かす大テーマとなる。皇帝を支持する法律家や神学者たちは、《帝国》こそ「神の都 Cité de Dieu」であり《教会》がめざす理想をこの地上に実現する《教会の腕》であるから、「帝国なくしては、まして帝国に逆らっては、何事も成就はできない」と唱えた。これに対し、ローマ教会を支持するクリュニー派をはじめとする神学者たちは「地上にキリストの王国を樹立することは、独立的な教会の仲立ちによってこそ可能であり、そこでは、教皇が絶対的権力をもって君臨しなければならない」と主張した。

このころの情勢は、教皇方に分があるようであった。ハインリヒ黒王の死（1056）で即位したとき、ハインリヒ四世（1050-1106）はまだ六歳の子供であった。母親のアニェス・ド・ポワトゥーは、教養もある善意の人であったが、摂政としては非力で適性にも欠けていた。そこで、ケルンのハンノやブレーメンのアダルベルトといった司教たちは、アグネスを修道院に隠栖させ、自分たちが王に代わって統治に当たるとともに、未成年の王に妻としてトリノのベルテを押しつけた。

ハインリヒは自分にとって煩く不快なこの妻をベッドから遠ざけたばかりでなく、あらゆる束縛を嫌い、ますますわがままな君主になった。そして成人に達するや、アグネスとの間に結婚は成就されていないとして、解消を申し立てたが、教皇は「これから皇帝になる人が離婚という前例を作ってはならない」と述べて受けつけなかった。ハインリヒは離婚を諦め、彼女を妃として扱い、多くの子を儲けた。これによって、ローマの権威、教皇の威信はますます増大した。

レオ九世（1049-1054）も、そのあとのニコラウス二世（1059-1061）もクリュニー出身で、教会改革に情熱を傾けた。とくにニコラウス二世が一〇五九年の教皇選挙に新しい方式を制定して以後は枢機卿たちが次の教皇を選ぶ主役となる。そのぶん、皇帝は聖職者に容喙する権利を失い、自分の国においてさえ、司教を指名することができなくなった。皇帝は「主によって聖別された君主l'oint du Seigneur」であり、クリスマス・イヴにはストラ étole〔訳注・聖職者が肩から垂らす帯〕を身につけ、助祭席で福音書を読む権利を持っていたが、教会の眼からすると、一介の俗信徒でしかなかった。

この動向は、修道士ヒルデブラントがグレゴリウス七世（在位1073-1085）として教皇座に登ったときから、さらに加速した。トスカーナの農民の息子で、クリュニーで薫陶を受けたこの小柄な男は、明晰な精神と不屈の意志をもつ偉大な人物であった。彼は、すでにグレゴリウス六世（1045-1046）時代からローマ教会を牛耳っていたし、前述したようにグレゴリウス六世が聖職売買でハインリヒ三世により廃位されたとき、彼も巻き添えで免職を通告されたが、その書面を平然と破棄した。

とはいえ、彼は、ローマ教会の優位を実現した最初の人でもなければ聖職者たちに禁欲を初めて課した人でもない。彼の目新しさは、「使徒的にしてローマ的なカトリック教会はこれまでも誤ったことはないし、これからも誤ることはない。教皇は、皇帝がその地位にふさわしくなければ廃位する権利を有しており、君主が不公平である場合、その臣下たちを君主への忠誠義務から解放することができる」という教皇至上への揺るぎない信念をもって、時代の腐敗に不屈の勇気をもって戦いを挑んだことにある。

この教理はハインリヒ四世を直接に脅かした。ハインリヒも、この教皇の頑固な性格を知っていたから、できるだけ早く厄介払いしたかったが、グレゴリウス七世には、シチリアのノルマン王たちやトスカーナ伯夫人マティルダなどの支持者も多く、その立場は強固で、むしろ、ハインリヒのほうが足許が危うい状態であった。それでも、なんとかヴォルムスの帝国会議（1076）で「グレゴリウス七世は教皇として不適格なり」と決議させ、こう退位を迫った。

「横領によるのでなく、神の御心に叶って王となりしハインリヒ、偽教皇にして偽の修道士たるヒルデブラントに告ぐ。教皇の座より降りよ！」

しかし、グレゴリウスはいっこうに怯まず、聖ペテロの玉座から降りようとしないばかりか、逆に王を破門し、全キリスト教徒を彼への忠誠義務から解放して、「なんぴとたりとも、彼を王と仰いで仕えてはならない」と宣言した。これは、ドイツ貴族たちに信徒としての良心の問題をつきつけるものであり、皇帝への臣従義務を解除してくれる思いがけないチャンスとなった。

教皇自身は、大多数の支持は自分に向くと確信していたので、ドイツでの公会議に臨む準備をした。他方、破門の影響が浸透し、貴族や領主たちから、神の恩寵から見放された者としてそっぽを向かれ、絶望的事態になりつつあるのを見出したハインリヒは、教皇がドイツに来る前に決着をつけようと、アルプス越えの旅を急いだ。このとき、教皇はマティルダ女伯のカノッサ城に休んでいた。

〔訳注・マティルダはトスカナ辺境伯の娘で、ロートリンゲン大公ゴットフリードと結婚していたが、このときは夫と別居し、叙任権の争いでは教皇を支持し、広大な領地を寄進した。それをハインリヒが認めなかったことが教皇と皇帝の争いの種になったのであった。〕

一〇七七年二月、ハインリヒ四世は妻のベルテと幼い娘をつれて雪深いモン＝スニ峠を越え、北イタリア、カノッサ城の前に姿を現した。マティルダはハインリヒと親戚でもあることから、教皇にとりなしたが、グレゴリウスは断固として面会を謝絶。王は二十五日から、飲み食いもせず、裸足で城の前で立ち尽くした。三日経った二十七日、教皇は、これで充分な罰を加えたとして、ようやく入城を許した。グレゴリウスとしては、ハインリヒを罷免し、ドイツ貴族たちに選ばれたシュヴァーベン公ルドルフを次の皇帝にしたかったのであるが、これほどの苦しみに耐えて悔い改めている人間を、これ以上苦しめることは、さすがにできなかった。これは、教皇である以前の司祭としての良心の問題であった。

ハインリヒは、教皇に赦しを求め、この破門に乗じて自分への叛意を鮮明にした貴族たちを処罰しないと約束したうえで教皇と和解し、破門を解除されて帰国したのだったが、破門解除後も叛旗を下ろさないドイツ貴族たちについては、約束に縛られる必要なしと断じ、一〇七七年から一〇八〇年までかけて片っ端から攻撃を加えていった。それに対し、グレゴリウスは、一〇八〇年、再度ハインリヒを破門したが、これは、もはや効力がなかった。こうして、足許のドイツ国内を固めたハインリヒは、こんどは反撃に転じ、ラヴェンナ大司教をクレメンス三世として擁立し、グレゴリウス打倒に討って出た。それに対してグレゴリウスも、ハインリヒの対抗馬としてルクセンブルクのヘルマンを皇帝に立てて応酬したが、ハインリヒの優勢はもはや覆らなかった。一〇八四年、ハインリヒは、ローマに入り、クレメンス三世によって帝冠を授与される。

今や、グレゴリウス七世はローマ市民からも見捨てられ、サン＝タンジェロ城に籠もり、シチリアとナポリを治めるノルマン人のロベール・ギスカールに援助を求めた。ロベールはノルマン人とサラセン人から成る雑多な軍勢を率いてやってきて、ローマの町を荒らし回ったうえ、何千人ものローマ市民を捕らえて奴隷として売り払った。グレゴリウス七世も、この荒廃したローマに留まっていることはできず、ノルマン人たちについてシチリアへ渡り、サレルノで亡くなる。臨終に彼が述べたのは、「私が自信をもって言えることが一つある。それは、常に正義を愛し、不正を憎んだがゆえに、亡命の地で死ぬのだということである」という言葉であった。

まさに、彼は自らの頑固さに敗れたのであった。彼は、《教皇》として使うことのできる「伝家の宝刀」である《破門》を安易に用いすぎた。最初は相手を恐れさせることができても、二度目には切れ味が鈍ってしまうのが、この宝刀である。他方、《帝国》のほうは、危機を乗り越えたあとは陣営を固め、法律顧問たちにもヒルデブラント的な教皇全能ドクトリンを受け入れるものはいなくなってしまった。

ハインリヒ四世にとって、ライバルの死は、自分にとって有利な時代の開幕を意味するように見えた。しかし、一〇八八年に教皇座にのぼった、グレゴリウスと同じクリュニー派の新教皇、ウルバヌス二世は、ハインリヒに敵対する二人の人間を、意表を突くやり方で結びつけた。四十歳を越えていたマティルダ女伯と、バイエルンのヴェルフの弱冠十七歳の息子とを結婚させたのである。しかも、ハインリヒ四世の長男、コンラートまでも、教皇支持を宣言した挙げ句、一一〇一年に亡くなり、もう一人の息子（未来のハインリヒ五世）も、教皇とも諸侯とも敵対している父親に不満を抱き、貴族たちの先頭に立って叛旗を翻した。老いた皇帝は捕らえられて、反逆した若者の前でひれ伏さなければならなかった。

老獪な彼は、いったんインゲルハイムの会議で隠退を表明して矛先を躱すと、自由になるや、この自分を裏切った息子に対して武器を執った。戦いは優勢に進んでいたが、一一〇六年八月七日、リエージュで没する〔訳注・享年五六〕。彼の遺骸は教皇による罪の赦しの儀式を受けるために五年間待たなければならなかった。この赦し（absolution）を受けないでは、シュパイエル〔訳注・ハイデルベルクからラインを挟んで対岸にある共和政ローマ時代からの中心都市で、壮麗なロマネスクの聖堂は神聖帝国歴代皇帝の墓所になっていた〕の帝室地下墓廟に埋葬されるわけにいかなかったのである。埋葬の儀式は一一一一年に行われ、この年、息子のハインリヒ五世は戴冠のためにローマへ赴いている。

父親を裏切って帝位に即いたハインリヒ五世（1081-1125）であったが、ローマでは、教皇パスカリス二世（1099-1118）をも裏切る仕儀となる。パスカリス二世は、高位聖職者による世俗領地取得を断念するのと引き替えに、俗人による司教叙任権を廃止することを宣言した。これは、ハインリヒ五世との協定のうえであったが、この協定書が戴冠のとき読み上げられたことでみんなが騒然となった。一方の司教や大修道院長たちは、自分の世俗領地を放棄するつもりはなかったし、他方の大公など世俗領主たちも教会禄授与権を手放すつもりはなかったからである。こうして、サン＝ピエトロ教会のなかで両者の激突が起こり、王は教皇を捕らえて、皇帝としての伝統的権限を返すよう迫った。

両者は一進一退を繰り返したのち、教皇カリストゥス二世（1119-1124）とハインリヒ五世とのあいだで一つの妥協策が見出された。「ヴォルムスの協約 Concordat de Worms」と呼ばれるものがそれで、皇帝は司教任免権を放棄するが、司教選挙には立ち合い、司教を叙階するにあたっては、教皇の司教杖と指輪による指名の前に皇帝の杖で指名できるものとするというのである。

だが、この取り決めのうち皇帝に認められた権限は、ハインリヒ五世の治世の間しか続かなかった。教会がたちまち力を回復し、皇帝の庇護なしでやっていけるようになったためである。しかも、一一二三年には、ラテラノ公会議で皇帝の叙任権放棄が確定し、叙任権抗争は終わる。一一二五年、ハインリヒ五世がユトレヒトで死去すると、帝権は弱体化して封建諸侯の力が増大。ドイツは深刻な混乱に陥っていく。

こうして皇帝と教皇が争い合っている間に、ドイツ人たちは別の意味で重要な仕事を進めていた。エルベ川とネマン川〔訳注・ベラルーシからリトアニアでバルト海に注ぐ〕の間に広がる地域の開拓とキリスト教化である。この広大な平野への入植と開拓は、中世にドイツ人たちが成し遂げた最も重要な事績の一つで、当初は小さい漁村に過ぎなかった集落の幾つかは、大きなハンザ都市に発展し変貌していった。これを進めた主役のザクセン人たちは、キリスト教徒になってからも温厚になったわけではなく、この事業には激しい暴力が伴い、スラヴ人たちの多くが荒々しいやり方で征服されるか、さもなければ逐われた。ドイツ人たちは、東南のダニューブ川流域でも、チェコ人、スロヴァキア人、マジャール人などの諸民族を力づくで圧服していった。先住の諸民族は自分たちの言葉と風習を守り抜くのがやっとであった。

しかし、あとで見るように、このようなドイツ人入植地が次第にプロイセンやオーストリアになっていくのであり、ライン流域の昔からのゲルマニアに対して、プロイセンやオーストリアの《帝国》的行き方が優位を占めていき、ついにはプロイセンが全ドイツを統治するにいたる。アメリカの開拓者たちの西進に比せられるこの東方への人々の殺到は、皇帝たちの叙任権抗争やイタリア遠征などとは比較にならないほど重要な意味をもっているが、当時、誰がそれを知っていただろうか?

精神的創造活動

教皇と皇帝の争いのなかで、諸侯たちも仲間割れし、対立し合った。しかし、中世ドイツの生活をそうした血腥いゲームに矮小化すること以上に重大な歴史的誤謬はない。このような嵐によって揺さぶられたのは表層部だけであって、深層部では、個人個人の生活があり、共同体の成長があり、精神的創造活動の進展があった。当時のドイツはきわめて宗教的で、次々と教会堂が建設された。たとえば、アイヒシュタットの司教、グンデカール一人をとってみても、その任期中に、一二六の教会堂を建設している。

この建築熱と都市設立の作業を根底から支えていたのが、きわめて深く根を張った一つの信仰生活である。中世ドイツは、たくさんのスコラ学者と神秘思想家を生み出した。スコラ学者たちは、アリストテレスの遠い弟子として、神学と哲学を結合しようとし、他方、どちらかというとプラトンに近い神秘思想家たちは、人間と神性の結合を模索した。たとえば十二世紀末、ラウテンバッハのマネゴルド（1035-1104）は、キリスト教信仰から「民衆の力は王侯の力に勝利しなければならない」というドクトリンを引き出し、各地を説教して歩いている。十三世紀、有名な神学者にして自然学者のアルベルトゥス・マグヌス〔訳注・一一九三年ごろシュヴァーベンの生まれ〕は、兵士からドミニコ会修道士になり、ついで司教になったあと一介の修道士に戻るが、中世最大の神学者、トマス・アクィナス（1225-1274）の師である。アルベルトゥスは、アリストテレスの著作に註解を施すとともに、「三位一体 Trinité」、「化肉 Incarnation」、「贖罪 Rédemption」といったキリスト教の信仰箇条については理性による道理づけを慎む一方、そのほかのあらゆるテーマについては、アリストテレス的普遍精神から、理性によって自由に論議する権限を哲学に与えた。理性自体、神に由来するものなのである。

アルベルトゥス・マグヌス（トマソ・ダ・モデナ画）

それとは反対に、エックハルト（訳注・一二六〇年、ゴータに近いホッホハイムに生まれ、ケルンでアルベルトゥスから教えを受けた）は、《ネオ・プラトニズム》といってよい神秘思想を育み、「人間の魂にとって救いとは、自らを束縛から解放して神に同化することであり、そこでこそ魂はえもいわれぬ幸せを見出すことができる」と教え、ローマ教会から汎神論の疑いありと非難された。エックハルトの弟子、ヨハンネス・タウラー（1300-1361）やゾイゼ（ラテン名でスーソ。1295-1366）らは、教理の展開においては自重しつつも、内面生活においては、強力な神秘主義運動を維持した。そこには、近世ドイツ観念哲学の遙かな淵源が見出される。

こうして、神秘思想家たちが神の愛を宣揚している一方で、十二、三世紀の騎士道は、イタリアの影響を部分的に受けつつ、女性への愛を歌い上げた。騎士道の教えるところでは、戦いは一つの生活スタイルであり、それを美化するのは各人の感情生活であるとして、騎士たちは自分が思いを寄せる女性の好む色の衣服や飾りを身につけ、その女性のために戦った。なかには、愛する女性を讃える詩を謳う者も現れ、そこに一つの国民的文学が生まれた。女性への愛を《ミンネminne》といい、そうした戦士たちの愛と武勲を謳う詩人は《ミンネゼンガーMinnesänger》〔恋愛抒情詩人〕と呼ばれた。

その先駆を切ったのがハインリヒ・フォン・フェルデケ（1140-1200ごろ）、ハウゼンのフリードリヒ、そして皇帝ハインリヒ六世である。それに続くのがラインマル・フォン・ハーゲナウ（1160-1206）〔訳注・原著はReinhardとしているが、恐らく誤り〕である。ラインマルはヴァルター・フォン・デア・フォーゲルヴァイデ（1170-1230）の師で、ヴァルターはハルトマン・フォン・アウエ（1165-1210）やハインリヒ・フォン・モルンゲン（1160-1222）などの吟遊詩人（trouvères）のなかでも傑出した詩人である。

フランスの宮廷詩（courtoise）と同じく、女性への絶対的愛とあらゆる優しい感情を謳った作品はドイツでも無数に生み出され、一三〇〇年ごろチューリヒ市の参事会員が作製させ豪華な挿絵入りで有名な『マネッセ詩歌写本』には、百三十篇の恋愛詩が収められ、その行数は七千を超える。〔訳注・この写本は各地の王家の間を転々とし、一時はルイ十四世のもとにあったが、現在はハイデルベルクにあるので、『ハイデルベルク詩歌写本』とも呼ばれる。〕

抒情詩とは別に、十二世紀には『ニーベルンゲンの歌Niebelungenlied』を代表とする英雄叙事詩も発展した。登場するのは荒々しい英雄たちで、この時代の君侯たちを想起させる。ヴォルフラム・フォン・エッシェンバハ（1170-1220）はとりわけ『パルツィヴァルParsifal』、ゴットフリート・フォン・シュトラースブルク（1170-1210）は『トリスタンTristan』のような大ロマン詩を書いた。そのほかにも、古代の物語群やブリトン人の物語群から借りた長編武勲詩が数々生まれている。

十三世紀には、都市ブルジョワのなかで経済力と知的資産の蓄積が進み、「自由思想Freidenk」〔訳注・原著ではFreidankとなっているが恐らく誤り〕の名のもとに辛辣さに満ちた道徳的格言が流行する。トリンベルクのフーゴは学校の教師であるが、彼が遺した通信欄には王侯や聖職者、都市ブルジョワの顔役たちは扱われていない。

十字の標示のもとに

この芸術的・精神的開花を助けたのが十字軍運動であった。七三二年のポワティエの戦い以来三百年以上の間、ヨーロッパはイスラム教徒の脅威を忘れていた。教皇と皇帝は、自分たちが世界で唯一の存在であるかのように争い合った。しかし、世界はバルト海と地中海の間の帯状の地域だけではなかった。東方では、ビザンティンの教会がローマ教会と冷戦を繰り広げていた。ビザンティンの大主教たち（patriarches）は、教義の些末な点で《ローマ司教》と一致せず、自分たちの教会こそ正統（orthodoxe）であるとして全面的独立を望んでいた。コンスタンティノポリスで何度も交渉が行われたのち、一〇五四年、ローマ教皇の特使は、ビザンティン大主教は異端であると宣言して破門を通告。それに対し、大主教のほうも、待っていたとばかり、教皇を破門し、ここに、両教会の分裂（シスマ schisme）は決定的となった。

しかし、まもなく、ビザンティンは東方から押し寄せるイスラムの大波に脅かされる。一〇七〇年には聖地エルサレムを占領したセルジュク・トルコ人たちが、さらに圧倒的な勢いでビザンティンに迫ってきた。ビザンティン皇帝アレクシオス・コムネノスはローマに援助を要請。分裂したとはいえ、ともにキリスト教徒であるとの情に訴えたのである。ローマ教皇はこれを、東方教会を併合できる好機であり、西方世界を結束させるうえでの天の配剤と見て、十字の標示を帯びて異教徒に対する戦いに起ち上がるよう王侯たちに呼びかけた。

こうして行われた第一回十字軍（1096）において主役を務めたのは、とりわけフランスの騎士たちであった。彼らは、数々の勝利を納め聖地奪還に成功すると、ロレーヌ伯ゴドフロワの弟、ボードゥアンを王としてエルサレム王国を樹立した。しかし、不幸なことに、この戦いの間、多くのキリスト教徒軍士のなかには信じがたい残忍さを示し、征服された国々で乱暴を働く者が出た。そこで、聖職者の協力も得て、「神の国」という最も美しい理想に燃えた騎士たちのなかから、厳しい訓練によってキリスト教的美徳を宣揚することをめざし、次々と騎士団が結成された。そうした騎士団の一つが、エルサレムのソロモン神殿を誕生の本拠とした《テンプル騎士団 Templiers》で、彼らは、赤い十字を浮き上がらせた白いマントをまとった。もう一つはエルサレムを舞台に巡礼者たちを救護する《聖ヨハネ救護騎士団》で、白い十字を浮き出した黒いマントを羽織った。その後、エルサレムがイスラム軍によって奪われると、彼らは、ロードス島、ついではマルタ島へと本拠を移し、《マルタ騎士団》と呼ばれた。

ドイツの騎士階級が重要な役割を演じたのは第二次、第三次十字軍であるが、そのあと、一二二六年にはプロイセンに《チュートン騎士団 chevaliers Teutoniques》が現れる。彼らは、黒い十字を浮き出した白いマントをまとった。

〔訳注・ただし、チュートン騎士団が活躍するのは、エルサレム奪還のためよりも、ドイツ東方でのキリスト教世界拡大の戦いにおいてである。〕

こうした十字軍運動は、論ずれば際限がないほどの多様な政治的側面をもっているが、ここで指摘しておくべきは、これによって生じた精神的・感性的影響力の広がりである。十字軍士たちが活躍した舞台はアジアでも地中海沿岸地域で、ペルシア文明の中心部に接する機会はなかったが、西欧の田舎からやってきた野蛮な騎士たちは、オリエントに花開いた高度で華麗な文明を知り、豊かな芸術に触れて大きく目を開かれるとともに、キリスト教徒としての互いの連帯にも目覚めた。ドイツ人とフランス人が行動を共にし、ときには、異教徒との間にさえ、思いがけない友情が芽生えた。そうして接したアラブ人たちのなかには、アリストテレス哲学の伝統を身につけ、諸科学の開拓に取り組んでいる者さえいた。まさに《オリエントOrient》は《オクシデントOccident》を肥沃にしてくれる学問と芸術の宝庫であった。

他方、ヨーロッパ本土では、領主が十字軍遠征で長い間留守をしたことで、城と領地を守った婦人たちの威信が高まったうえ、愛する人々が遠く引き離されていることによる、互いの愛の詩文学への昇華が生じた。さらに、あとで見るように、皇帝フリードリヒ二世（1194-1250）のように、オリエント文化に浸されたナポリ・シチリアの王として、オリエントの君主のような生活を送る人も現れた。

グェルフ党とギベリン党

ドイツは大きく変わった。教皇と皇帝が争いに明け暮れたおかげで、俗界・聖界の君侯たちは、それぞれの君主への従属から解放され、自らが治める領国の主人として存分に手腕を振るうことができるようになった。諸都市も、皇帝から種々の特権や義務の免除を与えられて自治的傾向を強めた。皇帝の力自体、選挙の原理によって弱体化し続け、ここ百年、皇帝の地位を占めたフランケンのザリアー朝は、一一二五年のハインリヒ五世の死（1125）を機に終わり、血筋からいえばホーエンシュタウフェンのフリードリヒが合法的継承者であった〔訳注・ハインリヒ四世の娘の夫であった〕が、司教と諸侯たちは、これを排除して、ズップリンゲンベルク家のザクセン公をロタール三世として擁立した。

この新しい王はすでに五十歳で、しかも跡継ぎがなかった。彼は、幸運に恵まれて東方の辺境地帯を鎮撫し、ラウジッツをヴェッティン Wettin〔訳注・原著では Wattin となっているが誤り〕に、ノルトマルクをアルブレヒト熊伯 Albert l'Ours に与えてブランデンブルク辺境伯に任命した。

ロタール三世はイタリアへの儀礼的訪問を行ったが、それは、ローマ教会が分裂して、二人の教皇が並び立ち、その一方のイノケンティウス二世（1130-1143）がロタールの助勢を求めてリエージュに迎えに来たことによる。このときロタールは教皇の白馬の轡を自ら執ってイノケンティウスを支持する意志を示した。一一三二年、二人は連れ立ってローマへ向かったが、サン＝ピエトロ寺院はライバルのアナクレトゥス二世（1130-1138）に占拠されていたので、サン＝ジョバンニ＝デ＝ラテラノ教会で、一方は相手を教皇座に据え、他方は相手を皇帝として聖別したのだった。皇帝は、それから五年間にわたってイタリアで戦い、ようやくドイツへの帰途につくが、途中、ティロルの農民の小屋で亡くなった。

ロタール三世は、死にあたって娘婿のバイエルンおよびザクセンの大公、ハインリヒ傲岸公を後継者に指名していたが、諸侯たちは、その渾名のとおりの性格とバルト海から地中海におよぶ広大な領地を有する彼の力が強大に過ぎるのを嫌って、ホーエンシュタウフェンのコンラート三世（1138-1152）である。

亡くなった皇帝の意志よりも教会と選帝侯たちの決議のほうが優位を占めたのである。それと同時に、バイエルンのヴェルフェン家を支持するグェルフ党Guelfesとホーエンシュタウフェン家のギベリン党Gibelins（ホーエンシュタウフェン家の領地がヴァイプリンゲンWaiblingenにあったことによる）の争いが再燃した。コンラート三世は、性格からして、当時のドイツ人たちが期待していた騎士的な王ではなかったうえ、所詮、坊主たちに都合の良い王でしかなかった。しかし、第二次十字軍が始まり、彼らの関心は幸いにもオリエントのほうへ向かった。

すでに述べたように、第一次十字軍で主役を演じたのはフランスであったが、こんどの第二次十字軍ではフランスのルイ七世とドイツのコンラート三世が主役になった。この十字軍は、ユーフラテス河畔におけるキリスト教徒軍の前衛基地エデッサがモスールの太守、ヌール・アッディンに奪われたことから、クレルヴォーのベルナルドゥス（1091-1158）が奪還を呼びかけたことによって始まった。ドイツでは、騎士的熱気が高まっており、第一次十字軍から生まれた救護騎士団やテンプル騎士団が、いまや、その拠点をライン以東に築いていた。十字軍勧奨のためにシュパイエルにやってきたクレルヴォーのベネディクト会修道士ベルナルドゥスは、王の前で説教し、最後の審判に言及して、キリストに成り代わった形でこうコンラートに訴えかけた。

「わたしは汝にすべてを与えたが、汝はわたしが汝を救うために死んだ地をさえ守ってくれないのか！」

それに対し、王は涙を流しながら叫んだ。
「仰せまでもありません。わたしの罪を贖ってくださったお方に、どうして尽くさないでいられましょうか！」

一一四七年、コンラート三世は一五〇〇人の騎士、何千人かの歩兵たちを率いて出発した。第一次十字軍がそうであったように、この十字軍も、「聖なる軍勢」であるにもかかわらず、トラキア、コンスタンティノポリス、小アジアを荒廃させながら進軍した。しかも、重装備で動きの鈍い十字軍は、軽快に馬を乗りこなすトルコ騎馬兵に翻弄され、多数の犠牲を出しながら疲労困憊して地中海の岸に辿り着いた。ここでも、ますます多くの騎士たちが命を落とし、アッコーの聖ヨハネ寺院のふもとでルイ七世と合流したとき、コンラート三世には、もはや、ヨーロッパへ帰ることしか考えられなかった。

コンラートは海路で帰国の途についたが、その途上で、ヴァイプリンゲンのあらゆる城がヴェルフの一派によって襲われたことを知る。五十九歳になっていた王は、命あるうちになんとしても皇帝の冠を戴こうとしたが、ついに果たせぬまま死去する。聖別を受けないまま逝った皇帝であり、王国なき王であり、エルサレム解放もできないまま終わったその人生は、労多くして報われない一生であった。ただ一つの救いは、臨終において（in articulo mortis）は、七歳の自分の息子ではなく、完璧な騎士として盛名を誇り、帝国を束ねる力をもっていた甥のフリードリヒ（1123-1190）を後継者に指名する英知を示したことであった。

後継皇帝を決めるためにフランクフルトに集まった選帝侯たちも、このコンラートの意志に従った。フリードリヒの父はヴァイプリンゲンの人であったが、母はバイエルンのヴェルフ家の女性（ユーディット）

で、際限のない復讐の応酬のあとに必要とされる和解が、この王によってなら実現されると期待できたからであった。

フリードリヒ・バルバロッサ

フリードリヒ〔訳注・シュヴァーベン大公としてはフリードリヒ三世、ドイツ王としてはフリードリヒ一世〕は、バルバロッサ（赤髭帝）の渾名のとおり髪も髭も褐色で碧眼の美男子で人気が高く、勇気と活力、冒険心といった騎士的美質を備え、性格は寛厚で、グェルフ党とギベリン党の確執に終止符を打ってくれると期待された。従兄弟のハインリヒ獅子公とも仲が良く、ザクセン大公領とのちにはバイエルン大公領を彼に与えた。しかし、ドイツとイタリアを同時に統治することは、この偉大な皇帝にとっても手に余る難題であった。

イタリアでは、このころ、社会構造そのものが急速に変化した。諸都市は経済力を増すと独立を渇望し、自分たちの評議会の助言と市民の声しか聴こうとしなかった。ミラノは人口が三十万に達し、ローマでは、煽動家（tribun）で修道士であるブレシアのアルノルドゥスが共和制を主張してカピトリウムの丘にコミューンを設立し、教皇に対し、キリスト教会を初期キリスト教の謙虚さと清貧に戻すよう要求した。

フリードリヒは、教皇が耐えきれなくなって、このような混迷からイタリア諸都市を救うよう自分にすがってくると期待し、イタリアへ赴くのを二年間待った。一一五三年になって教皇エウゲニウス三世から要

フリードリヒ・バルバロッサ（中央）と息子のハインリヒ六世（左）とシュヴァーベン公フリードリヒ（右）

請があり、翌年、フリードリヒは初めてアルプスを越えた。
　彼は、古風でロマネスクな《帝国》観念で育ったので、ロンバルディア諸都市に芽生えていた新しい精神も、グレゴリウス七世的観念による教皇権への固執も、さらには、シチリア王国が代表していたオリエント君主的思考も理解していなかった。自分が相続した領地を引き継ぎ、王冠を戴いて、抵抗する市民たちには力で平和を押しつけることを当然の正義と考えていた彼にとっては、イタリア人たちが示す応対ぶりは幻滅でしかなかった。彼は、血気に逸る騎行のなかで、ミラノの覇権に対するロンバルディア諸都市の不満に耳を傾けたり、ぶつかった問題を短絡的で苛烈な裁判で処理したりしながら、ようやく、ローマに到着した。ローマでは、新教皇ハドリアヌス四世が「聖務停止」で市民たちを脅してアルノルドゥスを追放させたばかりで、ローマ市民たちはフリードリヒに使節を送り、古代からの市民権を回復してくれるよう求めたが、フリードリヒは古代ローマの栄光と現在のローマの衰退を指摘し、皮肉を込めて、次のように答えている。

「いまや君主権はフランク人に移っており、帝国の君主はフランク人である。あなたがたは古代ローマの栄光を見たいというのか？　そんなものは、帝国とともにあなた方のもとから去ってしまった。わたしこそ、あなた方の正しい主人なのだ。」

　一一五五年、彼は、聖ペテロの墓の上、ヴァティカン寺院のなかで教皇ハドリアヌスによって聖別され帝冠を受けた。この見返りとして教皇からは、トスカナで捕らえられたアルノルドゥスの身柄を引き渡すよう要請があり、この民衆煽動家はローマ市長官に渡され、ただちに絞首刑に処され、その遺体は焼かれた。経緯を知ったローマ市民たちはドイツ人たちを襲い、流血の惨事が起きた。加えて、ドイツ騎士たちからも、すでに暑さとマラリアのために一割が死んでいたので、故国への帰還を求める声が高まったため、フリードリヒ・バルバロッサは、予定していた南イタリアとシチリアの鎮圧を諦めなければならなかった。教皇ハドリアヌス四世は、皇帝が出発して、いまや自分を護衛してくれる人がいなくなったことから、「悪人王le Mauvais」と渾名されるノルマン人ナポリ・シチリア王、グリエルモ一世（1154-1166）と協定を結んだ。〔訳注・『ベネヴェントの協定』と呼ばれ、グリエルモは、教皇を護る代償としてシチリア、カプア、アプリアの領有を認められた。〕

ドイツ人にとっては高くついただけで益のない遠征であったが、君主に対する非難の声は起きなかった。彼らは、フリードリヒが諸侯間の平和のために譲歩し、たとえば一一五六年の『小特許状Privilegium minus』で、オーストリアをバイエルン大公領から独立させて、ハインリヒ・ヤソミルゴットのために大公領にしたことで納得した。〔訳注・「Jasomirgott」という渾名は、この領主の口癖であった「Iach sam mir Gott helfe」（神がわたしを助けてくれるなら）が詰まったもので、オーストリア公ハインリヒ二世（1141-1177）のこと。〕

叙任権抗争は終わったように見えても、教皇と皇帝の優位争いは終わらなかった。ブザンソンの公会議（1157）でも、皇帝側からは「教皇はその「fief」（封地の意で、ここでは教皇領のこと）を皇帝から受けたではないか?」、「皇帝は教皇の馬の鐙を執り、馬勒をもって誘導すべきなのか?」などといった論議が出され、それに対して教皇特使で枢機卿のシエナのオルランドからは「皇帝は教皇から禄beneficiaを賜っている身ではないか」と応酬すると、皇帝方の大法官、ダッセルのライナルドは、「禄とは封地であり、教皇にそれを

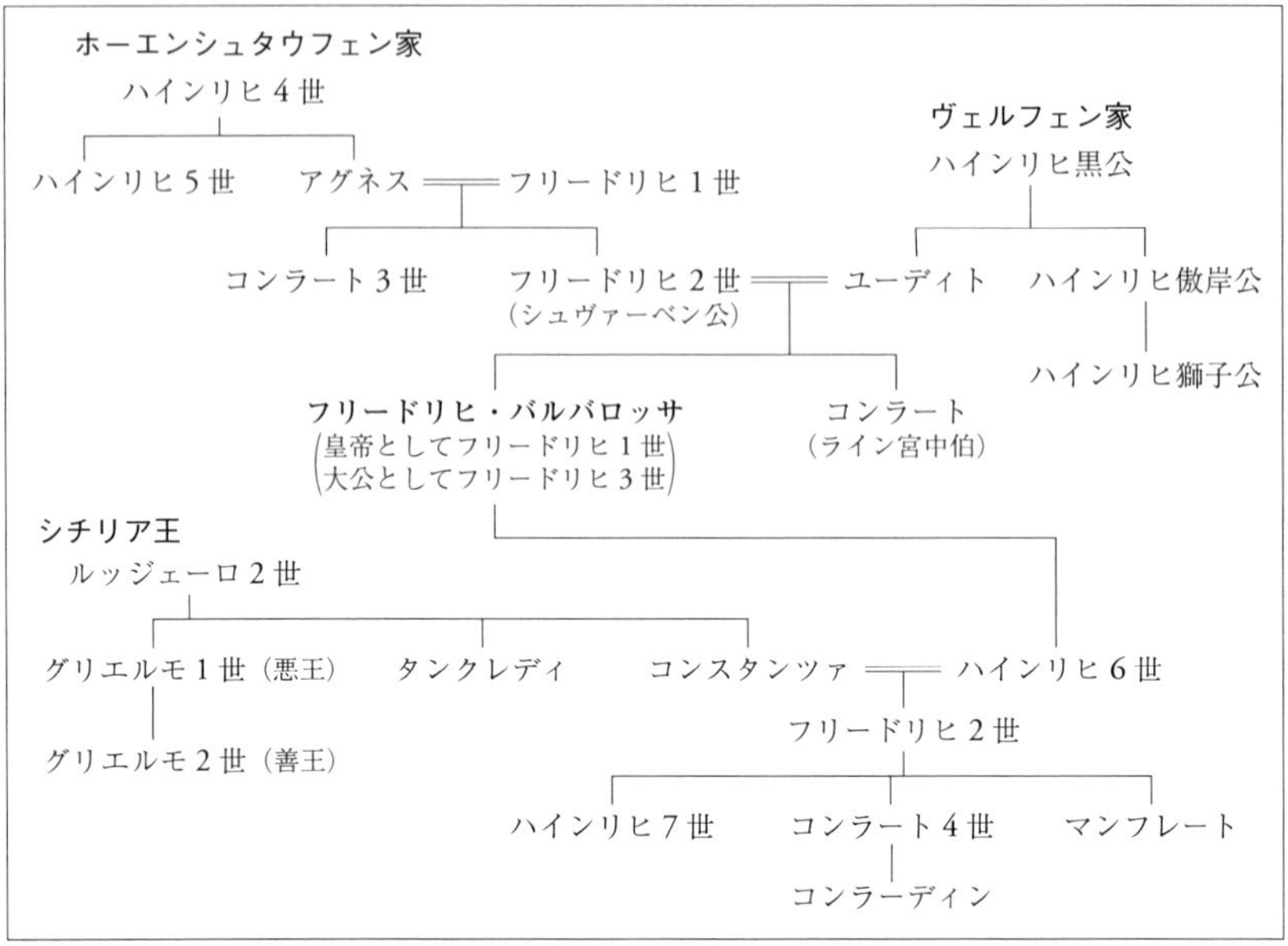

フリードリヒ・バルバロッサの家系図

授けたのは皇帝ではないか」とやり返した。オルランドは「自分が言っているのはbeneficia（禄）ではなくbienfaits（恩恵）だ」と抗弁したので、皇帝はオルランドを「これが神聖な教会堂のなかでなかったら、このような無礼な者は殺されてしかるべきであったろう」と言って追い出すという一幕もあった。しかし、この傲岸な枢機卿オルランドが、やがてアレクサンデル三世の名で教皇となり、かつてのヒルデブラント〔訳注・カノッサ事件のグレゴリウス七世〕の野望を再燃させる。

この間、フリードリヒ・バルバロッサは一一五八年、帝権に対し反抗的な諸都市を懲らしめるために二度目のイタリア遠征を企てる。ロンバルディア諸都市は、勇敢にこれに対抗した。ミラノは英雄的抵抗ののち破壊され、住民は四散させられた。そのほかの諸都市も、最も屈辱的なやり方で屈服させられ、皇帝の権力を代弁する行政長官が押しつけられた。しかし、君主も騎士たちも、中下層階級が持つ経済力・軍事的力を考慮しなければならない時代が近づいていた。一一五八年の時点では、諸都市はまだ一つに結束しておらず、法律家たちは帝位継承者の権利を認めたので、それを背景に、行政長官たちは暴虐ぶりを発揮し、それがイタリア人たちを激高させた。皇帝はライバルである教皇アレクサンデル三世（1159-1180）に対抗して、対立教皇ヴィクトール四世（1159-1164）を擁立する。

一一六六年、フリードリヒ・バルバロッサが再度、大軍を率いてイタリアに襲いかかったとき、彼が目にしたのは、教皇アレクサンデルを先頭に立ち向かってくるロンバルディア諸都市とローマ市民軍とシチリアのノルマン人たちの連合軍であった。フリードリヒは、なんとかローマまで軍勢を進めたが、そこで、彼の無敵部隊は灼熱の夏と熱病の猖獗に打ち負かされる。何千という騎士たちが病に倒れたのである。しかも、諸都市の抵抗は執拗であった。先の遠征で彼が破壊したミラノは再建されていたうえ、近くにはアレクサンデル三世を記念して「アレッサンドリア」という新しい都市までも建設されていた。〔訳注・北イタリアのミラノとトリノの中間あたり。〕

多くの将兵も武器も失ってしまったフリードリヒは、変装してアルプスを越えてドイツに帰らなければならなかった。モン＝スニ峠からジュネーヴを経て、ようやくブザンソン〔訳注・現在はフランスの都市であるが、当時は神聖ローマ帝国の都市であった〕に辿り着いたのである。

それから十年後の一一七四年にもイタリア遠征を行ったが、こんどはレニャーノ〔訳注・ミラノの北西〕でミラノ市民軍に敗北を喫する。これは、ヨーロッパの新しい夜明けの一つとなった。現実に目覚めたフリードリヒは、軍事的手段から外交的手段に切り換え、ヴェネツィアのサン＝マルコ寺院の玄関の下で教皇の前に頭を下げ、仲直りのキスを受けることができたのであった。

このとき、彼にとっては、イタリアでのやっかいごとから解放され、ドイツの足許の問題を片づけることが喫緊の課題であった。というのは、ドイツでは、グェルフ党（教皇を支持する立場）でザクセンおよびバイエルンの大公であったハインリヒ獅子公〔訳注・母方の従兄弟でもあった〕がフリードリヒの援軍要請に応えてくれず、それがレニャーノの敗北の一因になっていたからである。ハインリヒ獅子公は、かつてはフリードリヒと仲良しであったが、イングランド王（ヘンリー二世）の娘、マチルドと結婚して以来、フリードリヒから離反し、皇帝の裁判法廷に呼ばれても姿を現さなくなっていたのだった。

戦いの結果、ハインリヒ獅子公の領地であるザクセンとバイエルンは細分され、ヴェストファーレンはケルン大司教のもと公国となり、バイエルンはヴィッテルスバッハのオットーのものとなる。ザクセンの領主たちは皇帝の直臣になり、伯領は皇帝の直轄領となった。敗れたハインリヒ獅子公は、ブラウンシュヴァイクなどの領地だけは自分の相続人〔訳注・のちの皇帝オットー四世やライン宮中伯ハインリヒ五世〕のために確保すべく膝を屈したが、結局、彼はイングランドに亡命し、ドイツに帰国するのはバルバロッサが死去してのちである。

イタリアでは、フリードリヒは、息子である未来のハインリヒ六世のために最も強固な支えとして、ナポリとシチリアの王、グリエルモ善良王〔訳注・前出のグリエルモ一世（悪王）の息子〕の叔母で相続人であるコンスタンツァの援助を獲得した。〔訳注・ハインリヒ六世はコンスタンツァと結婚している。〕

皇帝はロンバルディア諸都市の前には膝を屈したものの、やがてはシチリアが相続によってホーエンシュタウフェン家のものになることが明確になったわけで、この事態を眼前にして、ローマ聖庁は、なんとしてもこの王朝を倒しておかなければならないと密かに考えるにいたる。

フリードリヒ・バルバロッサも、ごく僅かな間だが、信仰のために献身しようと、第三次十字軍に加わった。この戦い好きの人生を締めくくるのに、異教徒との戦いに勝るふさわしい道があっただろうか？　彼は、聖地へ向かって出発するにあたり、王位を標示する品々すべてを息子のハインリヒに譲った。ブルガリアを経てコンスタンティノポリスに到着したドイツの十字軍士たちを、ビザンティンの皇帝は自分の都に長居されるのはごめんとばかり、大急ぎでヘレスポントス海峡を渡らせた。幾つかの小競り合いを経験しながら小アジアを横断し、キリキアまで来たとき、軍団の間に皇帝死去の報が広まった。それは事実であった。キュドヌス川で水浴びしているさなか溺死したのであった。

それは、波乱に満ちたロマネスクな人生の終わりにしては、あまりにもあっけない突然の死であった。彼の名前の偉大さは、当時の世界に響いていた。実際には、彼は、教皇を従わせることもできず、イタリア諸都市を服従させることもできなかったし、エルサレムの聖墳墓Saint Sépulcreを異教徒の手から解放することもできず、企図したことのほとんどが失敗に終わった。しかし、彼の偉大さを伝える伝説は次々と生まれた。その一つに、この英雄は、キフホイザー〔訳注・チューリンゲン北部の山地〕の洞窟で眠っているだけだというのがある。――一人の僧は彼が洞窟の暗い天井の下でまどろんでいるのを見た。伸びた髭はテーブルのまわりを九回取り巻いていた。老いた皇帝、フリードリヒ・バルバロッサは、目覚めるときを何百年も待っているのだという。――

厳密にいうと、この話は、彼の孫のフリードリヒ二世〔皇帝在位1220-1250〕にまつわるものであったが、この伝説がバルバロッサに付け加えられたのは、十六世紀ごろのことである。

ホーエンシュタウフェン家の終焉

ハインリヒ六世（厳格王1165-1197）は、大胆さと野心、頑固さでは父親に似ていたが、陰険さでは一枚上であった。一一九一年、教皇ケレスティヌス三世によって帝冠を戴いた彼をイタリアから呼び戻したのは、ドイツ諸侯の叛乱であった。

もし、予期しない事件がなかったら、この諸侯たちの叛乱は、ハインリヒ獅子公に唆されたイングランドやシチリアのタンクレード（グリエルモ善良王の腹違いの弟）も巻き込んだものになっていたであろう。その予期しない事件とはイングランド王リチャード獅子心王が第三回十字軍のなかでオーストリア大公、バーベンベルクのレオポルト五世を侮辱したことがあり、根に持ったレオポルトが帰国途次のリチャードを捕らえ、身柄を皇帝ハインリヒ六世のもとへ送ってきたのである。

これは、ハインリヒにとってはかりしれない値打ちをもつ切り札となった。皇帝は、イングランドと絡んで叛乱を企むドイツ諸侯を抑えるためにこれを使い、アンジューの相続権をめぐってリチャードと争っていたフランス王フィリップ・オーギュストに引き渡すと脅した。リチャードがイングランドに帰ることができたのは、銀貨で一〇万マークの身代金を払ったうえ、神聖ローマ皇帝の臣下（homme）として臣従礼を執って、自分の王国は皇帝から封土として賜ったものであると宣言することによってであった。

皇帝はハインリヒ獅子公と和解すると、妻のコンスタンツァが一一八九年にグリエルモ善良王から相続していたシチリア王国を掌握するためにイタリアへ向かった。コンスタンツァのシチリアにおけるライバルであったタンクレードは亡くなっており、ハインリヒ六世がシチリア王として祝別された。コンスタンツァは翌日、男児を出生し、この子はフリードリヒと命名された。しかし、ハインリヒ六世は、あらゆる反逆を力で押さえ込み、暴政と残忍さでシチリア貴族たちを怒らせた末に、マラリアに罹って亡くなる。突然の死で、玉座に遺されたのはまだ赤ん坊であったから、ドイツは混乱に陥った。

ドイツ諸侯たちは、皇帝を選挙で選ぶやり方に戻り、帝国はまたも、二つの陣営に分裂した。候補者はフリードリヒ・バルバロッサの末っ子であるシュヴァーベンのフィリップとブラウンシュヴァイクのオットー四世で、前者にはギベリン党、後者にはグェルフ党が付いた。このときはオットーが膨大な土地をローマ教会に寄進することを申し出て、一二〇九年、教皇イノケンティウス三世から皇帝の冠を授けられる。

しかし、オットーは皇帝になるや、約束など忘れたように、軍勢を率いて南イタリアへ侵入した。教皇イノケンティウス三世は、フランス王フィリップ・オーギュストに援軍を求めた。「わが苦境を貴辺に伝えるのは心苦しいかぎりである。なぜなら、このようになることは、貴辺が何度も警告されていたところだからである。」

一二一〇年、彼は、オットー四世を破門し、ハインリヒ六世の息子をフリードリヒ二世として皇帝に任命した。オットーは一二一四年、ブーヴィーヌの戦いでフランス軍に大敗し、絶望のうちに、教会の寛大さを哀願しながら、一二一八年、ハルツブルクで亡くなった。

フリードリヒ二世は、あるときは愛想良い、あるときは恐ろしい、得体の知れない人物であった。シチリアで哲学者や詩人たちによって教育を受け、六か国語をこなし、芸術家たちを庇護し、自身も抒情詩を作り、兵士としても政治家としても抜け目のない男であったが、性格は冷厳で、信仰心は薄かった。サラセン人たちともアラブ語で談笑し、その宗教的寛容さでキリスト教徒たちに衝撃を与えた。ハーレムをもっていたというのも、ありそうな話である。まさに彼は、オリエントとオクシデントの混合、神秘主義者と懐疑論者の混血で、当時の人々から「世界の驚異」と呼ばれた。だが、その力をもって何かを仕遂げることはできなかった。あまりにも「近代的」すぎて、自分が引き継いだ帝国には適合できず、教皇たちとも深刻な対立を続けた。

ローマは彼を「南イタリアとシチリアを結合した王国を樹立して教皇権の独立を脅かした。とりわけ何度

フリードリヒ二世の頭部像（上）と
彼が好んで住んだ南イタリアのフィオレンティーノ城（下）

も十字軍に出かけると誓いながら守らなかった」と厳しく非難した。しかしながら、その煮え切らない彼が、キリスト教徒のために聖地を巡礼訪問する権利をスルタンから獲得したのは、宗教的寛容の成果であった。そのほかにも彼は、階級間の融合に関し、またよりよい裁判などについて優れたアイデアをもっていたが、彼のアイデアは、狂信的な熱に浮かされた十三世紀イタリアでは、《背教者apostat》の烙印を押されて無視された。

十字軍に関連する彼の行動がけしからんものであったことは認める必要がある。彼は、遠征に出かけると約束し、延期し、延期した期限が来ても出発しなかった。彼は、教皇ホノリウスに書いている。

「このような息子を育てたからといって、けっして後悔されることはありません。あなたは、まもなく、植えられた木からお望みの果実を得られるでしょう。」

だが、その果実は熟さなかった。出発した十字軍士たちは、落ち合う先のダミエッタ〔訳注・ドゥミヤート。ナイル・デルタの町〕で虚しくフリードリヒ二世を待った。次の教皇グレゴリウス九世は、フリードリヒを破門した。

フリードリヒがようやくオリエントに着いたとき、人々は、彼がオリエントの人々と親しくしすぎると言って非難した。彼の方針は、ほかのキリスト教徒軍のように英雄的で華々しいものではまったくなかった。正統派教会（カトリック）の人々からすると、このシニックな君主は《アンチクリストAntéchrist》であった。ダンテが彼を皇帝たちのなかで唯一、地獄に墜ちた人としている（『神曲』地獄篇第一〇歌）ように、およそ神聖帝国にとってふさわしくない奇妙な皇帝であったことは間違いない。実際、彼は、ドイツ皇帝であるよりイタリアの王であった。彼の心はシチリアにあり、教皇の気持ちをやわらげるためもあって、ドイツのことは、当時我が物顔で振る舞っていた異端審問の修道士たちに任せた。（これらの狂信の輩が多くの無辜の人々を焼き殺していたことに対しては、彼が王位を委ねた息子のハインリヒも反対した。）

ホーエンシュタウフェン家の威信は、まだ生き残っており、フリードリヒ二世がドイツ国内を旅したときは、民衆から歓迎された。しかし、東方の辺境地では、大きな変動が起きていた。一二二八年に聖地防衛のために設立されたテュートン騎士団が、プロイセンに定住し、原住のラトビア＝リトアニア人に取って代わっていた。このプロイセンの植民者たちがいつかドイツ統一の中心になるなどと、当時、だれが想像できただろうか？

驚くべきは、イタリアでは中央集権的君主たらんとしたフリードリヒが、ドイツでは、諸侯たちの自主独立主義に任せたことである。イタリアにおいてさえ、彼は、グェルフ党とギベリン党の争いを停止することができなかった。治世の晩年にいたって、ロンバルディア諸都市の争いを鎮めるためにドイツ諸侯の軍勢をさしむけようとしたが、ドイツ人たちは、いまさら《帝国》を維持することには関心がなかった。

教皇イノケンティウス四世は、フリードリヒと折り合いが悪くなったとき、フランスに逃れようとした。この抗争は、一二五〇年、フリードリヒ二世の死で終わるのだが、その最期、皇帝はシトー会修道士のローブをまとい、罪の赦しを与えてくれたパレルモ大司教の腕に抱かれて息を引き取った。

彼の外見上の強さと魅力を讃えていた人々は、彼の死に茫然自失した。オットー大帝が帝権と教皇権の結合のうえに樹立しようとした《帝国》が、まさに彼とともに崩壊したのであり、ドイツでは、中世最後の皇帝となったのであった。だが、パレルモでは、近代的君主の草分けであった。

彼のあと、帝国は急坂を転げ落ちるように終末に向かう。跡を継いだコンラート四世は、若くして世を去り、彼の庶子のマンフレディは、一時、イタリアに君臨したが、一二六六年、フランス軍との戦いで英雄的な最期を遂げる。同じくコンラート四世の息子コンラディンは、友人のオーストリアのフリードリヒとともにイタリアにやってきて、イタリア人たちからは「コッラディーノ」と呼ばれ、ローマで凱旋将軍のように迎えられたが、これは、外国からやってきたあらゆる君侯に対する儀礼としてであった。コンラディンは、一二六八年、教皇が呼び寄せたシャルル・ダンジュー〔訳注・フランス王、聖ルイ（九世）の弟〕とフランス騎士軍によってタリャコッツォ〔訳注・ローマの東方〕で敗れ捕らえられて、九人の仲間とともに斬首刑に処された〔訳注・このとき、彼は僅か十六歳であった〕。コンラディンは堂々と死んでいった。年代記作者は「Vita Corradnini, mors Caroli」〔注・コンラディン万歳！　シャルルくたばれ！〕と記している。

鷹狩りに興じるコンラディン。ハイデルベルク大学のChansonnier（抒情詩集）写本

この青年王の死で、ナポリとシチリアに花開いたホーエンシュタウフェン家の栄華は終わった。イタリアは政治的にますます衰退し、ドイツも、統一の日を迎えるのは、遠い未来となる。

第三章　新しい王朝

大空位時代と共同体の台頭

ドイツは、第一帝国（premier Reich）〔訳注・神聖ローマ帝国時代のこと。ビスマルク時代を第二帝国、ヒトラーの時代を第三帝国と言うのに対する呼称〕の最良の治世の間に、普遍的帝国〔ローマ帝国〕あるいは少なくとも、西方帝国〔西ローマ帝国〕の遺産を受け継いでいくように見えたが、この夢は、ホーエンシュタウフェン王朝の凋落とともに消え去った。南イタリアとシチリアでは、シャルル・ダンジューが嫌われながら君臨し、フランスの一王国となる。

ドイツ本土も、ザクセンとバイエルンはバルバロッサによって解体され、シュヴァーベンでは、大公たちや帝国都市、小領主などが、愛国心など忘れて、それぞれの野望を追求しているありさまである。フランスとイギリスが中央集権国家として体制を整えていく一方で、ドイツは統一性を失い、中小諸邦の雑然たる集合体になっていった。とくに一二五六年から一二七三年までは、この国をリードする君主が一人としていないいわゆる「大空位時代Grand Interrégne」となる。

これまで慣習的に皇帝選出の役目を託されてきた大司教と封建諸侯たちの間で、最終的に七選帝侯の同盟が強化されたが、彼らの頭にあったのは、自分たちの権限に介入しない(ということは、できるだけドイツに住まない)君主、皇帝選出にあたっては票を高く買ってくれる君主を選ぶことであった。このため、皇帝選挙は救いがたい茶番劇となり、ドイツ人の候補がいなくなって、裕福なイギリス人のコンウォール伯リチャードやイスパニアのカスティリヤ王アルフォンソしか候補が出なくなったこともある。

〔訳注・一二四七年から一二五六年にかけてはホラント伯ウィレム、一二五七年から一二七二年にはコンウォール伯リチャードが帝位に即いている。〕

シラーが言う「皇帝不在のこの恐るべき時代」、政治の実権は転々と移動した。それに対し、教会の威信は次々と現れる宗教的組織のおかげで保たれ、南フランス生まれのドミニコ会(一二一六年創立)やイタリア生まれのフランシスコ会(一二〇九年創立)がドイツに浸透してきた。それはそれで、精神的に一つの革新をもたらしたが、社会的現実における混沌は深まった。東方では、キリスト教の布教運動が続き、テュートン騎士団は、その勢力を拡げた領域に関して全権を託される(フリードリヒ二世による『リミニ勅書』。一二二六年。)

プロイセンPrusseとは「スラヴの土地」という意味のボルシアBorussieが転訛したもので、スラヴ人たちの土地を征服していったことによる。それがほぼ完了し、一二八三年にはメクレンブルクとポメラニア〔訳注・ベルリンの北のバルト海に面した地域〕がドイツ人入植地となった。デンマークの領土であったリューゲン島とエストニアも、一三四六年にテュートン騎士団のものとなった。リヴォニアに関していえば、十字軍を率いてやってきてリガの町を創設（1201）したブレーメンの参事会員がこの地方全体を封地として与えられたのだったが、これは、その後、長い間、ゲルマン人とスラヴ人の紛争の種となる。

要するに、十字軍が、本来の目的であった東地中海地域、とくに聖地エルサレムの奪還を実現できなかった責任の一端は、北東ヨーロッパの開拓に精力を費やしたドイツに責任があり、バルバロッサとその後継者たちがやったのも、せいぜい、ドイツ帝国の重心をナポリやパレルモに移動させたことぐらいであった。しかし、そのために、教皇庁との関係が密接になり修道騎士団が設立されたことが、ドイツ神秘主義の発展に寄与したことも事実である。ドイツ人たちが関心を東ヨーロッパの辺境地に向けた背景には、ヨーロッパがモンゴル人に脅かされたことがあるが、この脅威も大カーンの死によって終熄した。

〔訳注・中央アジアのモンゴルは十三世紀、チンギス・ハーンのもと勢力を拡大し、東方でシナ帝国を征服する一方、西方でもチンギス・ハーンの孫、バトゥが率いる遠征軍は、一時はダニューブ川を渡ってさらに西にまで進入してきた。〕

この時代のヨーロッパ世界は、軍事的か非軍事的かを問わず様々な宗教的修道会の活躍によって彩られたが、それとは別に力の興隆を示したのが都市住民である。ある意味では、歴史学的関心が向けられるべき対象は、人々にとって最も基本的な治安維持の責任も果たせないで精彩を失っていった皇帝たちよりも、アウクスブルクやケルンのような中央部の大都市、あるいはリューベックのような北方沿岸の新興都市などの動きであろう。そこでは、手仕事労働者たちが集まって生産活動を展開するとともに、職業倫理を維持しメンバーの権利を守るために《ギルド guildes》が結成された。なかでも有名なのが北海に進出した大型商人たち

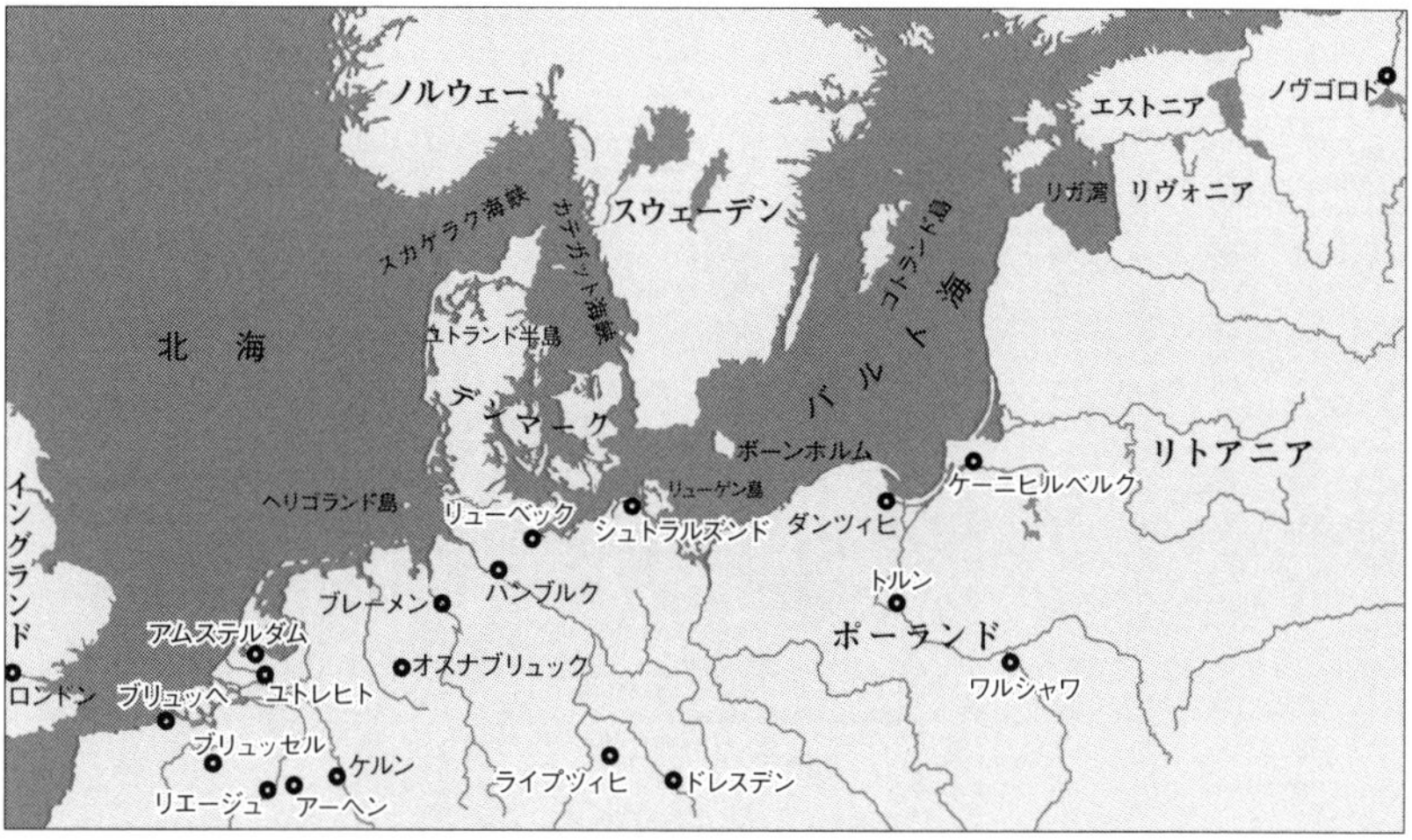

1400年ごろのハンザ同盟の舞台

による《ハンザ同盟》で、彼らは自分たちの輸送船団を守るために集団で武装した。

《ハンザ》すなわち商人組合は、ゴトランド島〔訳注・スウェーデン南東〕のヴィスビーに定住したドイツ商人たちによって生まれたのが最初で、これが、活動範囲を東方はロシアのノヴゴロドにまで拡げていった。こうして《ハンザ都市》の一つ、リューベックはドイツ最大の港、中世ドイツではケルンに次ぐ第二の都市となる。

一二四一年には、リューベックとハンブルクの間で協定が結ばれ、それにバルト海沿岸やヴェストファーレンの諸都市が加入。十三世紀末には、当初ヴィスビーが演じた役割をリューベックとその同盟都市が担うようになり、ゴトランドの会社は解体する。《商人たちのハンザ》は《都市のハンザ》へと発展し、一三五八年には「ville hanséatique」（ハンザ都市）という表現が初めて現れる。とくにフランドルとイングランド方面でもさまざまな権利を取得し、盛んに通商活動を展開する。

帝国としての秩序が維持されていないため、大きな商業

建築中のケルン大聖堂。1322年に内陣が出来上がるが、全体が完成するのは1880年である

都市は、自前の軍隊を作って輸送船団をエスコートさせた。その結果、都市単位の愛国心が強まり、ケルンやリューベックの市民たちは、当時、神聖ローマ皇帝がイタリアで実現しようとしていた企図にはほとんど関心をもたなかったが、自分たちの都市のためにはすべてを犠牲にする覚悟でいた。ケルンの大聖堂のような巨大な教会堂の建設も、都市住民あげての協力があってこそ実現したのであった〔訳注・ただし、一二四八年着工のケルンの大聖堂が完成するのは一八八〇年のことである。〕

都市が封建領主の支配から解放され、ブルジョワたちが主人となるためには、都市同士で互いに競い合うだけでなく、結束することが不可欠であった。各都市の教会堂には、金持ちで封建領主でもある高位聖職者たちから自由であることを示すために、清貧を旨とする巡回説教修道会Frères Prêcheurs（ドミニコ会）のための説教壇が築かれた。都市の繁栄は帝国の無秩序化と表裏の関係にあったのである。

教皇たちとしては、皇帝はライバルではあったが、半面では、皇帝の空位状態が一刻もはやく終熄し、一人の英雄的君主のもとに騎士たちが十字軍に向かい、聖地を奪還してくれることが理想であった。しかし、選帝侯たちがそれにふさわしい有望な人を見つけることは容易ではなく、ハプスブルクのルードルフが皇帝として選出され、《大空位時代》が終わるのが、ようやく一二七三年のことである。しかし、選帝侯たちがルードルフを選んだのは、スイス問題という足枷に縛られている彼なら、自分たちの邪魔はしないだろうと踏んだからであった。また、教皇がこのルードルフを承認したのも、裕福ではあるが第二流の家柄から突然、頂点に担ぎ上げられたこの君主なら、イタリア問題にあまり関わってくるとは考えられず、教皇としても安心できたからであった。

ルードルフが支持された要因が、もう一つあった。選帝侯たちからすると、彼は無類の世話好きであった。一二六〇年、彼は、ローマへ向かうマインツ大司教のためにライン川からアルプスまで護衛を付けているし、また、バーベンベルクのマルガリーテのためにも、騎士たちを提供してエスコートさせている。ただし、彼のこのようなサーヴィスには、帝座に対する下心が透けており、バーゼルの司教は、そうしたハプスブルクの真意を見抜いて、彼に投票しつつも、「主なる神よ、ルードルフに玉座を盗られないよう、ご用心を！」と呟いたという。

ルードルフが皇帝に選出されたことで、この君主の圧政から解放され帝国直轄になることを要求していたスイスの《ヘルヴェティア同盟ligues helvétiques》は、一時は安堵した。しかし、ルードルフ一世（1273-1291）は、皇帝に即位することによって、スイス人たちの運命を決定する立場になったわけであるから、これは奇妙な展開であった。

ハプスブルク家とルクセンブルク家

ハプスブルクのルードルフは、スイスだけでなくアルザスやシュヴァルツヴァルト（いわゆる黒い森地方）にも、かなりの領地を持っている裕福な君主で、彼の皇帝選出は人々から歓迎された。ルードルフは美男子で愛想よく、しかも勇敢であったが、自分にはヨーロッパを支配しようなどという野心はなく、このように細分化されたドイツのなかで、諸侯たちに自分の立場を認めてもらうだけで満足であると語っていた。

だが彼は、即位するや、伝統的に行われていた騎行によって、大空位時代に離反した帝国領土を復旧する仕事に取りかかった。そのために彼は、改めて下付することを条件に、いったん領地を返上するよう諸侯たちに求め、「もし応じない場合は一年と一日のうちに攻める」と通達した。彼のこの権利は、ニュルンベルクの諸侯会議でも確認された。たしかに彼は、誰に対しても、丸裸に剝ぐことはしなかったが、自分の家門の資産を増やすためには、あらゆる状況をきわめて巧みに利用した。

これに最も激しく抵抗したのが、ボヘミア王オタカル二世であった。オタカル二世は、票をカネで買ってでも皇帝に選ばれたかったのだが、選挙人たちが彼を避けたのは、彼の力の強大さと野心に不安を抱いたからであった。オタカルは、すでにオーストリアの地を一二五一年から領有していたうえ、対ハンガリー戦で勝利してからはスティリア〔訳注・シュタイアーマルク。オーストリア南東部〕をも手中に納めていた。それ以外にも、さらに南のケルンテンも引き継いでいたから、彼の王国は、エルツ山地〔訳注・ドイツとチェコの間の山地〕からアドリア海にまで広がっていた。ウィーンが大都市に発展したのも彼のおかげで、この町は、その後もながく彼への感謝を忘れなかった。

自分の力に自信をもっていたオタカルは、新しい《ローマ人たちの王》から領地の返上を求められても応じようとしなかった。このため、ルードルフは彼を帝国から追放することを宣告し、両者のあいだで戦争が始まった。その結果オタカルは惨敗し、ボヘミアとモラヴィアだけ残して領地を取り上げられてしまう。その不満から、ふたたび兵を起こし、オーストリア東部のマルヒフェルトの対戦（1278）で戦死し、その王国は解体された。ルードルフは、ドイツ諸侯たちの同意を得て自分の息子のアルブレヒトとルードルフにオーストリア大公領とシュタイアーマルク大公領を与えた。これがハプスブルク家の将来の基盤となる。

このときには、有名なハプスブルクの婚姻戦略が始まっていた。ルードルフは娘のグータをオタカルの息子ヴェンツェルと結婚させていたが、ヴェンツェルは父親の死によって、ボヘミアとモラヴィアを封地として受け取ったから、結果的に、この二つはハプスブルクの懐に転がり込んだ。ルードルフはまた、息子のルードルフ二世をヴェンツェルの姉妹のアグネスと結婚させていたが、これは保険を二重にかけたのであった。

ルードルフ一世は、内乱と盗賊騎士たち（Raubritter）の横行によってすっかり荒廃していたドイツに平和を回復させることにも精力を注ぎ、諸侯たちにも平和を守ることを誓わせた。もとより、それを守らせるだけの力はなかったが、彼の飾らない人柄と気前よさで、部下の軍兵にも好かれ、民衆の間でも人気があった。各地を騎行している途中でも、いきなり畑のなかに入っていったかと思うと、ニンジンを引っこ抜いて生のままで嚙るのが目撃されている。その一方で、ルードルフは、イタリア人たちからは、「普遍的君主としての皇帝の理念をなおざりにしている。とくにイタリアを軽視している」として非難されたし、ダンテも『神曲』のなかで、ルードルフを煉獄に留められた帝王としている〔訳注・煉獄篇六、七歌〕。

ルードルフは帝位をハプスブルク家で世襲しようとしたが、このときは実現できなかった。選帝侯たちが、ルードルフの力が強大になりすぎたと判断し、このうえ世襲までさせたら、自分たちの立場がますます弱くなるのは必至であると恐れたからである。一二九一年、ルードルフが死ぬと、選帝侯たちは、ルードルフの息子のアルブレヒトではなく、ナッサウのアドルフを指名した。しかし、アドルフ（在位1292-1298）が、カネのためなら、イングランド王やフランス王とも平気で手を結ぶ貪欲な人物であることが分かり、選帝侯たちはアドルフを廃位してルードルフの息子のアルブレヒトを王位に据えたが、この選択も失敗であった。彼は、父親のルードルフと違って愛想が悪く、陰険で良心の呵責もない非情な男であった。

教皇ボニファティウス八世がアルブレヒト一世（1298-1308）をアドルフ殺し〔訳注・アドルフはゲルハイムでアルブレヒトと戦って敗死〕で非難し、これに諸侯たちが同調したのに対し、アルブレヒトはライン川通行税の撤廃を餌に諸都市を味方につけて諸侯たちに刃向かわせ、さらに一三〇八年、反抗するスイス三州（シュヴィッツ、ウリ、ウンターヴァルデン）を鎮圧するために南方へ向かったが、その途中、甥のヨハンによって暗殺される。ここから、このヨハンは「le Parricide（親殺し）」と渾名される。

このとき、フランス王、フィリップ四世美男王（在位1285-1314）も、側近たちに勧められて皇帝座を手に入れようと動いた。教皇もフランス人のクレメンス五世（1305-1314）であったから、フィリップの皇帝即位を支持してくれると思われたが、クレメンスは、カペー家の人間が普遍帝国の君主になることを好ましく思っていなかったので、実現しなかった。その後、このフランス王の弟、シャルル・ド・ヴァロワも、選帝侯たちに盛んに贈り物攻勢をかけて皇帝の位をめざしたが、今度もまた、「小者」の君主を望んだ選帝侯たちの風潮のために、失敗に終わり、ルクセンブルクのハインリヒが選ばれた。

このハインリヒ七世は一三〇九年から一三一三年までの四年間の在位中、先のハプスブルク家の王たちと同様、懸命になって一門の領地を拡大した。プラハの降伏でボヘミアを手に入れた彼は、これを息子のヨハンに与え、ヨハンはヴェンツェル二世〔訳注・ボヘミア王としてはヴァーツラフ四世。1378-1419〕の娘と結婚して、ハプスブルク家とルクセンブルク家を結びつけた。

このころのイタリアは都市同士の抗争で混乱が続いていたため、自分たちの野蛮な戦争に終止符を打ってくれることを期待して、皇帝に助けを求める機運が高まっていた。ダンテも、皇帝のイタリア南下に新しい黄金時代の約束を見た。ハインリヒ七世は、ミラノでロンバルディア王に推戴されると、一三一二年には、アヴィニョンの教皇から委嘱された枢機卿たちの手で、ローマのサン＝ジョバンニ＝イン＝ラテラノ宮殿で帝冠を戴いている。このとき、サン＝ピエトロ寺院は、ローマの半分とともに、シチリアとナポリの王、ロベール・ダンジューの部隊によって占領されていたためである。これは、フリードリヒ二世以来の久方ぶりの戴冠式であった。しかし、その翌年、ハインリヒ七世は、ロベール・ダンジューに対する戦いの準備を進めている最中、トスカーナのブオンコンヴェント大修道院で死去する。イタリアの空気はドイツの皇帝にとっては、相変わらず致命的であった。

ハインリヒ七世の死は、帝国に厳しい衝撃を与えた。選帝侯たちの名門家系が次々と衰退する一方で、ハプスブルク家とルクセンブルク家が一つに結びついたため過度に強大化していたのが、今度はこの二つの名家が引き裂かれたのである。一三一四年、後継皇帝として、オーストリア公フリードリヒ（美王le Bel。アルブレヒト一世の息子）とバイエルン公ルートヴィヒ四世が並び立ち、一方はケルン大司教によって祝別され、他方はアーヘンの大司教によって祝別された。教皇ヨハネス二十二世は争いを調停しようとしたが、法律顧問たちの激しい抵抗に遭って失敗した。

当初から、ハプスブルクのフリードリヒは、スイス農民軍との戦いに力を消耗し、形勢は不利であった。フリードリヒは、弟のレオポルトに精鋭の騎士軍を託してスイスに派遣したが、勇猛なスイス農民軍の反撃に遭ってモルガルテンで惨敗を喫する（1315）。しかもバイエルンのルートヴィヒ四世がこれに便乗してスイスを帝国直属にすることを約束したので、オーストリア王家としてはなおさら屈辱的敗北となった。この勝利によってスイスではルツェルン、チューリヒ、グラルス、ツーク、ベルンによる連邦（Confédération）が発足した。

一三二二年、フリードリヒはミュールドルフの戦いで敗れ、捕らえられて、オーバー＝プファルツのトラウズニッツの城に三年間幽閉された。年代記者によると、この間に、彼の美しかった髪は真っ白になり、妻は泣き暮らしたため視力を失ったという。フリードリヒとルートヴィヒの二人による《共同統治condominium》という計画も立てられたが、それが実現することはなかった。オーストリアに帰ったフリードリヒは、ついに君主として統治することなくグッテンシュタイン城で余生を送った。

これを機に、家門同士の争いに代わって、皇帝であるバイエルンのルートヴィヒ四世と教皇ヨハネス二十二世のあいだで、古くからの皇帝対教皇の対立が再燃する。〔訳注・ドイツの王位争いについて教皇が干渉したことから起きた。〕

バイエルンのルートヴィヒ四世

一三二四年、教皇はバイエルンのルートヴィヒを破門し、選帝侯たちに新しい皇帝を選ぶよう促した。ルートヴィヒも負けておらず、教皇を異端者と非難して公会議を招集した。プロパガンダによる全面戦争が始まった。教皇支持派は「教皇は神の地上における代理であるから、その権限は無限である」と主張し、他方、ルートヴィヒ支持派は「カエサルの絶対的権力を継承したのは皇帝であり、皇帝に刃向かうことは教会全体に混迷をもたらす」と応じた。

一三二七年、ルートヴィヒは大胆にもイタリアに南下した。ミラノでランゴバルド王の鉄の冠を戴き、一三二八年にはローマのサン＝ピエトロ寺院で、破門された二人の大司教によって塗油してもらったあと、ローマの民衆的革命派である四人の市民代表から皇帝の冠を受けるというセレモニーを行った。それとともに、教皇ヨハネス二十二世を不信仰者として告発し、一人のフランシスコ会士を現教皇に対する《対立教皇antipape》としてニコラウス五世の名で推戴し、この新教皇によって皇帝戴冠式を行った。

しかし、ルートヴィヒには威信がなかった。ローマでは、ヨハネス二十二世を支持する民衆が決起し、しかも、外からはナポリ軍が迫っていた。ルートヴィヒは逃げるようにローマを出発し、衰弱しきってドイツに帰国した。彼が、このヨハネス二十二世という手強い敵から自由になったのは、一三三四年、ヨハネスが死去することによってである。

ヨハネスのあとのベネディクトゥス十二世（1334-1342）は皇帝との平和回復を望んだ。ルートヴィヒも平和を期待し、イギリス王エドワード三世も、皇帝が英仏百年戦争でイギリスを支援してくれるなら、和解に尽力することを約束した。しかし、それには、教皇・皇帝双方の権限の明確化が必要であった。

選帝侯たちは、教皇がドイツ問題に介入するのを排除すべき時が来たと考え、レンゼの選帝侯会議で、ドイツ王を選ぶのは自分たちであって、教皇の承認は不要であると決議した。この決議を承けてルートヴィヒは、フランクフルトで、この原則はドイツ王に関してだけでなく皇帝についても有効であると付け加えた。これは、まだ、ようやく萌芽の段階であったが、のちの《帝国議会》の芽生えを示していた。その基盤になったのが、イギリスのフランシスコ会士、オッカムのウィリアムが唱えた《教会・国家分離ドクトリン》である。

しかし、国家を代表する君主として仰がれるためには、皇帝は誠実で尊敬に値する人物でなければならなかった。その点、ルートヴィヒは非力なくせに貪欲で、選帝侯たちを苛立たせた。彼は、ティロルを獲得し、ルクセンブルク家を併合。さらにはホラントを相続してイギリス王エドワード三世と敵対することとなった。選帝侯たちにしてみれば、もう我慢の限界であった。ルートヴィヒは異端を助長したとしてあらゆる人から非難され見放され、最後には教皇庁に救いを求めたが、手遅れであった。一三四六年、クレメンス六世は彼を破門し、聖職にある三人の選帝侯たちとボヘミア王、ザクセン公は、対抗王としてボヘミア王ヨハンの息子カレル（ドイツ語式ではカール）を指名した。

このとき、カレルは、視力を失って盲目となっていた父王とともに、百年戦争でフランス王を支援して戦場にあった。それをよいことにルートヴィヒは、帝位に固執して抵抗を続けたが、ある日熊狩りのさなかに事故に遭い、突然この世を去る。

カール四世と金印勅書

カール四世〔ボヘミア王としてはカレル一世。1347-1378〕は、ボヘミアのプラハをこよなく愛したので、彼の治世の間、帝国の重心は東に移った。節約家で、勇敢な戦士であるより冷静な外交家であった新皇帝が追求したのは、とりわけボヘミア〔訳注・ドイツ語式ではベーメン〕の良き王たることであった。冒険を好みながら結果を遺せなかった先輩皇帝たちを教訓に、彼は自らの足許の都、プラハを充実し美化することに力を注いだ。プラハ大聖堂〔聖ヴィート教会〕、カールシュタイン Karlstein 城、フラチャーニ Hradshin 宮殿を建造し、ソルボンヌを手本にドイツ最初の大学を一三四八年に創設した。〔訳注・ドイツ語圏でプラハに次ぐのが一三六五年のウィー

プラハの風景。手前は1402年に建造されたカレル橋

ン、一三七九年のエルフルト、一三八五年のハイデルベルク、一三八八年のケルンの各大学である。〕土地や城は武力によってでなく財力で手に入れ、シュレジエン、低地ラウジッツを獲得することによって帝国におけるボヘミアの影響力を増大した。その半面、ボヘミアは、中心部から離れて位置しているおかげで、帝国の他の部分からより独立的な立場を手に入れることができた。

他方、西部ドイツでは、ハンザ諸都市が結束を固め、経済だけでなく政治勢力としても台頭している。一三六一年から一三六二年、ハンザ都市の艦隊は、スコーネ〔訳注・スカンディナヴィア半島の南端部〕を脅かしていたデンマークのヴァルデマール四世と戦い、一度は敗れたが、リューベックを主力とした一三六七年から一三七〇年の二度目の戦いで雪辱を遂げる。ブルジョワが軍事面でも王侯と堂々と戦い、勝利したのである。

ハンザ都市とオランダ、ゼーラント、ケルンの同盟が成り、これにユトランドの貴族たちが加わってデンマークに立ち向かい、コペンハーゲンを陥落させ、シュトラルズンド条約によって、自分たちの商業活動を守るための要塞だけでなく、デンマーク王を選ぶ権利まで手に入れる。これによってハンザ同盟は、その後一五〇年間に及ぶ主導的地位を獲得した。その通商活動は、バルト海と大西洋を舞台としていたから、ドイツ中央部の動静には左右されなかった。

このようにして、ハンザ都市でも、スイスと同様、一種の共和政的精神が姿を現しはじめたわけで、各都市も、この同盟のおかげで王侯に対する独立性を保証された。一三八一年には、南部でも、封建勢力の牙城であった《騎士同盟》と戦うために《ライン都市連合体》が形成され、これにはやがて、南ドイツ全体の諸都市が参画する。シュヴァーベンでも都市同盟が結成され、その加盟都市は一三八五年には四十を数えるにいたる。

　ドイツのなかで二人の王が対立し、混乱はますます重篤化していたから、こうした都市同盟とともに、自前の防衛力を強化することが必要であった。結局は自分の身は自らが守る以外になかったから、各都市とも、法律を整備し、その法律の遂行者となった。いわゆる《ファウストレヒト Faustrecht》（自力救済権）である。田園地域が封建体制のままで混迷の度を深めていったのと対照的に、都市は繁栄し、力を増大していった。リューベックの市長（bourgmestre）は、戦争にあっては指揮官でもあった。

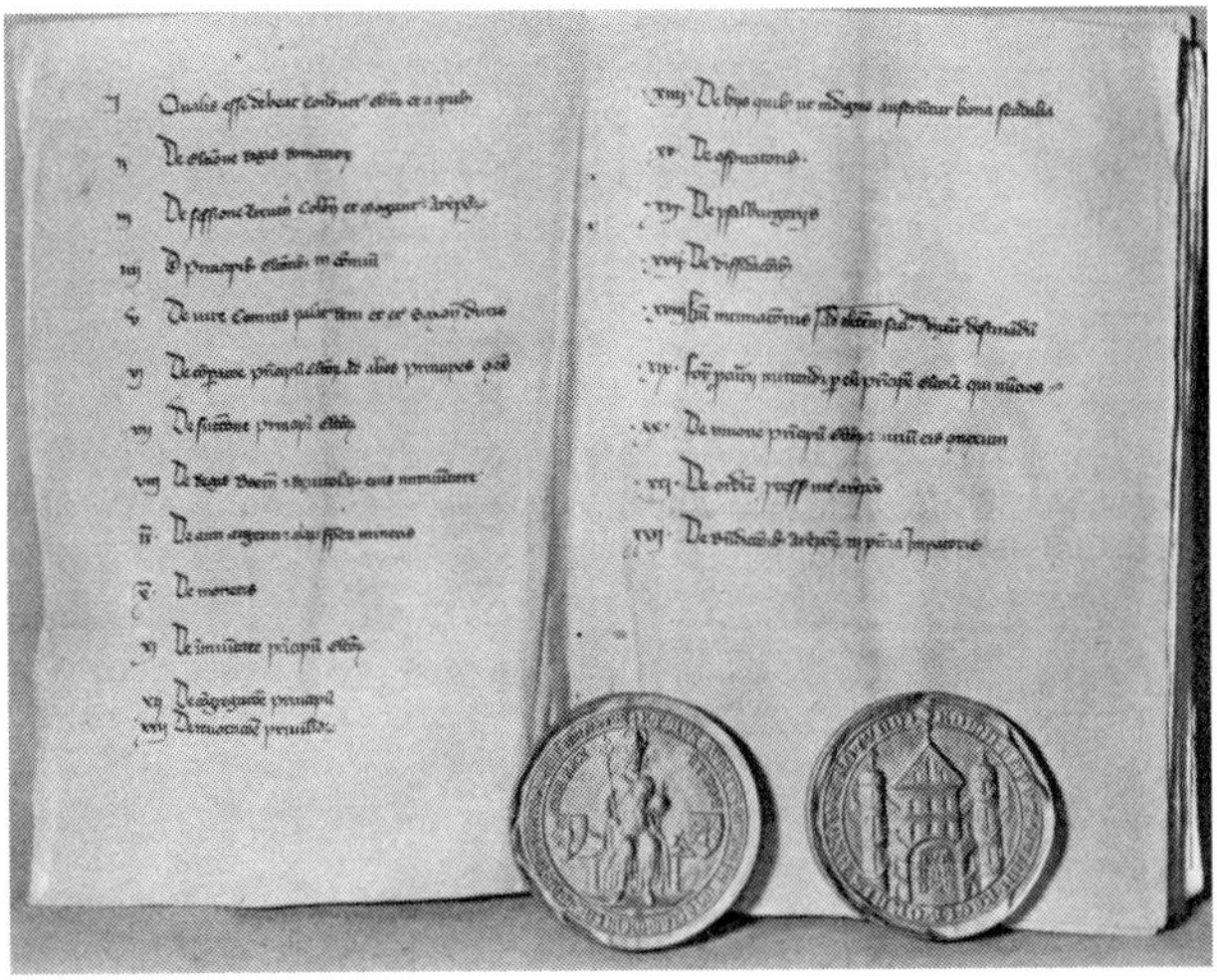

金印勅書の目次部分（フランクフルト市立文書館蔵）

　さらにいえば、都市の力の勃興は、帝国の無力化の表れでもあったが、皇帝カール四世の事績として忘れてならないのが、『金印勅書 Bulle d'Or』（1356）であろう。これは、黄金の印璽が用いられていることから呼ばれたもので、皇帝の選出と戴冠の手続き、選帝侯の優位と諸侯の自治権など、帝国の基本法を明らかにしている。〔訳注・この勅書は、一八〇六年の神聖ローマ帝国消滅にいたるまで基本法典として効力を維持した。〕
　ここでカール四世が求めたのは、ドイツを一つの帝国に戻すことでもなければ皇帝を全能の独裁者にすることでもなく、シュヴァーベン都市同盟を承認するなど現状を合法化し、相互の平和的関係を樹立することであった。皇帝を選ぶ権利は七人の選帝侯に固定化された。マインツ・トリーア・ケルンの各大司教、ボヘミア王、ライン宮中伯、ザクセン大公、ブランデンブルク辺境伯である。皇帝の選挙はフランクフルトのザンクト゠バルトロメウス教会で行われ、戴冠式はアーヘンのノートル・ダム教会で行われる。また、大司教たちのために《大法官制 archi-chancelier》〔訳注・カロリング王朝で用いられた称号〕が復活され、ボヘミア王には《酒頭 archi-échanson》、ライン宮中伯には《内膳頭 écyuer tranchant》、ザクセン大公には《主馬頭 grand maréchal》、ブランデンブルク辺境伯には《侍従長 grand chambellan》の呼称が付けられた。

選帝侯たちは、全員、国王特権 droits régaliens〔訳注・裁判権や貨幣鋳造権〕を有した。俗人選帝侯の位（électorats）は分割不可で、男系相続人に譲られるべきものと定められた。〔訳注・ゲルマン的慣習では、複数の兄弟の間で分割されるのが普通で、娘に相続されることもあったためである。〕

では、なぜ、ドイツはフランスやイギリス、イスパニアのように国民的・世襲的君主制の方向へ進まなかったのか？　その理由は、地方諸侯の力があまりにも強く、誰か一人が王国を束ねるだけの力を独占するにいたらなかったためである。『金印勅書』で選挙の規範が定められることによって、ドイツではたくさんの君主国が並存できるようになったのであった。

『金印勅書』においては、オーストリアのハプスブルク家は選挙人ですらない。彼らは、これを修正させようとしたが、実現はできなかった。逆に、彼らは、新しいタイプの地方的君主制を世襲的君主制として整備することとなるのだが、そのプロセスはゆっくりしており、オーストリア王家は、まだ長い間、兄弟間の分割の原則によっていくので、その力は弱体化し続ける。しかしながら、一二九一年から一四三七年まで皇帝の座から遠ざかったことが、逆に彼らに益した。この時間的ゆとりのおかげで広大な領土を形成し、帝冠が自分たちのもとに戻ってきたとき、これを一門のなかに永く維持できる力を養うことができたのであった。カール四世のあとは息子のヴェンツェルが継いだ。「酔っ払いIvrogne」と渾名をつけられたほど素行のよくなかった彼は、選帝侯たちによって一四〇〇年に廃位され（死去は一四一九年）、プファルツ宮中伯ループレヒト（1400-1410）に取って代わられる。そのあと、カール四世の第二子、ジギスムント（1410-1437）が玉座に登るものの、ルクセンブルク家から出た最後の王となる。

ボヘミアとヤン・フス

かつて皇帝がビザンティンに居住したことから、ローマ帝国が東西に分裂し、ローマ教会とは別に正教会が誕生したように、ドイツ皇帝カール四世がプラハに居住したことは、この町の大学にヤン・フスという宗教改革者の影響が浸透するのを助長した。フス自身は、イギリスの宗教改革者、ジョン・ウィクリフの弟子であった。ウィクリフはオックスフォード大学の教師の一人で、ローマ教会が全キリスト教世界から十分の一税を徴収し、その富のゆえに司教たちが堕落している現状を厳しく告発し、のちのイギリス長老派教会を先取りした教会のあり方を嘱望した。

教義についても、《実体変化transsubstantiation》〔訳注・ミサの際、パンと葡萄酒がその形色だけを残してキリストの身体と血に変わるという教理〕のドグマを捨て、職責にふさわしくない司祭による秘蹟は効力をもたないとした。そこから進んで、教皇制と修道院制の廃止、耳聴告白 confessions auriculaires〔訳注・司祭に耳打ちでする告白〕や贖宥、聖人崇拝の排除を求めた。ウィクリフ自身は、平穏のうちに亡くなったが、彼の説を社会的に展開した《ロラード派 Lollards》は厳しい弾圧を受け、たくさんの人々が焼き殺された。

プラハ大学は、設立の当初から民族主義的傾向がきわめて強く、スラヴ系のチェコ人たちとゲルマン系ドイツ人は不仲であった。ローマ教会は、少なくともドイツではドイツ人司教たちが支配していたから、スラヴ人からすると、二重の意味で外国的であった。ヤン・フスは並外れて雄弁な愛国主義者で、チェコ語を駆使してウィクリフの教えについて数多く説教し、聖書をよりどころに、ウィクリフの言っていることがキリスト自身の言葉に合致していることを明らかにし、このイギリス人を異端とする議論を論破した。

一四〇九年、フスがプラハ大学の学長となるや、ドイツ人教師たちは全員がプラハを去って、この年に新設されたライプツィヒ大学へ移っていった。プラハ大学はローマでも問題視され、一四一二年、ヤン・フスは破門を宣告された。しかし、まだ、彼は、皇帝の後押しを当てにすることができたし、「罪を赦したまうのは神のみであって、教皇ではない」と語り、学生たちは、皮肉をこめて教皇弾劾の裁判まで行った。事実、皇帝ジギスムントは、ヤン・フスをその地位に留めた。

このとき、南ドイツのコンスタンツで宗教会議が行われた。〔訳注・皇帝の主宰によるもので、枢機卿三十三人、司教九百人、学者二千人が参加し、一四一四年から一四一八年まで行われた。〕フスは、裁判では権利を守ってやるし、必ずプラハに帰れることを保証するという皇帝の約束もあって、招かれるままにコンスタンツにやってきた。しかし、宗教会議では、ボヘミアでフスに冷遇されたと恨むドイツ人たちや、オックスフォー

捕らえられ処刑されるフス（ウィーン　オーストリア国立文書館蔵）

ドを巻き添えにしたと彼を憎むイギリス人たち、自分たちの権威にこだわるフランス人たちが結束してフスを異端者として断罪。皇帝が出した通行免状にもかかわらず、彼は捕らえられて牢獄に入れられてしまう。皇帝ジギスムントは、抗議はしたが、いかにも怖ず怖ずとであり、フスのために強力な守りにはならなかった。

フスは、自分の説が福音書に反していると証明されないかぎりは撤回しないと言い張り、一四一五年には焚刑に処することが宣告された。刑執行の直前にも、帝室主馬頭（ザクセン大公）は彼に再度、自説を撤回するよう勧めたが、フスは拒絶した。伝説によると、一人の老婦人が粗朶の束に火を付けたとき、フスはおだやかに「Sancta simplicitas!（神聖なる単純）」と呟いて炎に包まれていったという。

フスに対するこの措置は民衆のあいだに激しい反発を呼び起こした。人々の意識は、そのような刑罰をもはや受け入れなくなっていたうえ、チェコ人たちは、そこに民族的蔑視を見た。ボヘミア王国全体で教会領が襲われて荒らされ、国を挙げてローマ教会から離反した。市庁舎では新思想に敵対的態度をとっている評議員たちが、群衆によって窓から放り出される事件が起き、これが引き金となって《フス戦争》が始まった。この内戦は、一四一九年から一四三六年まで続くこととなる。

この数年の間、ローマ教会では同時に三人の教皇が並び立ち、終わらせなければならない紛争を内部に抱えていた。コンスタンツでは「公会議は教皇より優位に立つ Conclium supra papam」との原則が採択され、これは、のちに《ガリカン Gallicans》〔訳注・十七世紀、フランス教会のローマからの独立を主張する人々〕の旗印になる。公会議は、さらに、教皇ヨハネス二十三世（1410-1415）を廃位。それに伴って、ローマにいる教皇グレゴリウス十二世（1406-1415）は自ら退位し、その二年後の一四一七年には在アヴィニョンの教皇ベネディクトゥス十三世も退位させられた。公会議は、最終的に、ローマの名門貴族で枢機卿のオッドー・

コロンナをマルティヌス五世（1417-1431）として唯一の教皇に選び、ようやくカトリック教会の分裂が終熄したのであった。

〔訳注・教皇は一三〇九年のクレメンス五世から政情不安なローマを離れ、アヴィニョンに移っていたが、一三七七年、グレゴリウス十一世がローマ帰還を決めたものの、翌年、ローマとアヴィニョンの双方に教皇が並立することとなり、以後、いわゆる《シスマ》（教会分裂）となり、さらに一四〇九年にはピサでアレクサンデル五世が擁立されて三人の教皇が鼎立する形になっていた。〕

ハプスブルク家の復権

フス戦争は長引いただけでなく、血腥さでも前例のないものとなった。双方とも狂信的で、妥協を受け入れることができなかったからである。一四一九年、ヴェンツェルすなわちボヘミア王ヴァーツラフ四世が亡くなり、同じくカール四世の息子であるジギスムント（ジグムント）がボヘミア王国を継承したとき、チェコ人たちは彼を、ヤン・フスを敵方に引き渡したことで神の恩寵を失った王であると宣言した。フス派の人々はオーストリア、バイエルン、フランケン、ザクセンの町や村を荒らし回り、何度も皇帝の軍隊と戦った。ジギスムントがプラハに入城することができたのは、ようやく一四三六年のことである。翌一四三七年、彼は皇帝として、バーゼルで公会議を開催し、教会改革に着手したが、直後に逝去した。ジギスムントのあとに残されたのは、度重なる戦争と積もり積もった憎悪でばらばらになった帝国であった。

跡を継いだのは娘エリザベトの夫、ハプスブルクのアルブレヒト二世で、帝国はこれ以後長く、ハプスブルク家のものとなっていく。アルブレヒトは公正で勇敢な人柄で、よい皇帝になることが期待されたが、即位二年目に死去し、帝位は従兄弟のフリードリヒ三世に引き継がれた。フリードリヒは怠惰と惰弱で有名な人物で、選帝侯たちは、これ以上ない無能な君主を選んだわけであった。その治世は、一四四〇年から一四九三年まで五十三年の長きに及んだが、年代記作者は「この人は無用の皇帝で、その治世の間、人民は王を戴いていることさえ、ほとんど忘れていたほどであった」と述べている。

彼は、帝冠を受けるためにローマへ行き、教皇の手で冠を戴き、塗油を受けた最後の皇帝となったが、宗教改革にもドイツ諸侯たちの争いにも無関心であった。彼の治世の間に、シュレスヴィヒ＝ホルシュタインは帝国から奪われてデンマークのものになり、プロイセンはテュートン騎士団もろともポーランド王のものになった。一四七四年にはハプスブルク家とスイス連邦の間の《永久的合意》によって、スイス連邦の独立が承認され、のちに、ヴェストファーレン条約（1648）の一か条がそれに割かれることとなる。

東欧では、ポーランドとハンガリーがハプスブルクの支配から分離する。フリードリヒ三世は弟のアルブレヒト六世とオーストリア公の座を争って一四六二年、ウィーンを逐われ、戻れるのは一四九〇年、息子のマクシミリアン〔皇帝在位1493-1519〕によってである。西方フランスでは、国王ルイ十一世〔在位1461-1483〕とシャルル軽率王〔ブルゴーニュ公〕の間で戦いが繰り返されるが、フリードリヒは、これにも無関心で不関与を貫く。東方では、一四七〇年から一四八〇年まで、ほとんど毎年、トルコ軍がシュタイアーマルク〔訳注・オーストリア南東部〕に侵入し劫掠を繰り返したが、フリードリヒは、これにも干渉しなかった。

このように、軟弱な王であったが、一つの結婚によって歴史を創った。それは、息子のマクシミリアンとブルゴーニュのシャルル軽率王の娘、マリーとの結婚を実現したことによって、ハプスブルク家はオランダ、フランシュ＝コンテ、フランドルを手に入れたのである。「Bellum gerant alii,felix Austria nube」（他の国が戦争をしている間に、汝オーストリアは幸せな結婚をする）である。

都市ブルジョワと新しい文化

この時期のドイツが戦争と門閥間の抗争に明け暮れたというと、国全体が混乱したような印象を与えるが、それは正しくない。人々の生活は、君侯たちの対立抗争の埒外で営まれつづけた。十五世紀には思想運動が活発化し、イタリアから《フマニスム》（訳注・ドイツ語では《フマニスムス》、フランス語では《ユマニスム》、英語では《ヒューマニズム》。人文主義、人間主義など多義があるが、ギリシア・ラテンの古典研究から始まったルネサンス運動）がドイツにも入ってきた。しかし、ドイツでは、古代芸術の再生であるルネサンスと、スコラ学から生まれた、より批判的なフマニスト文学とがある。最初の偉大なフマニストはエラスムス（1465-1536）で、彼は、あらゆることに好奇心を起こし嘲笑したこの時代のヴォルテールであった。エラスムスはオランダのロッテルダムの生まれで、ドイツ人であるとともにヨーロッパ人であった。フマニストたちは、出身がシュトラスブルクであれウィーンであれ、当時はラテン語で執筆したが、彼らの自由主義思想が国民

デューラー（自画像）

エラスムス（ホルバイン画）

文学への道を拓いたのであった。

世界の文化を活気づけることになった印刷術はドイツで発明された。マクシミリアン一世はフマニストたちとも交流し、フマニスムは彼を通じて王宮の世界に浸透した。彼と交流のあった人は、初期のころは、枢機卿のニコラウス・クザーヌス（1401-1464）のように教会関係者であったが、この分野でも、次第に俗界の人々が重要性をもつようになっていった。

このように学問が盛んになっていった要因として、十二世紀からの都市の繁栄がある。農奴たちも、都市に一年と一日、職人や商人として住み着くことによって自由人になることができた。「都市の空気は人を自由にする」である。こうした新住民を受け入れることによって、十二世紀から十五世紀にかけ、多くの司教座都市や王侯の城下町が自由都市に変化した。封建領主の支配下にある都市でも、評議会（conseil）と種々の特権グループが生まれて自治都市化し、中世の末には、神聖ローマ帝国の中でも、かなりの人口を有する都市が六十五に達した。（ケルンは人口が三万、リューベックは二万五千、シュトラスブルク、ニュルンベルク、ダンツィヒ、ウルムはそれぞれ二万、フランクフルト・アム・マイン、ブレスラウ、アウクスブルクは一万から一万八千である。）

文化に参画したのは、これらの都市のブルジョワたちで、思想家、詩人、芸術家、さらには技術者たちが、そこから生まれた。かつて初期中世には領主たちのものであった宮廷風抒情詩もこうした都市ブルジョワに引き継がれ、ニュルンベルクのマイスタージンガー Maîtres Chanteurs（職匠歌人）が絶頂期を画するのは、靴職人にして詩人であるハンス・ザックス（1494-1576）においてである。

アメリカ大陸の発見とインドへの喜望峰航路の開拓は、大西洋を舞台とする商業都市の富の増大をもたらした。この海洋貿易を先導し都市の利益を守ったのも、市民たちであった。中世において金融を生業とすることができたのはユダヤ人だけ〔訳注・キリスト教徒は教義上、金銭に利息を生ませることを禁じられていた〕で、それがユダヤ人に対する差別と迫害の原因になったのであったが、戦争と贅沢嗜好で金銭の需要が強まった君侯たちは、カネを融通し

クエンティン・マセイス《両替商とその妻》（ルーヴル美術館蔵）

てくれるブルジョワたちを優遇し、ときには貴族階級に昇進することをさえ助けた。

十六世紀中頃には、南ドイツに次々と銀行家が現れ、繁栄を謳歌した。その筆頭がアウクスブルクに本拠を置くフッガー家で、まもなく貴族の仲間入りを果たす。同じくアウクスブルクのヴェルザー家は海運業を営み、新世界にまで艦船を送り、娘のフィリピーネを皇帝マクシミリアン二世の弟、ハプスブルク家のフェルディナント大公に嫁がせる。

しかし、新興ブルジョワジーの力は一人の人間や一家族によって成ったものではない。多くの都市では、ブルジョワと職人たちが力を合わせて、カテドラル建設に威信をかけた。シュヴァーベン都市同盟は、一三七七年にウルム大聖堂の建設を開始している。そうした都市ブルジョワの注文によって、ドイツでは、証券取引所や組合本部、市庁舎、貴族の館などが競い合うように建てられ、そのなかで生み出された、特殊な建物と一風変わった建築スタイルは、今も、それぞれの都市に独特の容貌を与えている。

裕福な家門は教会堂に多額の寄進を行い、ステンド・ガラスなどに自分の家門の栄光を表す絵を描かせた。それがさらに進んで、オランダやフランドルにおけると同じく、ドイツでも、ブルジョワの顧客の注文によってたくさんの優れた肖像画が描かれるようになる。肖像画をはじめ数々の傑作で有名な画家、アルブレヒト・デューラー（1471-1528）はニュルンベルクの芸術家組合のメンバーである。

農民戦争

都市の興隆と発展に伴って、田園の人々の境遇も改善されていったが、彼等の法律上の条件は相変わらず屈辱的なままであった。農民は、古代ローマの法制にこだわるフマニストたちからは、古代の奴隷と同一視されるばかりで実態を見てもらえず、厳しい労働に明け暮れ、収益の十分の一を領主に納めなければならないだけでなく、領主の農地でも労役を課された。これは、その主人が聖職者であろうと俗人領主であろうと変わりなく、そのため、積もり積もった不満から、十五世紀から十六世紀にかけて各地で農民一揆が頻発した。

なかでも帝国内で大規模化したのが一五二四年から一五二五年にかけての、いわゆる《農民戦争》である。一五二五年、ゼバスティアン・ロッツァー、バルタザール・フーブマイアー、クリストフ・シャペラーが提示した『十二箇条』は、ドイツ農民の要求を集約したもので、十分の一税の徴収を規制すること、狩りと漁の自由を認めること、司祭を民衆による選挙で決めることなどを要求している。だが、ドイツ語で農民靴を指す《ブントシュー Bundschuh》の名で呼ばれたこの運動は、統一性に欠け、オーデンヴァルト、シュヴァーベン、シュヴァルツヴァルト、ヴュルテンベルク、ティロルでは、暴走して残虐な事件を引き起こし、本来の大義を穢した。テューリンゲンでは宗教的共産主義というべきものに変形した。

騎士を捉える農民たち。旗には短靴が描かれている

ゲッツ・フォン・ベルリヒンゲン（1480-1562）は、十八世紀にゲーテによってドラマ化されるが、実体はそのような英雄的人物像とは似ても似つかない盗賊騎士であり、オーデンヴァルトの農民たちの頭目となったものの、一五二五年の五月から六月にかけて、シュヴァーベン同盟の部隊によって駆逐された。このとき、農民たちは獣のように追い詰められ、捕らえられて斬首され、絞首刑にされ、目をつぶされ、串刺し、八つ裂きにされるなど、処刑された農民の数は十五万にのぼったと年代記者は述べている。生き残った人々も、二十年以上にわたって《賠償金》の名目で法外なカネを払わされた。貧しい民衆がこの敗北を乗り越えて、自由を獲得するには、長い年月がかかった。

要するに、都市の繁栄と芸術と文化の発展にもかかわらず、十六世紀はじめには、権力の嘆かわしい混乱が現実の改革と正義の実現を不可能にしていた。「国家改革の使徒」ともいうべき枢機卿ニコラウス・クザーヌスは「帝国の行政権が断固として人々に法律を尊重させるだけ充分に強力でないかぎり、法は効力を発揮できない」と述べているが、柔弱なフリードリヒ三世は、そのような力をもっていなかった。時代の転換は、まだ胎児の段階にとどまっていた。

第四章　近世の開幕

カール五世とルター

《中世》は、あらゆる場所、あらゆる領土で、同時に終わったわけではない。近世の始まりについては、歴史家によって、オスマン・トルコによるコンスタンティノープル陥落（一四五三年）とする人もいれば、コロンブスによるアメリカ大陸の発見（一四九二年）とする人もおり、さまざまで、そこには約五十年の幅がある。しかも、こうして新しい時代が到来しても、中世の過去は相変わらず生き続けていた。戦争において近世を特徴づけたのは、火器が登場し、封建的騎士軍に代わって職業的傭兵から成る歩兵（ランスクネlansquenets）が勝敗を左右するようになったことであり、文化面で世界を変えたのは、印刷術の発明と安価で大量の紙が普及したことである。宗教においては、神の真理が司祭やローマ教会でなく聖書に書かれた文字に直接求められるようになった時代といってよいであろう。

その点で、皇帝マクシミリアン一世（1493-1519）の治世は、きわめて重要な転換期として特徴づけられる。フリードリヒ三世のこの息子は、まだ父親が存命中の一四八六年に《ローマ人の王》に選ばれ、戴冠して神聖ローマ帝国の首長となった。皇帝の称号は、伝統的には教皇の手で戴冠されてはじめて帯びるものであったが、そのセレモニーは必ずしも常に行うことができなかった（その原因は、フランスの策謀にあると宮廷では言われた）ので、マクシミリアンは自ら《ローマ人たちに選ばれた皇帝》を宣言した。しかも、教皇も君侯もこれに異議を挟んだり抗議することはなかった。

次のカール五世（1519-1558）は、即位とともに《選ばれた皇帝》の称号を帯び、十一年後、ボローニャでレオ十世によって戴冠したが、これよりあとは、教皇の手によって戴冠してもらうためにイタリアへ出かけた人は一人もおらず、先代の皇帝によって指名された後継者は、治世の間じゅう《選ばれた皇帝》を名乗っていく。要するに、教皇によって託されることなく皇帝の称号を帯びる慣行を始めたのがマクシミリアンであり、《皇帝》の俗化作業は、彼によってすでに達成されていたといえる。

マクシミリアンは「最後の騎士王le dernier roi-chevalier」と呼ばれているが、むしろ「最初の歩兵王le premier roi-lansquenet」といったほうがよいと思われる。知的な彼は、さまざまな変化の必要性を理解していたし、妻マリーのブルゴーニュ家の領土管理法を知り、それを採り入れた。彼は全般的恒久平和を宣言し、領主個々の裁判権行使を禁じて、帝国の最高裁判所《Reichskammergericht》を設置し、その維持のために公共税sou public〔訳注・ドイツ語ではdas gemeine Pfennig〕の制度を始めた。

しかし、何世紀も昔から続いていたフランス王との絶え間ない戦争と、東方でもハンガリー人やトルコ人との戦いのため、帝国の運営に充分な意を用いる余裕はなかった。そのうえ、彼は、ハプスブルク家伝統の婚姻政策を進めるのにきわめて忙しかった。マリー・ド・ブルゴーニュとの間に儲けた子供、フィリップは、アラゴンのフェルナンドとカスティリャのイサベルの跡継ぎであるファナと結婚。ファナは一五〇四年、母親の死でカスティリャとレオン王国、インド諸島（新世界）の女王となる。

マクシミリアンの孫、ドン・カルロス（のちのカール五世）は、一五〇六年、父親フィリップが亡くなって、マリー・ド・ブルゴーニュがこの家門にもたらしたオランダ、ブルゴーニュ公領、フランシュ＝コンテを引き継ぐ。その十年後、カール五世は、祖父フェルナンド（アラゴン王）の死で、イスパニアだけでなくシチリア、サルデーニャ、ナポリ、新世界を引き継ぎ、他方、もう一人の祖父、マクシミリアン一世の死（1519）でオーストリアから低地諸国にいたるハプスブルク家累代の領地も治めることとなり、こうして、カール五世は「日の没することなし」と称される大帝国に君臨することとなる。しかし、この途方もない相続財産が数々の大きな不幸をもたらす。オーストリア＝ハンガリーの二重王制は、カール五世の弟、フェルディナントとハンガリー王ヤギエオのヴワディスワス五世の娘、アンナとの結婚の結果である。

フィリップとスペインのファナの結婚（デューラー画）

マクシミリアンが亡くなったことで、フランス王

伝ティツィアーノ筆《皇帝カール五世》(ミュンヘン、アルテ・ピナコテーク蔵)

フランソワ一世（在位1515-1547）とイギリス王ヘンリー八世（在位1509-1547）が、神聖ローマ皇帝の座に野心を抱いた。教皇レオ十世（1513-1521）がフランソワを支持したのに対し、カールには金持ちの銀行家、フッガーがついていて、財力に物を言わせて、選帝侯たちを買収した。選帝侯たちは当初、ザクセン公フリードリヒ賢明侯を推戴しようとしたが、もし彼がこれを受けていたら世界の地図は変わっていたであろう。しかし、フリードリヒは候補に名乗り出ることを拒絶したため、ハプスブルク家のカールが十九歳で皇帝になったのであった。

その華奢な肩に世界の半分を担ったこの青年は、見た目も大して魅力的でなく、騎士的美徳に恵まれているわけでもなければ雄弁でもなかった。下唇が突き出し、どもりで、フランドル育ちなので、母の国の言葉であり自分の王国の言葉であるスペイン語も話せなかった。しかし、早熟で、粘り強さと一種の明敏さを示し、成長するにつれてスペイン人になっていったが、その世界にまたがる帝国のどこにあっても、完全な安らぎを覚えることはなかった。彼が直面した問題は、いずれも重大問題であったが、なんといっても最大の問題は、即位まもなくドイツで燃え上がった宗教改革運動への対応であった。

カール五世は、ドイツでも低地諸国でも、マルティン・ルター（1483-1546）という一介の修道士を指導者として生じた深刻な宗教的叛乱に立ち向かわなければならなかった。ルターの父親は炭坑労働者で、息子には法律を学ばせようとしたのだったが、心底から宗教的であったマルティンは、父親の意に反して司祭の品級を受けると修道院に入り、やがて、神学教授としてザクセンのヴィッテンベルク大学へ派遣された。ある仕事でローマを訪れる機会があり、そこで、この《永遠の都》の贅沢ぶりとローマ教会の腐敗堕落を目撃して、憤慨した。なかんずく「地中海的異教主義」は、骨の髄までドイツ的であった彼にはとうてい赦すことのできないものであった。

ルターの荒々しい言葉と聖書的慈愛の優しさのコントラストには、ゲルマン人気質の偉大さと弱さが最大限の落差をもって現れている。彼は、ヴィッテンベルクに戻ってからも、その堕落したローマに新しいサン＝ピエトロ寺院を建設する資金を集めるために免罪符を売りにやってきたドミニコ会説教師のヨハン・テッツェルが「献金箱のなかで銀貨がチャリンとなるとき、喜捨した人の魂は天国へ直行

ルーカス・クラナッハ画《マルティン・ルター》（ウフィツィ美術館蔵）

免罪符を民衆に売りつけるために分ける高僧・説教師たち。中央は教皇レオ十世

する」と説教するのを聴いて、怒りを抑えることができなかった。

彼は、ただちに贖宥の教理に対する反論を九十五箇条の提題にまとめ、ヴィッテンベルク城教会の入口に貼り出した。「人を罪から救うのは行為ではなく信仰のみであり、唯一大事なのは、真実の信仰に対する報いとしての神の恩寵である」というのが彼の信念であった。その後さらに彼は、ローマをバビロンに喩え、教皇の存在意義そのものを否定する文書を公表した。波紋は一挙に拡がり、教皇は破門をもって脅し、撤回を迫った。ルターは教皇の回勅をヴィッテンベルク市民の前で公然と焼き捨てるとともに、父親からの相続と君侯たちによる選挙で皇帝になったばかりの十九歳のカール五世に、この改革運動の先頭に立つよう促した。だが、スペインのカトリック王であり神聖ローマ帝国皇帝であるカールに、ローマ教会を擁護すること以外の何ができたであろうか？

一五二一年、カールはヴォルムスに帝国議会を招集し、ルターに通行免状を送って、恭順の姿勢を示すためにやってくるよう招いた。ルターは、求められるままに出席したが主義主張を曲げようとはせず、ここを去ると、友人であるザクセン選帝侯フリードリヒ賢公のヴァルトブルク城に迎えられ、ここで守られながら、新約聖書をギリシア語原典からドイツ語に訳した。

この仕事が終わると、彼は還俗した一人の修道女と結婚し、ローマと訣別して新しい教会を組織することに生涯を賭けた。この新しい教会の勢力は、一五三〇年にはドイツとオランダの一部に広がるが、かつてローマ帝国の一部を形成していたバイエルン、オーストリア、ラインラント〔訳注・ライン左岸地域〕など南部ドイツは、ローマ教会のもとに残った。ルターの信仰を受け入れたのは、ドイツのなかでも、ザクセン、ヘッセン、プロイセン、ブランデンブルクなど、北方のより歴史の新しい地域であり、このため、ドイツは

アウクスブルク帝国議会（1530年）。左側天蓋のところにカール五世が座っている

真っ二つに引き裂かれ、両者は、その後百年にわたって宗教戦争を繰り広げることとなる。

　皇帝カール五世はアーヘンで戴冠し、ヴォルムスの国会に臨んだあとは、ルター主義を取締まる旨を布告したものの、ドイツの問題にはあまり関心を示さず、約九年間を神聖帝国の外で過ごした。この皇帝の留守は、ルターを行動しやすくした。この間に《宗教改革Réforme》は進展し、もはや打倒することも抑止することも不可能なまでになっていた。

一五二五年にはテュートン騎士団の総長自身がルターの信仰に転じることを宣言し、その支配する聖界的国家を俗人の公国に変換した。

　一五二六年のシュパイアーの帝国議会では、「帝国の各領邦は、神と皇帝の前で答えることができるように治めるかぎり、今のままに生き、統治し、維持する」ことが議決された。ザクセンとヘッセンは、公然とプロテスタントになった。しかし、君侯たちの教会財産押収の慌ただしい行動は、彼らの教会改革の熱意が、必ずしも、利害ぬきではなかったことを物語っている。

カール五世は、一五三〇年のアウクスブルクでの帝国議会で、なんとか信仰の統一を実現しようと試みたが、プロテスタントの神学者であり道徳学の師であるメランヒトンが一つの妥協策として起草した『アウクスブルク信仰告白』は採用しようとしなかった。この『アウクスブルク告白』は、その後、正統ルター派の『クレドCredo』〔訳注・「信仰箇条」と訳され、信仰の基本的典拠となるもの〕となった。その意味では、これは、宗教改革にとって一つの成功であった。というのも、この前年、ルターはスイスの宗教改革者ツヴィングリと対話したものの、共通ドクトリンには到達できないままで終わっていたからである。

カール五世には、ほかにも幾つか心配事があった。またも帝国の東方がトルコ人たちに脅かされ、しかも、この異教徒たちには、ドイツ帝国の不倶戴天の敵であるフランスが結びついていた。すでに述べたように、ドイツの内部でも、一五二四年から一五二五年にかけて、何十万もの農民が武器を執って蜂起し、いわゆる《農民戦争》が起きた。これは、いくらか生活が向上して意識にめざめた農民たちが、宗教改革に刺戟されて「太古からの神聖な法」という名で、経済的・社会的改善を求めた陳情書を領主に突きつけたことから起きたのであった。この事件で農民たちを驚かせ憤慨させたのは、当てにしていたルターが農民運動を敵視したことであった。この農民の息子は、政治に関しては保守的で、あくまで君侯たちの側に回ったのであった。このため、宗教改革は、これ以後、社会の変革運動であることをやめて、君侯や指導階層の政治的道具となっていく。

一五三二年、トルコ軍がウィーンに攻め寄せてきたことから、ニュルンベルクで宗教的休戦条約が結ばれ、プロテスタント君侯たちも一体となってトルコ軍に立ち向かった。その結果、この外敵の脅威は退けることができたが、嵐が去ると、国内では争いが再燃し、一五四六年に起きたシュマルカルデン戦争では、カールは旧教諸侯を率いて《プロテスタント同盟》に襲いかかり撃破している。翌一五四七年のミュールベルクの戦いでも勝利して、ザクセン選帝侯ヨハン＝フリードリヒを捕らえ、その選帝侯の位を剝奪して、新教徒だが皇帝軍に味方した同じザクセンのモーリッツ公に移している。ついでカールは、妥協策として、プロテスタント聖職者の結婚を認める『アウクスブルク仮信条協定Intérim d'Augsbourg』（1548）を公布した。しかし、スペイン人皇帝が練ったこの『協約』によってプロテスタントとカトリック両派にもたらされたのは、この『協約』への憎悪という一点での合意に過ぎなかった。

一五五二年にはまたも戦争が起き、プロテスタントの君侯たちは、カトリック教徒ではあるがカールと敵対関係にあるフランス王アンリ二世の支援を受けて、ザクセンのモーリッツが指揮する皇帝軍に襲いかかった。こんどはプロテスタント軍が優勢で、カール五世はブレンナー峠を越えてイタリアへ逃れなければならなかった。一五五五年、イタリアのトリエントで会議が開かれ、カトリックの教理が明確化される一方で、南ドイツのアウクスブルクで和平条約が締結された。そこで議決されたのが「Cujus regio ejus religio」という言葉で公式化される原則である。これは、「領土の属する人に宗教も属す」という意味で、領民は領主が信奉する宗教に従うというものである。これは、良心の自由としては、まさに奇形と言わなければならないが、このとき、本当の自由の原理を誰が本気で考えたであろうか？

それから数か月経った一五五六年、カール五世は疲れ切って帝位を退いた。彼は、エストレマドゥーラ〔訳注・スペイン中西部〕のユステ大修道院に隠棲し、諸民族と信仰と王国の間に調和を樹立しようとして失敗したあとの余生をここで送ったが、この隠棲の時間をはやく進ませようと、毎朝、死者のミサを聴き、自身の葬儀に立ち会った。しかし、その生活は禁欲主義とは程遠く、これまでと変わらず美食家であり、音楽を愛し、道化役者を可愛がった。賢明にも彼は、オランダとスペインの主権は息子のフェリペ二世に、ドイツは弟のフェルディナント一世に譲っていた。このおかげで、スペインとドイツ帝国を結合しようという強引で危険な作業に終止符が打たれたのであった。

反宗教改革の波

カール五世が退位したあと、政治の舞台の中心はフランスとイギリスに移り、ドイツの前には相変わらず宗教問題が立ちはだかり続けた。一時はドイツ全体がプロテスタント国家になるかと思われたが、そうはならなかった。その理由の一部は、ジュネーヴに本拠を置く別の形のプロテスタント信仰である《カルヴィニズム》がルター主義と折り合わず、選帝侯ライン宮中伯が自分の都ハイデルベルクをドイツにおけるカルヴィニズムのセンターとしたこと、他方、カトリシズムが予想外の抵抗力と回復力を示したことにある。

一五二一年にはオーストリア王家の相続財産を引き継いでいたフェルディナント一世は、一五三一年に《ローマ人の王》に選ばれ、一五五六年には、兄カールの退位を機に、自然な形で《ローマ人たちに選ばれた王》つまり神聖ローマ帝国皇帝となる。その立場は、スペインの分家とは切り離されたドイツと、ハンガリーおよびボヘミアの君主である。控え目な性格の彼が願ったのは、プロテスタントとカトリックの両教徒が妥協することであった。彼は、トリエントの公会議〔訳注・一五四五年から一五六三年まで三期にわたって開催された」で、一人が幾つもの教会禄を兼務することと司祭たちの結婚を禁ずること、聖務を民衆語によって行うべきことを提議した。この公会議では、ルターが指摘していた幾つかの悪弊は是正され、教理問題での妥協を得られないままだがカトリック信仰が言明され、宗教改革に対する反転攻勢が決議された。

その先兵となったのがローマ教会の知的道義的防御を目的に結成されたイエズス会である。一五三四年、イグナティウス・ロヨラを中心とする七人の学生がパリで集まり、《純潔chasteté》と《清貧pauvreté》を守り「キリストの兵士」として教皇に奉仕することを誓った。彼らのモットーは「死体のごとくperinde ac cadaver」自分たちの総長に服従することであり、総長自身は教皇に服従した。それ以外は、いかなる高位聖職者だろうと王侯だろうと一切、権威を認めなかった。厳格な訓練が施され、命令には絶対的に服従した。このイエズス会がフェルディナント一世によってオーストリアに導入され、教育において大きな役割を果たすこととなる。

フェルディナントの跡を継いだ息子のマクシミリアン二世(1527-1576)は、カトリック信仰を貫くことを条件に一五六四年に皇帝に選ばれたが、心優しく寛容な彼は、非道な迫害は極力食い止めようと努力した。彼が死の床に就いたとき、妻と教皇特使は彼になんとか最期の懺悔をさせようとしたが無駄であった。このとき、ドイツの民衆のほぼ七割がプロテスタントであった。彼はキリスト教世界の統一を再構築するために調停に努力したのだったが、その努力も、双方の陣営のなかに凶暴な憎悪を引き起こしただけであった。

一五七六年に帝位についたルードルフ二世(1552-1612)も、時代が必要としていたようなエネルギッシュな君主ではなかった。フェリペ二世のスペイン宮廷で長じた彼は、狂信的で権力への熱情も強かったが、気質は隠遁者のようにメランコリックで、民衆と率直に接することができなかった。このエキセントリックな君主は、ヨーロッパが東方のトルコ軍によって脅かされ、ドイツが深刻な分裂に陥っているなかで、錬金術師や天文学者（ケプラーもその一人であった）、数学者、さらには情婦たちと宮殿に閉じこもった。彼は、君臨すれど統治せず、諸国家の地図よりも天空の星を眺めて過ごし、晩年には、狂気の兆候すら見せた。

その間、イエズス会士たちは、バイエルン公の支援のもと、反宗教改革運動を着実に推進していた。プロテスタンティズムから投げかけられる批判に答えることのできるエリート育成をめざしたその教育機関は、ライン川に沿って点々と列なるにいたった。ウィーンには「ドイツ第二の使徒」と呼ばれたペトルス・カニシウス（Pierre de Hondt）が送られ、皇帝と親しく交わった。カトリック側の勢力挽回は多くの地域で着々と進行し、シュタイアーマルクでは、イエズス会の感化を受けた領主フェルディナントのもと、プロテスタントはほぼ一掃された。

しかし、当然のことだが、イエズス会の巻き返しが対立を激化させた事例もある。新旧両教徒が混在していたドナウヴェルトの町〔訳注・ミュンヘンの北西〕では、カトリックの行列行事がプロテスタントの人々によって妨害される事件があり、ルードルフはこの事件を重視してバイエルンの軍隊を派遣し、ルター派牧師たちを追放させた。この措置に憤ったプロテスタント諸侯らはバーデン辺境伯とプファルツ選帝侯をリーダーとして《福音主義同盟Union évangélique ecclésiastique》〔新教徒同盟〕を結成。これに対して、カトリック側も、バイエルン公と三人の聖職選帝侯とが《ドイツ神聖同盟Sainte Ligue allemande》を結成して張り合った。ドイツを二分するこの対立構造は、フランスの宰相シュリ〔訳注・アンリ四世に仕えた〕の大いなる関心を呼び起こし、彼に「ハプスブルクの爪を剝ぐ」ための種々の画策を企てさせることとなる。

ドイツの国内的不和の温床は、一つはボヘミア（ベーメン）であった。そこには、古くからの住民である

三十年戦争のきっかけになったプラハの窓外放出事件（1618年5月23日）

チェコ人のフス派と新しい住民であるドイツ人のプロテスタントがおり、それが、ともにイエズス会と対峙していた。平和のうちに天文学や数学に熱中していたかった皇帝ルードルフは、良心の自由を万人に認める旨の『特許状 Lettres de Majesté』（1609）を公布することによってベーメンの忠誠を確保しようとしたが、この生ぬるい態度に苛立った親族たちは、弟のマティアス大公を後押しして皇帝の座を譲るよう迫った。一六一二年、ルードルフは死去し、マティアスが皇帝になり（1612-1619）、少なくともこの問題は解決した。マティアスは反宗教改革派ではあったが、帝国自体がもはや名前だけであったから、皇帝になったからといって、なんの権威もなかった。

いまやばらばらになった国のなかで、《新教徒同盟》と《神聖同盟》との亀裂はますます深まり、戦争状態に入る時が来るのを待っていた。そのきっかけになる事件はプラハで起きた。一六一八年五月、何人かのプロテスタント側の指導者たちが王宮に抗議しに行った。

行政担当者はカトリック派の人々であったから、激しい論争となり、訪問者たちは二人の当局者と秘書一人を窓から放り出した。さいわい、放り出された人々は二十五メートルも落下したにもかかわらず無傷で済んだ（カトリック側は、これは奇跡であると言い、プロテスタント側は、うずたかく積もっていた堆肥のおかげで衝撃が和らげられたからだと言った）が、いずれにせよ、この《プラハの窓外放出事件》がきっかけとなって三十年戦争が始まったのである。

しかしながら、しばらくの間はまだ、外交が沈静役を果たした。マティアス二世が跡継ぎのないまま死去すると、一六一九年、彼の従兄弟であるシュタイアーマルクのフェルディナント（1578-1637）がフェルディナント二世として皇帝に選ばれた。彼が受け継いだ相続財産の最も明確なものが内戦であり宗教戦争であった。

三十年戦争

《三十年戦争》は、当初は、ドイツの精神面の支配権をめぐるプロテスタントとカトリックの戦いとして現れたが、いつもそうであるように、この宗教上の抗争に世俗的利害が絡み、カトリックとプロテスタントの両者が入り乱れての戦争となり、しかも、そこにさまざまな外国の権力が介入し、フランスの宰相である枢機卿リシュリュー（当然、カトリックである）は、プロテスタントであるスウェーデン王、グスタフ＝アドルフを支援し唆して、ドイツの国土を荒らさせている。したがって、情況はきわめて錯綜しており、これをもう少し明確に見るには、この三十年間を幾つかに区切って捉えることが必要である。

第一幕は、《プラハの窓外放出事件》から始まったボヘミア（ベーメン）の時期である。叛徒たちがめざしたのは、ボヘミアに新しいプロテスタント王制を実現することで、彼らは、その王としてイギリス王でカルヴァン主義者のジェームス一世の娘婿である、若く魅力的な美男子のプファルツ選帝侯、フリードリヒ五世（1596-1632）を選んだ。しかし、彼は、その王国を一六一九年から翌二〇年まで一シーズンしか維持できず、このため《一冬の王 Winterkönig》の渾名を付けられた。

皇帝側と《カトリック同盟》の長、バイエルン公によってボヘミア王国と選帝侯の資格を取り上げられたプファルツのフリードリヒ五世は、武器を執って抗ったが、プラハに近いヴァイセンベルク Weissenberg〔訳注・フランス語では、その意味をとって Montagne-Blanche と表記される〕の戦い（1620.11.8）で惨敗し、美しい妻、エリザベータとともにイギリスへ逃亡しなければならなかった。

ベーメンには恐るべき弾圧が加えられた。プロテスタントの首謀者二十七人が処刑され、没収された彼らの領地は新しいドイツ人貴族たちに分配された。ボヘミアをカトリック勢力のもとに強引に屈服させようとしたこの措置は、ドイツ人とチェコ人の間に憎悪の種を植えつけ、何百年にもわたる断絶を生むこととなる。

そのようななかで恩恵を受けた一人のチェコ人がいる。人生の盛りを過ぎていたが、金持ちの未亡人と結婚するためにカトリックを自称していたプロテスタントで、名をヴァレンシュタインと言った。プロテスタントといっても宗教には無関心で、天文学（占星術）に入れこむ迷信家で、広大な領地を巧みに管理し、この資産を使って傭兵隊を養い、できるだけ高値で貸すことによって、ヨーロッパで最も裕福な人間の一人になった。

当時のドイツの諸領邦は正規軍をもっておらず、君侯たちは戦争になると仲買人に声をかけて傭兵隊を差し向けてもらった。こうした傭兵隊は歩兵がほとんどで、いたるところで見られたが、とくにドイツで盛んであったことから、彼らを呼んだ「ランツクネヒテ Landsknechte」はフランス語でも「ランスクネ lansquenet」として使われるようになった。傭兵たちは、戦争の原因や正義など眼中になく、契約した料金が手に入るだけでなく、盗みと強姦、暴力行為を公然と働くことのできるチャンスとしか考えない無頼の輩たちであった。

アルブレヒト・フォン・ヴァレンシュタイン
(ヴァン・ダイク画)

この三十年戦争の間にドイツ全土が荒らされ、その傷は何百年も後まで残った。農民たちは、この破廉恥な兵士たちによって最後のパンの一かけらまで強奪され、隠している財産も、苛烈な拷問によって白状させられ奪われた。このドイツでの戦いに加わったデカルトは、「戦いにかかわる仕事を名誉ある職業に入れることに苦痛を禁じ得なくなった」と記している。ヴァレンシュタインの兵士たちも、そのほとんどが大将のヴァレンシュタイン以上に無宗教で、相手がカトリック信者だろうとプロテスタントの人間だろうと関係なく強奪し殺した。

皇帝フェルディナント二世は、ボヘミアでの勝利のあとも戦争を継続した。プファルツ選帝侯領は、《カトリック同盟》の指揮官ティリーに率いられた皇帝軍によって占領され、選帝侯の権利はバイエルンのマクシミリアンに移された。こうして、ベーメンとプファルツを舞台とした三十年戦争の第一局面は終了する。

第二幕では、デンマーク王が主役に加わる。ドイツ北部のプロテスタント諸侯たちは、皇帝軍が迫ってくるのに不安を覚え、皇帝が明らかに奪還したがっている裕福なカトリック大司教領を俗界化した。他方、ハプスブルク家にとって、叛旗を翻しているオランダへ進撃する近道は北ドイツを通るルートであった。このときプロテスタント軍の先頭に立っていたのが、ホルシュタイン公として神聖ローマ帝国の君侯でもあったデンマーク王クリスティアンであった。そのデンマーク王に対して、ティリーとヴァレンシュタインが戦いを仕掛け、一六二七年、デンマークを侵略した。

この勝利の報酬として、皇帝フェルディナント二世は、ヴァレンシュタインにメクレンブルク公国〔訳注・北ドイツ、リューベックのすぐ南〕を与えるとともに、一六二九年には『Edit de Restitution』（復旧勅令）を公布して、一五五五年のアウクスブルク和議以来、プロテスタント側に奪われていた司教領や聖界禄をカトリック教会に返還させた。いまや、北部ドイツ全体が皇帝の管轄下に入り、デンマーク王は、これ以後ドイツの問題には関与しないことを約束することによってしか領地を保有できなくなる。

しかし、こうした皇帝の力の増大には、カトリックの君侯たちも懸念を抱き始めた。自分たちの独立性を奪いかねないまでに中央権力が強大化するのを黙って見ていることはできなかったのである。厳密にいうと、

《カトリック同盟》のティリーに関してはコントロールが可能であったが、ヴァレンシュタインは制御が利かないので、一六三〇年、彼の罷免を求めた。ヴァレンシュタインは、新たな要請を受けるまでと考えて自分の土地に戻った。

第三幕の主役はスウェーデン王、グスタフ＝アドルフである。輝かしい戦士で自身もルター派であった彼は、地理的必然性から北部ドイツのプロテスタント諸侯と結びついていた。その彼が一六三一年、リシュリューが宰相を務めるフランスと条約を締結したことは人々を驚かせた。というのは、リシュリューはカトリックの枢機卿であるから、対プロテスタント十字軍のために皇帝方に味方すると期待されていたからである。しかし、リシュリューが懸念したのは、ハプスブルク家〔訳注・スペインとオーストリアがその本拠〕がこれ以上勢力を拡げて、ドイツ、ボヘミア、オランダ、イタリアまで支配するようになると、フランスの安全と独立が脅かされることであった。彼は、その天才的日和見主義から、フランスは直接戦争に巻き込まれることなく、グスタフ＝アドルフに資金的援助を行うことによって、プロテスタント君侯たちを助けようとしたのであった。

こうしてプロテスタント支援のために乗り出してきたスウェーデン王を当初、ドイツ人たちは軽く見ていた。マグデブルクの町だけが彼を熱烈に歓迎したが、このため、皇帝軍将帥、ティリーによって真っ先に攻められ、焼き払われてしまう。このマグデブルクの運命が、この戦争の苛烈さについて君侯たちの眼を開かせた。どちらに就くか選ばなければならなかった。ザクセン大公はスウェーデン王と組んで共同してティリー軍と対戦し、これを撃破。ティリー自身、負傷して一六三二年に死去したので、皇帝側は、ヴァレン

スウェーデン王グスタフ＝アドルフがニュルンベルクに入城する光景を描いた図

シュタインを呼び戻して総司令官に任じた。皇帝軍は決定的勝利をものにするにはいたらなかったが、グスタフ＝アドルフがルッツェンの戦場で殺されたことによって、北部および中部ヨーロッパにプロテスタントの統一帝国を建設する夢は終わる。これには、ドイツ諸侯だけでなく、おそらくリシュリューも胸を撫で下ろした。

　ティリーとグスタフ＝アドルフの死で、自分が主役になったと信じたヴァレンシュタインはすっかり大胆になって、皇帝の許可なしで、場合によっては皇帝に逆らってでも、ドイツに平和を再建しようとし、プロテスタントたちが受け入れる可能性のある条件を提示すべく、ザクセン選帝侯やフランスとも交渉した。プロテスタントと妥協するつもりのないイエズス会やスペイン、また利欲に目の眩んだ貴族たちは、こうした彼の動きを、裏切り行為として皇帝に密告した。
ヴァレンシュタインのほんとうの狙いは何なのか？　ベーメン王国か？　プファルツ選帝侯の跡目か？——疑念に囚われたウィーンは、一六三四年、皇帝軍の指揮権を彼から剝奪した。彼は、配下の兵士たちの忠誠を当てにしていたが、自分の城内で暗殺された。皇帝は、殺害を命じたわけではなかったが、この結末に安堵の胸をなでおろした。

平和への努力が行われなかったわけではなかった。一六三五年には皇帝とザクセン選帝侯の間に《プラハ条約》（1635）が結ばれ、ドイツ内部の両派のあいだに和睦が実現したが、この年には、フランスがスウェーデンと結び、スペインやスペイン領ネーデルランドに侵入して三十年戦争に介入している。リシュリューは、オーストリアとスペインから覇権を奪うために介入を決意したのであった。したがって、この三十年戦争のうちの何年かは、ドイツ史にとどまらずヨーロッパの歴史に属するものとなったのである。
したがって、戦場となったドイツでは、町は焼かれ、田園は荒らされ、数え切れないほどの神聖帝国の人々が虐殺されただけでなく、スウェーデン人やフランス人の血も流された。戦争の初期の目的は忘れ去られ、父の跡を継いだフェルディナント三世は、あらゆる戦闘参加者の疲労困憊を確認するのみとなる。民衆も君侯たちも平和を望んだ。しかし、その折衝にあたる人間を一堂に集めるのに三年、交渉成立に四年の歳月を要した。〔訳注・この間、一六四二年にフランスでは、宰相のリシュリューが死去し、マザランが後を引き継いでいる。〕
一六四八年、プロテスタント側はミュンスターに、カトリック側はオスナブリュックに集まった。〔訳注・いずれもオランダに近いドイツ北西部のヴェストファーレン州にある。」条約は同日（十月二十四日）に署名され、《ヴェストファーレン条約》（1648）と呼ばれた。こうして、帝国は、疲弊し弱体化しきって戦争から抜け出した。ドイツは、それぞれに軍隊を擁し独自の外交政策を有する多くの領邦に分割され、無力化された。《帝国議会 diète》は存続したが、議決は全員一致を原則としたから、何事も決められなかった。

宗教は領主によって決まるとする「Cujus regio ejus religio」の原則はカルヴィニズムにも適用された。アルザスの領有権は、オーストリアからフランスに移り、スウェーデンはバルト海と北海沿岸に広大な領土を獲得し、帝国議会で三つの発言権を有した。オランダとスイスの完全独立が確認された。要するに、帝国は細分され、実質的支配権の及ぶ範囲はオーストリアとベーメン、ハンガリーに限定されたのである。

レーゲンスブルク帝国議会の情景

この執拗な戦争でドイツはすっかり衰微した。人口は一五〇〇万から一〇〇〇万へ、三分の一が失われた。多くの人は、現実の戦いの醜悪な姿を見て、騎士の誇りであったものへの感覚を失った。グリンメルスハウゼン（1622-1676）は、この荒々しい時代を『阿呆物語（ジンプリチシムスの冒険）La Vie de l'Aventureux Simplicius Simplicissimus』や『放浪の女クラーシェ La Vagabonde』『変わり者シュプリングインスフェルト

『Le Curieux débruillard』などの小説に描いた。これらの作品には三十年戦争に兵士として関わった著者の実際の体験や見聞が反映されている。

ドイツは、この戦争で失ったものを取り戻すのに、百年以上の労苦を要することとなる。何千という村が消滅し、ザクセンでは狼の群れが田園を徘徊した。十六世紀には希望に溢れていた国が、野蛮な世界に逆戻りし、ルターの時代にはあのように美しかった言葉さえ失われた。しかしながら、そのような君侯や騎兵、神学者たちによってもたらされた荒廃と苦しみを乗り越えて、人々は勇敢に復興に取り組んでいく。

その過程で大きな自由を獲得したのは、個々の君主国家(Etats souverains)で、これら独立国家の連合体である帝国はまったく無力化した。一六六三年からレーゲンスブルクで開催された《帝国議会》で明確化したのは、君侯同士の対立と反目であり、それが、長期にわたってドイツにおける力の統合を妨げる。ドイツは、幾つかの王国(royaumes)と大公領(principautés)、辺境伯領(margraviates)、方伯領(landgraviats)、伯領(comtés)、領主領(seigneuries)というように、互いの関係が複雑に絡み合い、古い封建的観念に縛られた領邦国家の寄せ木細工となったのである。

ホーエンツォレルン家とハプスブルク家

こうして、ヴェストファーレン条約のあとは、もはや「一つのドイツ」の歴史を語ることは、長期にわ

ベルリンの旧王宮の光景

たって不可能となる。ヴォルテールは「ドイツとは何かを定義することはむずかしい」と書いている。支配階層の家門は、それぞれの利益を追求した。たとえばザクセン選帝侯のフリードリヒ・アウグスト一世は、アウグスト二世（1697-1704,1709-1733）となるために、臣下たちはプロテスタントのままで自分だけカトリックに改宗してポーランドの王位を手に入れている。

これ以後、ドイツにおいて引力の中心は二つとなる。一つは、プロイセンで、この中心はプロテスタントの新興のホーエンツォレルン家である。もう一つはオーストリアに君臨するカトリックのハプスブルク家であるが、国家としてのオーストリアはまだ存在していない。ドイツとは別にオーストリア＝ハンガリー帝国が成立するのは一七〇〇年になってからで、一六五〇年ごろは、まだ、オーストリア家の領地とそれ以外の地域に対する皇帝の名目上の権限についてしか語れない。

十七世紀後半のヨーロッパで軍事的政治的強国といえばフランスである。この時期のフランスにとっては、ドイツもイタリアも、なんら恐れるに値する存在ではない。イギリスのチャールズ二世は二十年間にわたってフランスから支援を受けている。フランスをこのような強国に育て上げたのは、細分化されたドイツの不幸から学んだ大臣たちである。一六四三年に王座に登ったルイ十四世は、異論の余地のない絶対的権力を築きあげ、まさに《太陽王 Roi-Soleil》の宮廷は全ヨーロッパの君主たちから手本として仰がれるまでになる。

この時期にドイツで起きた主な出来事をあげるとすれば、北東部の砂原を開拓していったブランデンブルク辺境伯領の発展であり、その領主が強力なプロイセン王となっていったことである。ベルリンを首都とするブランデンブルク選帝侯領は、十五世紀以来、ホーエンツォレルン家の封地であった。くだって、ケーニヒスベルクを首都としてプロイセン公国を創始したのがホーエンツォレルン家出身のテュートン騎士団総長で、このプロイセンの分家が消滅したのに伴って両者は統合され、そこに、クレーフェとユリエといったライン下流沿岸の小侯領が併合され、さらにヴェストファーレン条約で東ポメラニアとマグデブルクがブランデンブルク選帝侯領に加えられたのである。

ホーエンツォレルン家は、シュヴァーベンのニュルンベルクの城市司令官であったころは、その領地もばらばらでまとまりがなかったが、これを幾多の戦争を経て大きなまとまりにしたのが《大選挙侯 Grand Electeur》フリードリヒ＝ヴィルヘルム（1620-1688）である。一六四〇年、弱冠二十歳で権力を掌握した《大選挙侯》は、フランスの中央集権体制〔訳注・フランスでは一六二四年にリシュリューが宰相になっていた〕の賛美者で、自分の権威を断固として押し通し、のちにプロイセンの力の元となる軍隊と行政組織を構築した。しかし、彼の場合、ルイ十四世の手法〔訳注・もっともルイ十四世が親政を始めるのは一六六一である〕とは少し異なり、戦争と外交では王を無条件に支持してくれることを条件に、あとは、その地方貴族たちに任せた。彼は、あるときはハプスブルクと同盟したかと思うと、あるときはフランスとためらうことなく同盟した。一七〇一年には、皇帝（レオポルト一世）の同意を得て、息子であるブランデンブルク選帝侯フリードリヒ三世をプロイセン王フリードリヒ一世として即位させている。皇帝は、この「プロイセン王」を「プロイセンに君臨する王roi en Prusse」として限定的に承認したのだったが、フリードリヒがこれにいつまでも甘んじているはずはなかった。

ハプスブルク家についていえば、皇帝フェルディナント三世が亡くなったあと、選帝侯たちは、その息子のレオポルト一世（1640-1705）を選んだ。レオポルトは、このとき弱冠十八歳であった。フランスのルイ十四世は、この未熟で戦争を好まない君主に次々と戦争をしかけた。目的は、フランスの弱点であった北東の国境を強化することで、当時のフランスは、まだ、リールもシュトラスブルクもブザンソンも編入できておらず、外敵の侵入に対していかにも無防備であったからである。ハプスブルクは、戦いを望まなかったが、このようなフランスを隣人にもったせいで、スペイン、フランドル、プファルツとのつながりから、必然的に巻き込まれていった。

その最初の戦争が《帰属戦争guerre de Dévolution》（1667）で、これは、ルイ十四世の妻であるスペインのフェリペ四世の娘、マリ＝テレーズの持参金が支払われていなかったのでフランドルを要求して起こされたものである〔訳注・そこから《フランドル戦争》とも呼ばれる〕。ルイ十四世は一六六八年の緒戦で幾つかの要塞を手に入れたのに気をよくし、なおも粘り強く抵抗するオランダのオラニエ公ウィレムを攻め、一六七八年には、ナイメーヘンの和約でフランドルの一部と東部のフランシュ＝コンテを獲得した。ルイ大王は、このとき併合できなかったシュトラスブルクについては、昔の条約を解釈し直すやり方（arrêt de justice）によって平和裡に目的を達している。〔訳注・わかりやすくいえば、力を背景に、横車を押し通したのである。〕

ハプスブルク家とブルボン家の確執は東方情勢にも影響した。オーストリアとトルコの間に挟まれたハンガリーでは、諸侯たちは、あるときはトルコのスルタンに臣従し、あるときは神聖皇帝に服従しながら、裏切りと殺害、兄弟殺し、激しい弾圧といった、あらゆる血腥い葛藤を演じていた。ブルボン家のフランスは、ハプスブルクの力を削ぐために、ハンガリーがハプスブルクから距離を置けば、それに比例して支援を強化するやり方を採用した。その結果としてハンガリー内部に生じた相反する力の複雑なせめぎ合いをいまここで詳述するゆとりはないが、最終的に、ハンガリーは独立国家としての地位を失っていくこととなる。

教皇イノケンティウス十一世(1676-1689)は、キリスト教君主たちに、こうした君主同士の対立こそ異教徒たちにヨーロッパ侵略の口実を与えていると厳しく警告したほどである。一六八三年には、ヨーロッパへ進出しようとするトルコに対抗するため、ポーランド王ヤン・ソビエスキと皇帝レオポルト一世の間で同盟が結ばれた。同じ日(三月三十一日)、トルコのスルタンが大軍を率いてアドリアノープルを出発。七月十四日には、宰相カラ=ムスタファ指揮のもとトルコ軍の先兵がウィーンの城壁下に到達した。ウィーンは、トルコ軍に攻囲される前に郊外の田園と別荘を焼き払って来襲に備え、皇帝一家は、北部、ドナウ河畔のリンツに避難していた。

攻囲するトルコ軍二十万に対し、一万六千の防衛軍(一般市民や学生も参加した)が、シュターレンベルク伯とウィーン市長の指揮のもと果敢に戦って二か月持ちこたえ、ようやく九月十一日に皇帝軍と同盟ポーランド軍が救援に到着した。救援軍の名目上の指揮官はポーランド王ヤン・ソビエスキであったが、実質的指揮は、ロートリンゲン公カール五世が執った。トルコ軍は惨めな敗走を余儀なくされた。

トルコ軍が敗れたのは兵力のせいではなく作戦の巧みさによってであり、この戦勝のおかげで皇帝レオポルトの威信は高まった。ヨーロッパが恐るべき侵略から守られたことで全ドイツが感謝を寄せた。しかし、当のレオポルト一世の関心の的はあくまで自分の領土の問題で、トルコ軍が引き上げたあとのハンガリーをさらに残虐に痛めつけたため、ハンガリーは血を抜き取られたように衰弱した。一六八四年、レオポルトはルイ十四世と二十年間の休戦条約を締結することができた〔訳注・ハンガリーを焚きつけていたのがフランスであった〕。ルイ十四世にしてみれば、ヨーロッパを救った恩人にいつまでも戦いをしかけるわけにはいかなかったのである。

だが、二十年つづくはずであった休戦は五年で終わった。フランスの陸上軍事力の強大化に大陸ヨーロッパが不安を抱いただけでなく、その海軍力にも、イギリスとオランダが懸念を強めたからである。一六八九年、皇帝レオポルト、オランダ、イギリス、そしてドイツの多くの諸侯、スペイン、サヴォイアによって対仏大同盟（Grande Ligue）が結成された。その目的は、フランスをヴェストファーレン条約で定められた境線まで後退させることであった。ルイ十四世は、攻撃は最大の防御なりとばかりライン左岸を占拠し、ルーヴォワ（フランス国防大臣）は、さらにライン右岸にまで軍勢を進めて、プファルツを劫掠し、神聖帝国とアルザスの間の地域を荒らした。あの魅力的なハイデルベルク城が廃墟と化したのが、この時である。〔訳注・一六八八年に始まったフランス対英蘭西のこの戦争は《アウクスブルク同盟戦争》あるいは《プファルツ戦争》と呼ばれる。〕ようやく平和が回復されたのが一六九七年、《ライスワイク条約》によってで、この条約の結果、フランスはプファルツを放棄したが、シュトラスブルク〔フランス式にいえばストラスブール〕とアルザスを手に入れた。

だが、こんども平和は長く続かなかった。運命の悪意のほうが君侯たちの相対的知恵を打ち負かした。スペイン王カルロス二世（1665-1700）が後継者のないまま死去し、スペインのハプスブルク家は途絶えた。

そこで後継者を誰にするかが問題になった。オーストリア皇帝の息子の誰かか？　フランスの王子か？――このスペイン王問題はルイ十四世にとって最大の関心事であった。というのは、それによっては、フランスは四方を敵に包囲される形になったからである。平和を望むイギリスとオランダはようやく五歳になったバイエルン選帝侯をスペイン王にするよう提言した。しかし、この幼子は、まもなく早世。このときルイ十四世は、自分の孫であるアンジュー公を後継として指名したカルロス二世の遺言状を入手したと主張。そこから、いわゆる《スペイン王位継承戦争》が起きる。

皇帝側にはプロイセン、イギリス、オランダ、ポルトガル、そして一七〇三年以後はサヴォイアが加わり、他方、ルイ十四世側にはバイエルン選帝侯、ケルン大司教、一七〇三年まではサヴォイアが加わっての戦争である。結局、ユトレヒト条約（1713）とラシュタット条約（1714）によって、アンジュー公が、フランス王位を放棄する条件でフェリペ五世としてスペイン王になったのであるが、オーストリアだけは承認しなかった。

この戦争の間に、オーストリアではレオポルト一世が一七〇五年に死去（1705）し、そのあとを息子のヨーゼフ一世（1678-1711）が継いだものの一七一一年には亡くなって、弟のカール六世（1685-1740）が即位した。オーストリアは一六九九年、カルロヴィッツ条約によってハンガリーのほぼ全てとスロヴェニアとクロアティア、トランシルヴァニアを得たが、いまやハプスブルク家は、ドイツ人の帝国といえるのだろうか？　と疑問符が付くほど多くのマジャール人やスラヴ人に君臨する王家となっていた。

とりわけトルコ人たちとの戦いのなかでハプスブルク家に仕え、栄光に包まれた将軍として頭角を現したのがサヴォイアのオイゲンである。オイゲンは一七一七年、ベオグラードを占領、ハプスブルク家の版図は

レオポルト一世のあとを継いで即位の聖別に先立ちひざまずくヨーゼフ一世

かつてなく東方に拡大し、ウィーンの人々は、このようにオーストリアが独立国として領土を拡大することは、古いドイツ帝国にとって好ましくないのではないだろうか？と自問し始めたほどであった。

この時代には、スウェーデンが流星のように現れ、それに劣らずあっというまに消えていったことも記しておく必要がある。戦いの天才であったカール十世グスタフ（1654-1660）のおかげでスウェーデンは、ポーランドとデンマークを征服し、一六六〇年には一大帝国になったが、一七〇〇年から一七二一年にかけての第二次北方戦争で消滅する。その孫のカール十二世（1697-1718）は、当初は記念されるべき戦果を上げたが、無分別にもロシアに進撃し、その後の多くの人々と同様、ロシアの広大さに打ち負かされて後退に後退を重ね、ドイツ領の沿海部に残った最後の足場のシュトラルズンドも、一七一五年に失う。カール十二世は、なんとか頽勢を挽回しようとノルウェーに侵入したものの、若くして部下たちから尊敬されながら、戦士として生涯を閉じた。その三年後、バルト海沿岸部は、ロシアのピョートル大帝（1672-1725,在位は1682-1725）によって征圧される。スウェーデンの竜巻は荒々しかったが、寿命は短かった。

プロイセンの興隆

十七世紀のドイツの歴史は、オーストリアとプロイセンという二つの平面の上で演じられる。オーストリアでは、カール六世（1711-1740）はついに男児に恵まれず、娘マリア＝テレジアへの継承をなんとしても確実にしようと、『国事勅書Pragmatique Sanction』〔訳注・国本勅諚とも訳され、後継者の選定や教会との関係といった国家の基本法として国家元首が定めたもの〕を定めた。これは、古代ローマの法典に倣ったもので、私法とは別の国家的決議であるが、万全を期して近隣諸国にも承認を取っておくことが必要であった。こうして全領土の一括相続と男系が絶えたときは女子にも相続権を保証することを明記した『国事勅書』が一七一三年に起草され、一七二〇年にオーストリア議会により、ついで、ドイツの領邦諸侯によって承認された。承認を躊躇したフランスには領土問題で譲歩してまで承認を得た。フランスでは、エリートたちは伝統的に反オーストリア的で、平和主義的政策を採る大臣のフルーリは、弱腰外交であると非難された。

そうしたなかで、ザクセン選帝侯フリードリヒ・アウグストとルイ十五世の岳父であるスタニスラス・レクチンスキー〔訳注・スタニスワフ・レシチニスキとも。アウグストが一七〇四年までポーランド王を務めたあと、一七〇九年までスタニスラスが王になり、その退位のあとアウグストが復位していた〕がポーランドの王位を争い合った。一七三三年にアウグストが亡くなり、オーストリアとロシアがアウグストの子であるザクセン選帝侯を支持したのに対し、フランスはルイ十五世の妃の実家であるレクチンスキーを王にしようと望んだ。賢明なフルーリは、感情的には軍を派遣してでもポーランドを死守したいところであるが、地理的に離れていることから、これは無理だと考えた。過激派を満足させるために派遣された遠征軍はダンツィヒでロシアの捕虜になってしまった。あとはオーストリアを攻めて引っ込ませるほかなかった。この戦争をできるだけ短期に終わらせたかったフルーリは、フランスの同盟国であるバイエルンを動かし、オーストリアを背後から脅やかした。

この戦争の後始末のために結ばれたウィーン条約（1738）は、ザクセン公〔訳注・アウグストの息子、アウグスト三世〕がポーランド王になること、その代わり、スタニスラス・レクチンスキーはロートリンゲン公国〔訳注・フランス風にいうとロレーヌ〕を治めること、これまでのロレーヌ公はトスカーナを手に入れることで決着した。まさに王国がたらい回しされたのである。ここで、ルイ十五世はハプスブルクの『国事勅書』を承認する代わりに、スタニスラスの死後はロートリンゲンをフランスに戻すことを承認させた。一七三六年、旧ロートリンゲン公のフランツ＝シュテファンがオーストリア皇女マリア＝テレジアと結婚した。マリア＝テレジアの父であるカール六世が、帝国と弱々しい軍隊と悪意に満ちた隣国どもを残して亡くなったとき、この美しく知的な娘は、ようやく二十三歳であった。

この間、プロイセンは、強力な軍事国家の形成を進めていた。というのは、一七一三年、フリードリヒ＝ヴィルヘルム一世（1688-1740）が即位するまでのプロイセンの宮廷は、贅沢の競い合いに明け暮れていた。彼の父も、当時のドイツのあらゆる君侯たちと同様、ルイ十四世のよくない面（見栄っ張り、絶対主義、寵臣政治、妾を囲うことなど）の模倣にうつつをぬかし、諸侯たちも衣食住に贅を尽くすことに夢中であった。フリードリヒ＝ヴィルヘルム一世は、即位するや、これらの悪習をきっぱりやめさせ、宮廷と国そのものをある種の兵舎と役所に一変させた。この時代以後のプロイセン建築には、そうした特徴が顕著に現れている。

プロイセン王フリードリヒ＝ヴィルヘルム一世

フリードリヒ＝ヴィルヘルム一世は、強健で、とりわけ身長六フィート以上の兵士を愛した。同盟諸国も、彼へのお土産には、巨大な体軀をもつ兵士たちを贈った。常備軍は兵員八万を数え、彼らには見事な訓練が施された。王自身、常に軍隊の制服を着用し、「軍曹王Roi-Sergent」と渾名された。プロイセン貴族の若者から徴募された将校団は、社会のなかで最上部を占め、王は、自分が理想とする軍務の遂行と王への絶対的服従を、残虐なまでのやり方で兵士たちに課した。「Nicht räsonnieren!」（言い訳をするな）が彼の口癖であった。側に仕える役人たちは、主君の指一本、目配せ一つの合図で動かなければならなかった。彼は、徹底した節約家だったが、軍隊を強くするためには出費を惜しまなかったし、戦場に臨んでは危険を恐れなかった。

こうしたプロイセン式訓練は、のちにフリードリヒ二世（大王。1712-1786）となる息子にも施された。あまりの厳しさに、この若者は、一人の友人と一緒に逃亡を企てたが捕まり、この友人は王の命令で、フリードリヒの目の前で処刑され、王子自身も牢獄に入れられた。この悲劇的な父子関係は長く続いた。父のフリードリヒ＝ヴィルヘルムが節約家で無教養だったのに対し、息子は文学と芸術を愛した。王もさすがに晩年には王子への待遇を改善し、宮殿と妻を与えたが、フリードリヒは女性には関心がなかった。父親は、一七四〇年に死んでフリードリヒに引き継がせるまで《軍曹王》として生涯を全うした。さまざまな欠点を持っていたが、プロイセンを強国に鍛え上げたのは、彼の功績である。

ともあれ、オーストリアのマリア＝テレジアとプロイセンのフリードリヒ二世は同じ一七四〇年にそれぞれの王座についたわけで、この二人のぶつかり合いが十八世紀のヨーロッパ史を織りなしていくこととなる。マリア＝テレジアは『国事勅書』のおかげでオーストリアでは女帝になることができたのだったが、バイエルン、ザクセン、ついでプロイセン、スペインが「自分たちがこの勅書を承認したのは、その適用範囲をハプスブルク家の領土に限定してのことである」と難癖をつけてきた。そうしたマリア＝テレジアの苦境に乗じて、フリードリヒ二世は、シュレージエン〔訳注・ポーランド南西部からチェコ、ドイツに広がる地域〕はもともとホーエンツォレルン家のものであるとして領有権を主張した。もとより、これは、でっちあげの口実でしかなかった。ほんとうの、そして唯一の理由は、自分が欲しかったということであり、事実、彼は、一七四〇年から一七四二年にかけての、いわゆる《第一次シュレージエン戦争》によって、力づくで奪い取る。

フランスはフリードリヒ二世を支持する特別な理由はなかったが、プロイセン軍が清新の気に満ち、フリードリヒ二世がヴォルテールをはじめフランスの文人たちとも交流のある啓蒙君主であることなどから、プロイセンに肩入れし支持した。これに対し、マリア＝テレジアは、冷静さを失うことなく、イギリスと同盟した。カール六世の兄で先代神聖ローマ皇帝、ヨーゼフ一世の娘と結婚していたバイエルン選帝侯、カール＝アルブレヒト（1697-1745）は、妻が相続権を放棄していたにもかかわらず、カール六世の死後、オーストリア王位継承戦争を起こし、フランスの後押しでカール七世として神聖ローマ帝国皇帝になった（1742）。しかし、フリードリヒ二世はこの戦争に乗じてシュレージエンを自分のものにすると、カール七世には背を向け、他方、マリア＝テレジアは、イギリス、オランダ、ヘッセン、ハノーファーの支援を得て、カール七世の都プラハを奪還する。フランス軍は、マリア＝テレジアのいわば《国事勅書軍》に押されて後退を余儀なくされる。

「帝国なき皇帝」となった不幸なカール七世は、一七四四年、プロイセンと同盟して《第二次シュレージエン戦争》を起こすが、そのプロイセンが、シュレージエンの支配権の確認を条件に、一七四五年、マリア＝テレジアの夫、ロートリンゲン侯フランツ一世（1708-1765）を新皇帝として認めたため、帝冠はバイエルン家からハプスブルク＝ロートリンゲン家に戻った。このとき、カール七世の息子はバイエルンを返還してもらうことを条件に、フランツ一世のために一票を投じている。

始まりもなければ一貫性もないこの戦争は、なんとしても終わらせなければならなかった。そのためにアーヘンの和約（1748）が結ばれたが、誰一人満足させるものではなかった。パリでは「Bête comme la paix 講和のように馬鹿げている」という言葉が流行ったが、むしろ「Bête comme la guerre 戦争のように馬鹿らし

ポツダム宮殿に招かれて滞在中のヴォルテールを訪ねるフリードリヒ二世

い」というべきであったろう。

オーストリアは十五世紀以来足場を築いてきたシュレージエンとイタリアの一部を失ったが、ハプスブルク家代々の相続財産を分割しようとする列強の試みは失敗した。一七四一年、フランスの宰相フルーリは「ハプスブルク家は、もはや存在しない」と宣言したが、実際にはハプスブルク家が帝冠と領地を保有していたし、オーストリアは相変わらず大国であった。

オーストリアがシュレージエンを簡単に諦めるはずがなかった。フリードリヒ二世が、大陸に軍事同盟の相手を求めていたイギリスと組んだように、これまで敵対し合ってきたフランスとオーストリアが相互に結びついた。この変転は女どもの仕業であり、フリードリヒ二世は女嫌いなので、女帝マリア゠テレジアからもポンパドゥール侯妃からも疎んじられたのだと言われた。彼は、宣戦布告抜きで軍隊を差し向け、ドイツを《七年戦争》(1756-1763)に巻き込んだが、これによって彼がめざしたのは、シュレージエンの獲得だけでなく、プロイセンをヨーロッパの強国として認めさせることであった。しかしながら、ドイツの国土では、プロイセンと組んだイギリスと、オーストリアと組んだフランスという外国軍による分捕り合いが繰り広げられた。

当初は、フリードリヒ二世が優勢に見えた。まだこのプロイセン王を「啓蒙の友」と信じていたヴォルテールは、彼のロスバッハの戦い〔訳注・フランス軍を撃破した〕の勝利を称賛した。しかし、勝利は長くは続かなかった。ロシアの女帝、エリザヴェータ(1741-1762)〔訳注・ピョートル大帝の娘〕がオーストリアと同盟してプロイセンを攻めたため、ベルリンは二度〔訳注・一七五七年、オーストリア軍により、二度目は一七六〇年、ロシア軍によって〕占領された。

しかし、またも、希望が戦況を変えた。エリザヴェータが死に、そのあとロシア皇帝となったピョートル三世はプロイセンに味方したから、この戦争は海陸とも、フランスおよびオーストリアにとって不利に展開した。〔訳注・しかし、そのロシアでも、半年後の一七六二年七月、ピョートルは暗殺され、妃のエカテリーナ二世が政治を行うこととなる。〕

一七六三年、《七年戦争》終結のためにイギリス・フランス・スペインの間で結ばれたパリ条約でフランスはその帝国を失い〔訳注・パリ条約はヨーロッパにおける七年戦争の終結であるとともに、新大陸における英仏の競争の決着でもあり、フランスはカナダとミシシッピ以東の地を失った〕、他方、プロイセンは、同じく七年戦争終結のためにオーストリアとの間で結んだフベルトゥスブルク条約で、シュレージエンを確保した。その見返りとして、フリードリヒ二世は、皇帝選挙のときはマリア＝テレジアの息子ヨーゼフに投票することを約束したが、彼にとっては、皇帝の空疎な称号など、なんの意味ももっていなかったからであった。すでに彼は、自身、大きな国際的威信を手に入れていた。

マリア＝テレジアとヨーゼフ二世

マリア＝テレジアの立場は常に特異であった。彼女はオーストリア大公であり、ハンガリー女王、ボヘミア女王であったが、神聖ローマ帝国皇妃（選挙で皇帝になった人の妻のように）ではない。ハンガリーとベー

マリア・テレジアと家族たち（マルティン・ファン・マイテンス画）

メンでは、「Rex noster Marie-Theresa（我らが王、マリア＝テレジア）」であって「Regina」（女王）ではない。彼女の肖像画には、オーストリア大公の冠、ボヘミアの聖ヴェンツェスラウス、ハンガリーの聖イシュトヴァン、さらにシャルルマーニュ（カール大帝）にいたるまで、さまざまな王冠が傍らに描かれているが、このシャルルマーニュの冠は、夫である実直で無気力なロートリンゲンのフランツのものである。〔訳注・シャルルマーニュ、ついでルートヴィヒ敬虔帝のあと、その帝国が三分されたとき、帝冠とともに長子のロタールに譲られたのがロートリンゲンであった。ただし、当時のロートリンゲンは、北は北海に面したオランダ、ベルギーから南は地中海沿岸のイタリア北部に及ぶ帯状地であった。〕フランツはこの帝国の統治を彼女に委ねたわけで、この慎ましい夫は「宮廷の主役は皇妃とその子供たちであり、わたしは一個人に過ぎない」と述べている。女帝は、この夫との間に十六人の子供を産んでいる。

マリア＝テレジアは君臨し統治した。その統治は、自分の領地に限定されていたが、彼女は軍隊と財政、行政のラディカルな改革を行った。外交問題のためには私的評議会、宮廷評議会、国家評議会を設置し、国内問題については、尚書省、国務院を設けた。彼女は農民を「農奴」としてでなく「人間」として扱い、その治世は、いまも国民から黄金時代と考えられている。彼女が亡くなったとき、ライバルのプロイセンのフリードリヒ二世はダランベールに宛てて「彼女は女性と玉座に栄誉をもたらした」と書いている。

四十八歳で未亡人となったとき、彼女は長男のヨーゼフ二世（1741-1790）を統治のあらゆる仕事に参画させ、以後、母子で共同統治した。ヨーゼフ二世は、ロシアのエカテリーナ二世やプロイセンのフリードリヒ二世と同じく、いわゆる《啓蒙専制君主 despote éclairé》であった。しかし、彼の物事の進め方は性急に過ぎ、志した改革の大部分は失敗した。フリードリヒ二世は彼について「彼は、いつも最初の一歩を最後の一歩と間違える」と述べている。人民たちは、彼が自分たちのために何を造ろうとしているのか理解していなかった。

外交に関しては、ヨーゼフはドイツにおけるハプスブルクの影響力回復をめざした。ヴィッテルスバッハ家のバイエルン分家が途絶えたとき、彼は、バイエルンをオーストリアに併合しようと、バイエルンを継承したプファルツ選帝侯、カール＝テオドールと交渉したが、これを妨害しようとしてプロイセンのフリードリヒ二世が起こしたプロイセン・ザクセン連合とオーストリアの間の戦争が《バイエルン継承戦争》である。このため、一七七九年のテッシェンの和約でオーストリアが手に入れることができたのは、バイエルンのなかでもイン地方〔訳注・インスブルックを中心とする地方〕だけだった。それに対してプロイセンはフランケン侯国を確保し、バイエルンの大部分はプファルツの分家であるヴィッテルスバッハ家のものとして残った。

一七八五年、こんどはカール＝テオドールが、自分の手元に残ったバイエルンを低地地方のオーストリア領と交換したい旨、オーストリアに持ちかけた。彼としては、かつてのブルゴーニュ王国を再現したかったのである。フリードリヒ二世はオーストリアに対抗するため、戦争という手段は避け、帝国と領邦諸国の領土と主権を守るためと称して《ドイツ諸侯同盟》を作った。やがては、この諸侯同盟をプロイセン主導のドイツ連合にまで育てることが目標であったが、それは実現できないまま、一七八六年に亡くなった。しかし、新興のプロイセンをオーストリア主導の神聖帝国に対抗できるほど大きくしたのは、彼の事績である。

こうしてドイツは、オーストリアの外交戦によっても、プロイセンの厳しい軍隊の強化によっても、一つに統合できるにはいたらず、当時フランスをひっくり返した思想の激流の渦に巻き込まれる。この新思潮に関心を寄せた啓蒙的君侯は少なくなかった。ヨーゼフ二世は、すでにフランスの王太子に嫁いでいた妹のマリー＝アントワネットにさえ知られないよう、ファルケンシュタイン伯爵の偽名でルソーに会おうとした。

〔訳注・このとき、ルソーはオーストリアに比較的近い東部フランスに滞在していた。〕その後も、ヨーゼフは「冠を戴いたジャコバン」を自称し、墓碑銘にも「最もよき意図を抱きつつも、企図したことに失敗した人間」と刻ませている。しかし誰が神聖帝国を救うことができただろうか？　地平線上に姿を現していたのは、オーストリア＝ハンガリー帝国であった。

ドイツ文化の黄金期

十八世紀までのドイツは、表向きは神聖ローマ帝国の継承者であった。ドイツ人たちは、長い間、著述にはラテン語を用い、独自の文章語を持つことなど諦めていた。フマニストたちにいたっては、ドイツ語の苗字をラテン語風あるいはギリシア語風に変えて使うのが当たり前であった。たとえばメランヒトンMelanchtonとは、シュヴァルツェルデSchwarzerde〔訳注・「黒い土」の意〕という名をギリシア語に言い換えたものである。しかしながら、ドイツ語によっても立派に文学を生み出すことができることを証明したのがミンネゼンガーたちや、とりわけルターであった。

十八世紀に入ると、フランスの影響が相変わらず大きかった（フリードリヒ二世はフランス語で文通しただけでなく詩も作った。この時代のドイツ最大の女優、カロリーネ・ノイバーはフランス古典劇を理想として演じた）し、この世紀の後半にはシェイクスピアを主とするイギリス文学の影響が感じられる一方で、多くの知識人たちはドイツ独自の文学の創造に努めた。そうした詩人や哲学者のおかげで、この十八世紀の末には、ドイツはヨーロッパと世界の文化的中心の一つにまでなる。

ドイツは、十七世紀にはまだ、ヨーロッパの精神的創造活動にそれほど寄与することができなかった。三十年戦争とルイ十四世が仕掛けた幾つかの戦争のために、物質的生活面で厳しい状況が続いていたからである。そうしたなかで、いちはやく嫉妬深い領主たちから自由になったライプツィヒやハノーファーといった諸都市は、独自の道を追求する動きを示す。ハレの大学で生まれた敬虔主義は、プロテスタンティズムに情念的価値を回復させようとする努力の現れであった。（これは、のちのイギリスにおけるウェズレーの運動に似ている。）

ライプニッツ（クリストフ・B・フランケ画）

ドイツ思想界の最初の巨人といえるのがゴットフリート・ヴィルヘルム・ライプニッツ（1646-1716）である。彼は、微分計算を発明した数学者であり、物理学者であり、とりわけ哲学者でもあるという《万能の人》で、有名な『単子論Monadologie』を著して、存在それぞれが全宇宙を包含する不可分の統合体であるとし、身体と魂、精神と物質の二元性の問題を解決することができると唱えた。事実、これは真実である。なぜなら、わたしたちは、宇宙を自らの精神のなかで形成した一つのイメージでしか認識しないからである。

カント（作者不詳）

科学的観察それ自体、イメージのなかで行われる。わたしたちは、自分と同様に閉じられた世界のなかにある他のモナードである他者とはいかなるコミュニケーションももたない。では、生命の交流、会話というものが可能なのは、どうしてか？　それは、あらゆるモナードは神によって創造され調律されているからにほかならない。

ライプニッツは、自らが身につけていたのはフランス的教養（culture）であったが、ドイツ的教養の発展の必然性を信じていた。プロイセン王妃ゾフィー＝シャルロッテを説得してベルリン・アカデミーを設立させ、その創設にモーペルテュイ（1698-1759）やヴォルテール（1694-1778）を参加させたのも彼であった。イマニュエル・カント（1724-1804）は、ケーニヒスベルク〔訳注・現在はロシアのカリーニングラード〕で生まれ、ここで学び、生涯をこの小さな町で過ごした。彼は、一度も結婚せず、自分の家と大学を行き来し、散歩したが、きわめて規則正しかったので、ケーニヒスベルクの町の人々は、彼が通るのを見て時計の針を直したほどであった。

カントを目覚めさせたのは、理性の弱点を指摘し「懐疑家douteur」と呼ばれたイギリス人のデーヴィド・ヒューム（1711-1776）であった。カントは哲学の語彙を検証し直し、「人間は事物それ自体を認識することはできない」ことを認めた。ちょうど青い色眼鏡で見れば世界が青く見えるように、われわれは、自分の精神の形を通して万物を見る。——これが、『純粋理性批判』の主旨である。

ドイツ哲学がはっきりと独創的であったのに対し、詩は外国から触発された。フリードリヒ・クロップシュトック（1724-1803）はミルトンの弟子であり、彼の宗教叙事詩『メシアスMessiade』は『失楽園Paradis perdu』に多くを負っている。十八世紀のドイツではシェイクスピアも盛んに読まれた。ゲーテ（1749-1832）の『ヴィルヘルム・マイスターWilhelm Meister』は『ハムレットHamlet』がいかに敬虔に研究されたかを示している。

この時代のドイツの代表的批評家はゴットホルト・レッシング（1729-1781）とヨーハン・フォン・ヘルダー（1744-1803）であるが、レッシングは『ハンブルク演劇論』のなかで、フランス古典劇よりもシェイクスピアを宣揚し、自ら喜劇『ミンナ・フォン・バルンヘルムMinna von Barnhelm』やブルジョワ劇『賢者ナータンNathan der Weise』を書いた。他方、ヘルダーはドイツ民衆詩を研究し、彼の歴史論はゲーテに多大な影響を与えた。

レッシング（アンナ・ロジーナ画）

ゲーテは十八世紀から十九世紀にまたがるドイツ最大の天才である。彼は、一七六〇年ごろに沸き起こり、シェイクスピアを称揚してフランス古典劇の《三単一の法則》〔訳注・「三一致」ともいい、演劇は一日の間（時間）に一か所（場所）で起こる一つの事（筋）を扱うべきであるという理論〉崇拝と宗教的タブーに叛旗を翻した《シュトルム・ウント・ドランクSturm und Drang》運動から影響を受けていた。ある意味で、この前ロマン的な若者たちの運動が生んだ最も重要な成果こそ、ゲーテともう一人の国民的詩人のシラー（1759-1805）を羽ばたかせたことであった。しかし、ゲーテ自身は、いかなる派にも属さない「ヨハン・ヴォルフガング・フォン・ゲーテJohann Wolfgang von Goethe」であり、あらゆる力の源泉というべき《万能の人》であった。

ゲーテは、初期の作品（『ゲッツ・フォン・ベルリヒンゲンGoetz von Berlichingen』『ヴェルテルWerther』『ファウスト第一部Le Premier Faust』）では、情熱的・官能的で、あらゆる規律をはねつける一人の若者である。それが、イタリア滞在（1786）を機に、より清澄な光に満ちた哲学へと導かれる。

ゲーテの人格を形成したもう一つの要素は、シラーとの友情であった。裕福な貴族の生まれであるゲーテ

ゲーテ（ヨーゼフ・スティーラー画）

シラー（アントン・グラフ画）

と違って、シラーは貧しい軍人の息子であった。彼の初期の作品は暴君と戦う人々を扱った劇作品である。彼を貧困から救ったのは、一人のザクセン人ファンと、ついでは、ゲーテの庇護者でもあったザクセン＝ヴァイマール公であった。

このように互いに境遇が異なる二人の親交は、双方に驚くべき実りをもたらした。そのなかで、シラーが生み出した果実が『ヴァレンシュタイン Wallenstein』『メアリー・スチュアート Marie Stuart』『オルレアンの乙女 La Pucelle d'Orléans』『ヴィルヘルム・テル Guillaume Tell』である。ゲーテはシラー亡きあと三十年間生きるが、その人生の第二部は十九世紀に属している。

もっとたくさんの名前を挙げることができるだろうが、ここに挙げた何人かの哲学者や詩人を見ただけでも、もう百年早かったら戦争と地方的暴君たちによって押しつぶされていたであろうから、なおさら注目に値する開花であったことが理解されよう。とくにゲーテは、十九世紀のフランスの若者たちにとっても偉大な師となっていく。

ドイツは、音楽の分野でも最先端を行っていた。

ドイツ音楽のために新しい時代を拓いたのがバッハである。バッハ家は五代にわたって十三人の作曲家を出した宮廷音楽家の家系であるが、そのなかで最も傑出しているのがヨーハン・ゼバスティアン・バッハ（1685-1750）である。同年代の人であるヘンデルがドイツの外に出て世界を発見した〔訳注・イタリアで学び、ハノーファー公に仕えて、公がイギリス王になったのに従ってイギリスに帰化した〕のに対し、バッハは《ブランデンブルク楽団 Concertos brandebourgeois》のなかでプロイセン信仰告白曲を作った。しかし、そのなか

バッハ（エリアス・ハウスマン画）

でイタリアの新しい音楽も修得し、各地の宮廷を遍歴して、一七二三年にはライプツィヒに落ち着き、その聖トマス教会のためにオルガン曲や管弦楽曲、合唱曲など宗教的作品を作りながら、ここで余生を過ごした。

バッハは、生前から即興演奏家として名声を博していたが、作曲したものの多くは知られないままであったのを、モーツァルト（1756-1791）がライプツィヒに来たとき、彼の《モテトmotet》〔訳注・聖書の詩篇などを歌詞にした声楽曲〕を聴いて感激したことから注目されるようになったのだった。とくにバッハの天才が広く知られるようになったのは十九世紀に入ってからで、『マタイ伝受難曲』が初めて演奏されたのは、一八二九年、メンデルスゾーンによってである。こんにちでは、『ロ短調ミサ曲』、たくさんの教会用カンタータ、また、さまざまな楽器のために作られたバッハの作品は、その多様性と豊かさ、崇高さ、偉大さのゆえに、それぞれのジャンルで欠かせないものとなっている。

ドイツでは音楽的才能は王侯の宮廷の支援を必要としたのに対し、オーストリアでは民衆の魂のなかに深く根を張っていた。プロイセンでは二拍子の行進曲が発展したのに対し、オーストリアの音楽の基本は三拍子のリズムのメロディーである。ザルツブルクの近くで生まれたモーツァルト（1756-1791）は、幼くして天分を注目され、彼が生み出した軽快でありながら魅惑的な深みをもつ作品は、いまも色褪せることなく世界の人々を魅了している。彼は、『Cosi fan tutte（女はみんなこうしたもの）』『フィガロの結婚』『ドン・ジョ

ベートーヴェン（J・K・シュティラー画）

モーツァルト（バーバラ・クラフト画）

バンニ』といったイタリア・オペラを作る一方で、ドイツ最初の歌劇『魔笛』を書いた。

ベートーヴェン（1770-1827）は、長じてからの人生の大部分をウィーンで過ごしたが、生まれたのはボンで、若いころは宮廷音楽士（Hofmusikus）であった。モーツァルトの死の一年後にウィーンにやってきた彼がここで見出したのは、貴族階級あげての音楽熱であった。ベートーヴェンはフランス革命に感化されて共和主義者となり、とりわけ自由主義的理想に傾倒し、自由への渇仰と熱情に溢れる作品を生み出した。難聴という障碍に苦しめられつつも、偉大な作品を生み出しつづけ、恐らく世界じゅうで、そして時代を超えて最も偉大な音楽芸術家となった。その膨大な作品のなかでも頂点を画している九つの交響曲の第九番目は、シラーの『歓喜の歌』を主題にしたもので、ベートーヴェンとシラーのこの協演、そして、この二人に対するゲーテの友情は、この時代を、ドイツ精神史上の最も高貴な瞬間たらしめている。

第五章　政治革命の時代

ポーランドの悲劇

ロシアとプロイセン、オーストリアが、意地穢く領土を争い合い混乱を深めた時代に、この三国が合意に達したのが、不幸なポーランドを互いの間で分け合うことであった。ポーランドは、国土は広大だが、人口密度は希薄で、きわめて脆弱な国に見えた。王権は世襲ではないので、これまでの王が亡くなるたびに王位継承戦争が始まる恐れがあった。ラジウィル、サングスコ、チャトリスキー、ポトツキー、ポニアトフスキーそのほか強大な貴族たちが割拠し、王の意のままには従わないことを誇りにしていた。農民たちは農奴のままであった。そのうえ、ポーランドの国は、ドイツ人、スラヴ人、さらにかなりの数のユダヤ人を含み、民族的・宗教的亀裂を抱えていた。このように無秩序で調和しあっていなかったことが、隣接する強国の餌食にされてしまうという結果を招いたのである。

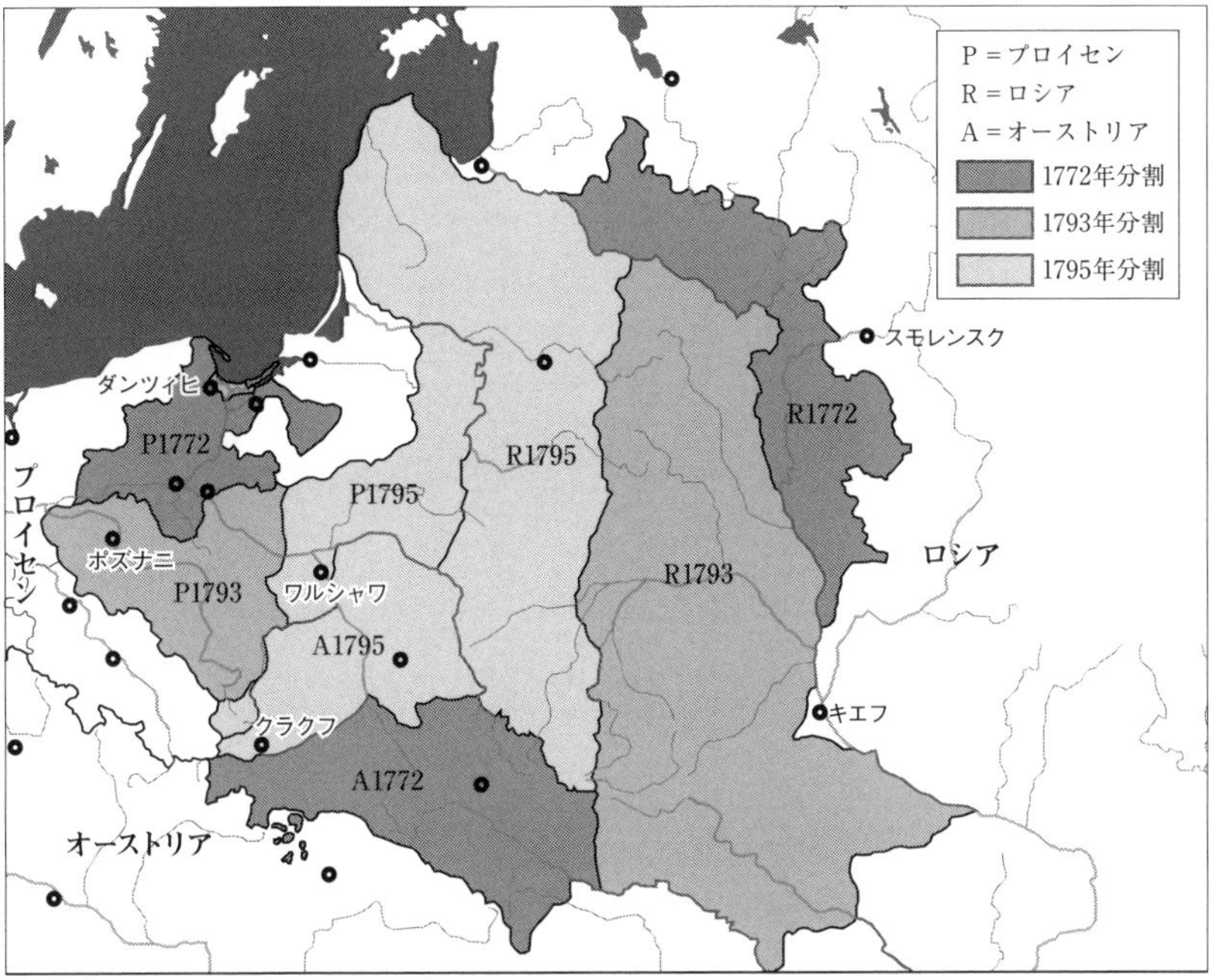

プロイセン、ロシア、オーストリアの列強は1772、1793、1795年の三次にわたってポーランドを分割し併呑した

一七六四年までポーランドに君臨したアウグスト三世（1733-1764）は、ザクセン選帝侯であるが、彼をポーランドに押しつけたのはオーストリアとロシアであった。アウグスト三世のあとは、ロシアの女帝エカテリーナの寵臣であったポニアトフスキー伯の息子、スタニスワフ・ポニアトフスキー（1764-1795）が選ばれた。しかし、ポーランド貴族階級がこれに抗議して蜂起したので、ロシアは軍隊をポーランドに進入させ、このためポーランドがロシアのものになるのを恐れたプロイセンとオーストリアが介入する事態となった。そこで、平和的解決策として、プロイセンのフリードリヒ二世が提案したのが、ポーランドを互いのあいだで分割することであった。

戦わずして領土を拡大するこの提案に、ロシアのエカテリーナ二世は直ちに乗った。

信仰心の篤いオーストリアのマリア＝テレジアは、さすがにこの強盗まがいのやり方には躊躇したが、ほかの強国がやるのなら自分の国も遠慮することはないと考え直した。結局、オーストリアはガリツィア〔訳注・オーストリアに接するポーランド南西部〕を手に入れ、フリードリヒはダンツィヒとトルニを除く東西プロイセンとエルムランド司教領とネッツェ（ポーランド名をノテチという）を獲得した。〔訳注・もとよりロシアも自分に近い部分を削り取っている。〕スタニスワフ二世が統治したのは、こうして切り取られた残りのポーランドの僅かな土地であった。

しかも、これは第一次分割に過ぎなかった。この隣接する大国の暴虐に、ポーランド貴族たちは祖国改革の必要性をいやでも迫られ、以後、一種英雄的なエネルギーを、そのために注ぎ、一七九一年には、王政の世襲と強権発動が決議された。この愛国主義の昂揚に不安を抱いたロシアのエカテリーナは、「これは革命である」として、秩序回復を口実に軍隊をポーランドに進駐させた。プロイセンもこれに同調した結果、一七九三年、第二次ポーランド分割が行われた。これによって、プロイセンはダンツィヒ、トルニ、ポズナニ、カリッシュを獲得。ロシアは一七七二年のとき取り損ねたリトアニア、ヴォルイニ、ポドリアを手に入れた。

この再度の分割にポーランド民衆が蜂起した。このときポーランドのレジスタンスを指揮したアメリカ独立戦争の英雄、タデウス・コシチューシコ（1746-1817）は幾つかの戦闘で勝利し、ワルシャワを解放したが、一七九四年、マチェオヴィッチェの戦いでプロイセンとロシアの圧倒的軍事力の前に破れ、負傷してロシアの捕虜になり、サンクト・ペテルブルグのペトロパブロフスク要塞に収容される。〔訳注・コシチューシコは、その後一七九六年、エカテリーナの死によって特赦され、アメリカを訪れたあと、フランスに戻り、ウィー

ン会議のときはロシアのアレクサンドル一世と会談したが、彼の理想は受け入れられなかった。晩年はスイスで過ごした。〕

ポーランドは、このあと一七九五年に第三次分割に遇う。ワルシャワやマゾフィシェ、新シュレージエン〔訳注・クラクフの北〕はプロイセンのものになり、クラクフ、ルブリン、ラドムはオーストリアに、残りはロシアに併合されて、スタニスワフ二世は退位し、ポーランドは一時的に地図のうえから消滅した。〔訳注・このあと、一八〇七年にナポレオンによってワルシャワ大公国として復活し、一八一五年、ウィーン会議でポーランド王国となるが、ロシアによる支配は変わらず、一八三〇年には軍と市民が蜂起してロシア軍を排除し臨時政府を樹立したが、翌年には、ワルシャワがロシア軍に制圧され、ポーランドはロシア帝国に併合された。ポーランドが国家として復活するのは第一次世界大戦後である。〕

このポーランド消滅のために、ドイツで敵対しあったプロイセンとオーストリアという二つの強国が手を結んだことは興味深い。

フランス革命

「十八世紀英国史の最も重大な事件はバスティーユ攻撃である」と述べた人がいるが、「英国史」を「ドイツ史」と置き換えても、これが真理であることに変わりはない。なぜなら、フランス大革命に伴う戦争とナポレオン帝国（これ自体、「長靴を穿いた革命Révolution botté」と呼ばれた。長靴とは軍人の象徴）が起こした戦争によってドイツは、その構造も制度も理念もフランスのそれとは全く別物であったが、根底から変えられたからである。

革命前のフランスでは、絶対王制のもと、すべての決定は王とその大臣たちによって下された。貴族たちは地方にある自分の領地には住まず、領主権もほとんど行使することなく、ヴェルサイユの宮廷で、相続財産と王から下される手当によって生活していた。都市では勤勉なブルジョワジーが次第に台頭し、貴族の特権に対して日常的に怒りを募らせた。こうして、新しい思想運動のなかで、旧来のものに対する人々の敬意や尊重心は蝕まれていった。この反抗精神の予兆であるとともに、それを掻き立てたのがボーマルシェの『フィガロの結婚Le Mariage de Figaro』である。

「あなたは殿様ですから自信をおもちでしょうが、わたしは、しがないケチな野郎でございます！」

フランスでは、王は、ルイ十四世のように尊大であったら、まだ尊敬されただろうが、ルイ十五世は、その知性にもかかわらず、放縦さで衝撃を与え、ルイ十六世にいたっては、誠実かつ貞潔であったが、その気弱さで失望させた。王が司法行政において恣意的に発した封印状lettre de cachet〔訳注・投獄や追放を命じた令状〕は、明らかに新思想とは相容れなかった。ヴォルテールは、青年時代、オルレアン公を風刺する詩を作ったと疑われ、裁判ぬきでバスティーユに放り込まれたことから、その友人である百科全書家たちと協力して無信仰世代を育成した。ブルジョワたちは、その本性からして保守的であったにもかかわらず、ヴォルテールたちの天分とその胸中の遺恨によって、心ならずも革命のほうへ引っ張られていったのである。

旧体制への抵抗の土壌が準備されていったのは、英国的自由がより多くの人々に知られるようになったこととともに、とりわけフランスが勝利に寄与したアメリカ合衆国の独立戦争の影響による。このアメリカ独立戦争では、ラ・ファイエット、ノアイユ、ブリオンなど多くの若いフランス貴族たちが戦い、共和国実現の可能性を自分の目で確認し、司令官のジョージ・ワシントンを称賛した。他方で、フランス王政府は財政的に行き詰まり、国庫を補充するために名士会notables〔訳注・アンシャン・レジーム下で招集された諮問会議〕を開き、やがては三部会États générauxを召集せざるをえなくなる。これは、絶対王制への弔鐘であった。《人間の諸権利Droits de l'Homme》は、すでに一七七六年に大西洋の向こうでは高らかに宣言されていたが、ラ・ファイエットはフランス版の『人間および市民の諸権利』を起草した。

〔訳注・アメリカでは一七七六年に『ヴァージニア権利章典』が成立。このアメリカ独立戦争に参加したラ・ファイエットが、バスティーユ事件の直後、パリ国民軍司令官に指名されるとともに、起草したのがフランス人権宣言である。〕

一七八九年七月十四日、もともとは防塞だったが、牢獄として民衆に対する抑圧の象徴であったバスティーユが憤った何百人かの市民によって攻略され、城塞司令官、市長など何人かが首を斬られた。大革命が始まったのである。

〔訳注・バスティーユ攻撃の動機については、本書では説明されていないが、重い税負担が不公平に市民の上にかかったこと、不作が続いて飢饉が進行していたこと、アメリカ独立を見て、自分たちは、なぜいつまでも苦しめられなければならないのかという不満が高まったことなどが相乗したことにあると考えられている。〕

ヴィジェ＝ルブラン《薔薇を持つマリー・アントワネット》（ヴェルサイユ宮殿美術館蔵）

では、フランス革命はドイツではどのように迎えられただろうか？　啓蒙君主をもって任じていたオーストリア皇帝ヨーゼフ二世とプロイセン王は、フランスの革命哲学の原理は、自分たちの王国に適用できると主張した。もとより、両国とも民主的政体とは似ても似つかなかったが、自らを「国家の第一の奉公人」と称していたプロイセン王は、「朕はすなわち国家なり l'État,c'est moi」と豪語したルイ十四世とは、少なくとも言葉のうえでは隔たっていた。

ルイ十六世はオーストリアの女帝、マリア＝テレジアの娘、マリー・アントワネットと結婚していた。ヨーゼフ二世はこの気弱なフランスの義弟のところへやってきたとき、野放図な絶対王制のはらむ危険性について目を開かせようと試みたが、近づいている嵐にも気づかないこの軽薄な宮廷の無頓着と先見の明のなさに愕然としたほどであった。

バスティーユの陥落とともに、荒々しく恐ろしい出来事の連鎖が始まった。当初、《自由Liberté》と《平等Égalité》、《博愛Fraternité》の革命の大理念はドイツ人たちにも希望を約束してくれるものと映った。彼らは、フランスで始まった事を好意的に受け止め、耳に入ってくるような流血の惨事を、すぐには信じようとしなかった。しかし、それに続いてもたらされた情報は、心穏やかならざるものであった。

《長靴を穿いた革命》

フランス革命に対するドイツ人たちの態度は急速に変化した。はじめのうち、ライン流域地方の人々も、フランスにおける自由主義の成功を歓迎した。フランス革命の中枢である国民会議（Assemblée national）は、封建領主や聖職貴族のあらゆる特権を廃止するやり方を、当時フランスの一部になっていたドイツ諸都市に広げた。アルザスに土地を持っていた君侯たちは、アシニャ紙幣〔訳注・革命で没収された聖職者の財産を担保として発行された不換紙幣〕や国有財産で賠償してもらえるはずであった。しかし、まもなく、これは彼らにとって不利であることがわかり、レーゲンスブルクの帝国議会には、マインツ、トリーア、ケルンの選帝侯、ヴュルツブルク公、ツヴァイブリュッケン＝ビルケンフェルト公、ヘッセン＝ダルムシュタット方伯、バーデン辺境伯といった人々が不満をぶちまけにやってきた。

ベルリンもウィーンも、フランスが分裂状態に陥っていることを喜んだが、フランス王政に対する攻撃を承認することはできなかった。ウィーンでは、一七九〇年にヨーゼフ二世が跡継ぎを儲けないまま亡くなり、弟でマリー・アントワネットにとって二番目の兄であるレオポルト二世（1747-1792）が引き継いだ。彼は、ドイツ諸侯たちに、一人の王が民衆によって幽閉されている事態を黙視しないよう懇願した。フリードリヒ大王の甥で一七八六年に跡を継いだプロイセン王フリードリヒ＝ヴィルヘルム二世（1744-1797）は放縦で嫉妬深く、オーストリア嫌いの変人で、これが当初、フランスに対し共同行動をとることを妨げた。

しかし、一七九一年八月、ピルニッツで、レオポルト二世は、このプロイセン王を説得することに成功し、危機に陥っているフランスの親族のために共同してフランス革命に干渉することで合意した。ところが、レオポルト二世自身が翌一七九二年に四十五歳で急死し、息子のフランツ二世（1768-1835）が跡を継いで神聖ローマ帝国の最後の皇帝となった。彼は、たしかに善意の人で、自らを「国民の代理 délégué」と称し、国民のためにいかなる労苦も引き受ける覚悟でいたが、二十四歳の若者で、政治的経験も積んでいなかったから、大臣たちのいいなりであった。また、オーストリアもプロイセンも、革命の余波が自国に及ぶのを防止するためにも、フランス革命政府に戦争をしかけることにやぶさかでなかったが、亡命フランス人たちの影響を受けて、無秩序状態に陥っているフランスとの戦いなど、ピクニックのようなものだろうと高をくくっていた。

普墺同盟軍の指揮を執ったブラウンシュヴァイク公は、開戦にあたって、フランスに対し、ルイ十六世を復位させるよう命じる声明を出した。これがフランス人たちの神経を逆なでし、怒りを掻き立てた。一七九二年八月十日、群衆がテュイルリー宮殿に押し寄せたため、国王は国民議会に保護を求めなければならなかった。九月、プロイセン軍とフランス共和軍がヴァルミー〔訳注・フランス東北部〕で交戦し、プロイセン軍は敗北を喫した。これは、大規模な戦いではなかったが、フランス共和政府の力を示し、その後のめざましい成功への幕開けとなった。ライン中流域の諸都市は次々と勢いづいたフランス軍の手に落ち、オーストリア軍もベルギーから撤兵せざるをえなくなった。一七九三年一月二十一日、国王ルイ十六世はギロチンにかけられた。〔訳注・王妃マリー＝アントワネットも、同じ年の十月十六日に処刑される。〕

オーストリア＝プロイセン連合には、イギリス、オランダ、スペイン、ポルトガル、両シチリアも加わったが、プロイセンは国王フリードリヒ＝ヴィルヘルム二世がポーランド分割問題に夢中で、フランスに立ち向かう兵力は四万五〇〇〇しか残っていなかった。しかも彼は、一七九五年には、ロベスピエール亡き後の、より穏健になったフランス政府と個別の条約を結び、ほかの君主たちもこれに倣ったため、オーストリアの神聖ローマ帝国とプロイセンのドイツ同盟諸国は、両方とも分裂してしまった。プロイセンはライン左岸をフランスに譲ったうえ、右岸についても、聖職財産を世俗化することによってフランスに賠償金を支払う秘密条約を結んだ。

このバーゼル条約で戦争が終結したわけではなかった。オーストリアは、イギリスと組んで反ジャコバン戦争を続け、一時は皇帝の弟のカール大公がフランス軍をラインの対岸へ押し戻した。しかし、イタリアでは、フランス軍はボナパルトと呼ばれる若い将軍のもと勝利を重ね、ミラノでは彼によって共和政府が樹立された。ボナパルトは北イタリアのアルコレとリヴォリで勝利を収め、さらに東のカリンティアとシュタイアーマルクを征圧したので、オーストリアはカンポ＝フォルミノで講和条約を結ばなければならなくなる(1797)。この講和によって皇帝フランツ二世は、なんとかヴェネツィアは確保したものの、ロンバルディア共和国樹立を承認せざるをえなかった。このとき、オーストリアは、ザルツブルクとバイエルンの一部を獲得する代わりに、フランスがライン左岸を併合する秘密条約を結んでいる。

このように、さまざまな譲歩のために錯綜してきたので、ヨーロッパの新しい地図を確定するため、ラシュタットで会議が開かれたが、これは、互いの腹の探り合いであった。ボナパルトは、何日かしかいなかったが、彼だけが自分の意見を率直に披瀝した。このとき彼は、オーストリアとプロイセンの縮小と小国の優遇を求める一方、フランスのためにラインラントの支配権を要求している。これは、リシュリュー以来のフランス王制の古典的政策であった。ラシュタット会議は一七九七年から二年間、だらだら続いたあげく、フランスに対する第二次同盟が結成されるに及んで挫折し解散した。

この対仏第二次同盟の主導者は、イギリス首相小ピット（1759-1806）である。彼はロシアのパーヴェル一世、オーストリア、ポルトガル、両シチリア、トルコと組んで、ヨーロッパの大部分がフランスの勢力下に組み込まれようとしているのを、なんとしても阻止しようとした。ボナパルトは、オランダにバタヴィア共和国〔訳注・これは古代ゲルマンの部族の名を引き継いだもの〕、ミラノやモデナ、フェラーラ、ボローニャを纏めたチサルピナ共和国、ジェノヴァを中心とするリグリア共和国、教皇領を取り込んだローマ共和国、スイスのヘルヴェティア共和国、ナポリにはパルテノペ共和国といった具合に、フランス式の共和国群で覆い尽くそうとしていた。すでにボナパルトによって達成されているものもあれば、進行中のものもあった。加えて、ボナパルトは総裁政府の同意を得てエジプト戦争を企て、イギリスとインドとの連絡を脅かそうとしていた。

当初は、陸上でも海上でも同盟側が勝利を収めた。しかし、ロシアのパーヴェルが対仏大同盟から離脱（一七九九年十月）し、それと前後して、ボナパルトがエジプト遠征から帰ってくると、形勢は逆転する。ボナパルトは、ブリュメール十八日（一七九九年十一月九日）のクーデタによって権力を掌握し第一統領となるや、つづいてイタリアのマレンゴで勝利（1800.6.14）を収める。その一方で、バイエルンでは将軍のモロー（1761-1813）が勝利（1800.12.3）し、オーストリアはカンポ＝フォルミオ条約の確認であるリュネヴィル条約に署名するよう迫られた。ボナパルトは無駄な会議にかかずらっていなかった。彼は大臣のタレーランとともに自ら領土の分割と賠償金を決定した。

一八〇三年、ドイツでは、帝国議会を縮小した帝国代表者会議（Reichsdeputation）が開催され、これらの決定事項が承認され、ドイツを構成するたくさんの小国家は、帝国直属ではなく、まず大型領邦に従属し、そのもとで「間接支配地化 médiatisé」されることになった。これによって、公国のなかには、それまでの飛び地を失うものも出たが、そうした公国には、代償として教会領と幾つかの自由都市が与えられた。その結果、公国の幾つか（プロイセン、バーデン、ヘッセン＝ダルムシュタット）は、失った以上のものを得たが、トリーア、ケルンは選帝侯の権利を失い、代わってヴュルテンベルク、バーデン、ヘッセン＝カッセル、ザルツブルクが加わって、選帝侯国の数は十になった。ボナパルトがドイツを改編した目的は、フランスにとって便利に利用できる小国を優遇することであったが、期せずして、それがドイツに有利に寄与することになるのだが、それについては後に述べよう。

一八〇四年、ボナパルトはナポレオン一世としてフランス皇帝となり、パリのノートル・ダムで教皇ピウス七世によって聖別を受けた後、カール大帝ゆかりのアーヘンを訪れて「新しいシャルルマーニュ」として群衆の歓呼を浴び、マインツに席を移すと、ここで君侯たちの表敬挨拶を受けた。神聖ローマ帝国が放棄した役割をナポレオンが引き継ぎ、これまでの神聖ローマ皇帝であるハプスブルクのフランツ二世は、ドイツの選帝侯の称号を維持しつつ、オーストリアの世襲皇帝という称号を帯びることとなる。

フランス帝国の樹立は、イギリスとロシアをひどく不安に陥れた。ロシアでは、パーヴェルが一八〇一年に暗殺され、新しいツァー（tsar）としてアレクサンドル一世（1777-1825）が即位したばかりであった。

一八〇五年、イギリスとロシアはオーストリアを巻き込んで第三次対仏同盟を作るが、ドイツの領邦国家群、とくにバーデンやヴュルテンベルクなどは、《フランス的理念》にかなり感化されていたし、ナポレオンに対し恐怖心を抱いていたので、フランス側に就いた。

両者の勝敗は、一八〇五年十二月二日、アウステルリッツの戦いで決着した。三人の皇帝が関わったので《三帝会戦 bataille des Trois Empereurs》と呼ばれたこの戦いにより、ナポレオンの優勢が確定し、オーストリアはまたも和平を求め、ロシア人たちは戦いを放棄はしなかったが後退していった。フランスとオーストリアの間で結ばれたプレスブルク〔訳注・チェコのブラティスラヴァ〕の条約で、ハプスブルク家はオーストリア以外の領土をバイエルンとバーデン、ヴュルテンベルクに割譲させられ、バイエルンとヴュルテンベルクは王国に格上げになり、ナポレオンはイタリア王を兼ねることとなった。オーストリア自身は、ザルツブルクとベルヒテスガーデンを獲得した。

プロイセンのフリードリヒ＝ヴィルヘルム三世は、この戦争では中立を守った。プロイセンは、ほかの中立国が被ったナポレオンによる蹂躙を免れたが、この英雄の勢いにはすっかり怖じ気づき、その後、戦争については ナポレオンの顔色をうかがうにいたる。領土の幾つかも放棄してバイエルンとフランスに譲渡し、その代わりに、イギリス王家の出身領地であるハノーファーを取得した。〔訳注・イギリスではスチュアート家が途絶えたので、一七一四年、ハノーファー選帝侯エルンスト・アウグストの息子をジョージ一世として王に迎えたのであった。〕こうして、プロイセンとイギリスの関係は決裂し、イギリスの船はプロイセンの港から締め出され、イギリスも直ちにプロイセンに宣戦を布告してプロイセンの商船を片っ端から攻撃・破壊した。

ナポレオンによるドイツ再編は、一八〇六年、パリ条約によって完了し、フランスの庇護下に組織された《ライン連邦 Confédération du Rhin,Rheinbunt》には、南ドイツと西ドイツの十六の諸邦が神聖ローマ帝国から離脱して加わったうえ、その後、プロイセンとオーストリア、ブラウンシュヴァイク、ヘッセンを除く、ドイツの全領邦が包含されることとなり、レーゲンスブルクで開かれた会議において、「ドイツ帝国との結合を全面的に拒絶することこそ名誉と正義に適っている」との宣言が行われた。この事態に対し、神聖帝国皇帝フランツ二世は、一八〇六年八月、「神聖ローマ帝国は存在を停止した」と宣言。一千年以上続いた古い機構は、新しい理念とナポレオンの軍事的天才の前に屈服し、ただ、オーストリア帝国として存続することとなる。

結論するに、ナポレオンはドイツを支配しやすくするために簡素化したのであったが、それによって、意図せずしてドイツ統一への道筋をつけ、将来のフランスのために難問を準備したのであった。人間の知恵は、いかに偉大な人物のそれであっても、ときとして、何百年という尺度で見ると、短見になってしまうことがある。

プロイセンとオーストリアの改革

ライン連邦の結成と神聖帝国の消滅は、プロイセン王にとってはドイツ連邦の首長になる希望が具体化しつつあるということであり、ひそかに歓迎するところであった。他方、ナポレオンが意図したのは、プロイセンの中立性を確保するためであって、ドイツ連邦の首長にプロイセンを据えるなどという気はさらさらな

ベルリンの王宮でドイツ諸侯たちの表敬を受けるナポレオン。右端手前の人物が差し出しているのはフリードリヒ大王の遺品（ルネ・テオドール・ベルトン画）

く、彼の考えにあったのは、ドイツ連邦の首長には自分の一族の誰かを据えることであった。すでに弟のジェロームはヴュルテンベルクの公女カタリーナと結婚していたし、継子のウジェーヌ・ド・ボアルネ〔訳注・最初の妻、ジョゼフィーヌの連れ子〕は、バイエルン王の娘婿になっていた。

彼にとって残っていた課題は、一歩も譲ろうとしないイギリスであった。ナポレオンは、イギリスの気を惹くために、前述したようにすでにプロイセンに与えていたハノーファーをちらつかせた。忍従していたプロイセンも、これには激昂し、ナポレオンに最後通告を送った。しかし、これは、ナポレオンにとっては待っていたことであった。プロイセンを叩きつぶすチャンスがようやく到来したのである。一八〇六年、彼はイエナでプロイセン軍を破り、将軍のダヴーもアウエルシュテットでプロイセン軍を圧倒した。ナポレオンは勝者としてベルリンのポツダム宮殿に入り、このベルリンから大陸封鎖を指令した。大陸諸国を結束させるとともにイギリスを苦しめることが目的であった。しかし、イギリスを完全に孤立させるには、ロシアにも歩調を合わさせる必要があったが、ロシアはそれを拒絶した。

結局、アイラウ〔訳注・ドイツ北東部、ケーニヒスベルク近く〕の激戦とフリートラント〔訳注・アイラウのさらに東〕会戦の勝利ののち、ナポレオンはティルジットでロシア皇帝と会見。まだ若いアレクサンドル一世は、ナポレオンの見事な知性にすっかり幻惑されたようであった。このティルジット条約でプロイセンはポーランドにおける領土を失い、ポーランドは蒼白い模造品であるワルシャワ大公国として再生される。プロイセンのエルベ以西の領土はヴェストファーレン王国となって、ナポレオンの弟、ジェローム・ボナパルトに与えられた。ザクセン選帝侯はザクセン王に格上げされ、ワルシャワ大公国を与えられた。

こうして、ドイツもフランス皇帝を絶対的君主と仰ぐにいたった。こうして実現したナポレオンの《新しいカロリング帝国》はライン連邦の軍事力と財力を意のままにし、ドイツ人兵士たちはナポレオンの《大陸軍Grande Armée》の一部となって、その後、スペイン、イタリア、ポーランドにおける戦争に駆り出された。裁判権、軍隊、財政なども、すべてフランスをモデルに改変され、古い公国は近代的世界のなかに組み入れられた。ナポレオンの覇権はドイツ史のなかでは一つの辛いエピソードであったが、この国にとっては、近代化のために必要な《洗濯nettoyage》であり、それなりに有益であった。百二十余りあった小国家間の関税は撤廃され、ドイツ産業の進展が促進された。ただし、沿海諸都市にとっては大陸封鎖は凋落の一因になった。

プロイセンもオーストリアも独立は維持したが、いずれも内部に改革の必要性を抱えていた。フランス革命は、そこに《ナショナリズム》という一つの新しい感情と《国民軍armée nationale》という新しい手法の誕生をもたらした。
プロイセンでは、ティルジット条約（1807）から一八一三年〔訳注・プロイセンが諸国民解放戦争と称してフランスに宣戦を布告〕までの年月が政治的・軍事的改革期となった。プロイセンの宰相、シュタイン男爵は一八〇七年には農奴を解放し、一八〇八年には都市ブルジョワの自治を認め、「啓蒙の友ami des lumières」と呼ばれた。プロイセンの軍隊は、シャルンホルスト、グナイゼナウ、ブリュヒャー、ヨルクといった優れた将軍やクラウゼヴィッツといった偉大な作戦家によって根本的に改革され、徴兵制の迅速なローテーションのおかげで、訓練された兵員の予備が生まれ、その一方で、フィヒテの哲学は、ドイツ的美徳を高揚することによって愛国心を目覚めさせた。
オーストリアの場合は、ドイツ人やハンガリー人、チェコ人など多民族から成っているため、改革はずっと困難であったが、それでも、カール大公は、国土防衛軍を創設し、軍備強化を加速した。オーストリアは自分の時を待った。一八〇八年、ナポレオンはエールフルトでドイツの四人の王〔ザクセン、バイエルン、ヴェストファーレン、ヴュルテンベルク〕と三十四人の君侯の表敬を受けた。ゲーテのような人でさえ、すっかりナポレオンに眩惑された。一八〇九年、オーストリアは対フランス戦の準備は完了したと判断。カール大公は軍隊への指針のなかで、こう書いている。

「ヨーロッパの自由は我らが旗の庇護のもとにある。」

真の愛国主義が姿を現した。カール大公とエステのヨハン・フェルディナンドがオーストリア軍を指揮した。当初、ナポレオンは、勝利に勝利を重ねて一八〇九年五月十三日にはウィーンに入城した。しかし、この皇帝の不敗神話は、その八日後、ドナウ河畔のアスペル＝エスリングの戦いでカール大公によってぐらつく。ナポレオン自身、後日、将軍たちの一人に「エスリングでのオーストリア人たちを見ていなかったとすれば、君は何も見ていなかったのだ」と語っている。

もし、このときプロイセンがオーストリアと行動を共にしていたら、どうなったか知れなかった。しかし、フリードリヒ＝ヴィルヘルム三世は、この戦争には関わりたくなかった。自分たちの自由のためにパルチザンになった一介の宿屋の大将、アンドレアス・ヘーファーの指揮のもとに勇敢に戦ったティロルの人々は撃破され、ヘーファーはフランス軍に捕らえられた。軍事裁判では終身禁固という判決であったが、ナポレオンの命令によって銃殺された。オーストリア軍はヴァグラムで敗れ、シェーンブルン条約（1809）によってイリュリア、ガリツィア、ザルツブルク、イン地方〔訳注・スイスのサンモリッツ、オーストリアのインスブルックを中心とする地域〕を失った。

パリ駐在オーストリア大使のメッテルニヒは、母国政府に対し、フランスとの関係については慎重な政策を採るよう助言していた。もしオーストリア皇帝が、この助言に従って柔軟さを示していなかったら、ナポレオンによって牢獄に入れられた教皇ピウス七世の二の舞になっていたであろう。〔訳注・ピウス七世はナポレオンの戴冠式のためにパリへ赴いた教皇であったが、その後ナポレオンの侵略政策に反対し一八〇九年から一八一四年まで幽閉された。〕

オーストリア皇帝の柔軟策は、娘のマリー＝ルイズをこの「王位簒奪者 usurpateur」に妻として与えるところまでいった。ナポレオンは、少し前、下積み時代からの糟糠の妻、ジョゼフィーヌを離縁してロシア皇帝の妹と結婚しようとし、これは実現しなかったが、ヨーロッパの名家から妻を迎えたいという野望は消えていなかった。一八一一年三月二十日、マリー＝ルイズは男児を出産。この子は生まれるや「ローマ王」になり、のちに、ナポレオンが失墜したあとは、母とともにオーストリアに帰り、ライヒシュタット公となっている。

一八一一年ごろがナポレオンの絶頂期であった。ドレスデンの会議には、ライン連邦の君侯たちだけでなく、プロイセン王とオーストリア皇帝も表敬のためにやってきた。なおも大陸封鎖に同調するのを拒んでいるロシアを懲らしめるために無謀にも行われたのがロシア遠征であった。この遠征のために二〇万のドイツ人を含む六〇万の大軍が動員されたが、ナポレオンの《大陸軍 Grande Armée》は、モスクワを占領するところまでいったものの、モスクワは大火で焼失し、軍はロシア軍の追撃と雪と寒気と飢えに苦しめられて壊滅し、生きて帰ることができたのは僅かであった。ナポレオンは、新しい軍勢を徴募するために大急ぎでパリに戻ったが、栄光の時期はすでに去っていた。あらゆる征服者は、ほどよいところでとどまることを知らなければ、抵抗に遇って打ち負かされるのである。

解放戦争

ナポレオンのロシア遠征失敗によって、プロイセンに鬱積していた力が解放された。プロイセンのハンス・ダヴィッド・ヨルク将軍は、ナポレオン軍の一師団を指揮していたがロシア側に寝返った。国民的自覚の芽生えは、学生や作家など広く民衆にわたったが、とくに軍人の間で顕著であった。というのは、かつてフリードリヒ二世の時代には二〇万の職業軍人がいたが、ナポレオンはティルジット条約でこれを四万二〇〇〇に減らさせた。これが、ナポレオンに不利に働いた。突然職を失ったプロイセンの将校たちが、ナポレオンに対し激しい憎しみを抱き、《愛国者》が急増したからである。

著述家であり体育による身体と精神の鍛錬を唱え「ギムナジウムの父」と呼ばれたフリードリヒ＝ルートヴィヒ・ヤーンは、民衆自身の戦闘能力強化を訴えた。軍隊再編委員会を主宰していたシャルンホルストは、国土防衛軍はいつでも編成できると確信していた。このとき初めて実行された新兵の徴集、定期的訓練は、いまも各国で適用されている。

一八一二年以後の時代精神を見ていれば、その後のプロイセンの勃興は容易に予見できたであろう。集団的蜂起の核になったのが、リュッツォー（1782-1834）の義勇兵団である。フリードリヒ＝ヴィルヘルム三世は精力的に愛国心を呼びかけた。そうした義勇兵団を財政的に支えるための募金が国民のなかから自主的に行われ、詩人たちは彼らを讃える詩を書いた。しかし、プロイセンを除くドイツ諸邦は、まだ予備役の段階にとどまっていたし、とりわけライン連邦は、ナポレオンの運が尽きたなどとは思ってもいなかった。オーストリアは自信喪失し、行動をためらった。皇帝フランツ二世は娘婿（ナポレオン）に気を遣い、娘婿のほうでも、ロシア遠征で留守をしている間、妻のマリー＝ルイズに摂政役を任せるなど、両者の結びつきは消えていなかった。

したがって、ドイツ人たちの解放戦争も、出だしはあまりよくなかった。プロイセン軍はリュッツェン〔訳注・ドレスデンの西〕でナポレオン軍に撃破され、応援に来たロシア軍もバウツェン〔訳注・ライプツィヒの東〕で敗北を喫した。オーストリアが共同歩調を採らなければナポレオンを倒せないのは明白であったが、メッテルニヒはドイツを一つにまとめようという気はなかった。彼は、まだ、オーストリアの後見のもとに弱小国の連合を作ることを夢見ていた。

和平のための交渉〔訳注・一八一三年七月二十八日、フランスと普墺の間で行われた。プラハ会議〕でナポレオンに対して提示された条件は、ライン右岸からの撤退、プロイセンの復活、ワルシャワ大公国の解体、オーストリアがシェーンブルン条約で放棄した領土の回復であった。ナポレオンの過ちは、休戦協定を受け入れて、交渉が決裂した場合のために戦いの準備をする時間をオーストリアに与えたことであった。ナポレオンは「余はいかに死ぬべきかを知っているが、一寸たりとも領土を譲るつもりはない」と言って妥協を拒絶した。生まれながらの君侯たちは何度敗北しても自分の首都に帰ることができるが、ナポレオンにとっては勝利しかなかった。

一八一三年八月十二日、オーストリアがフランスに宣戦を布告。ナポレオンの古くからの将軍でスウェーデンの後継君主〔カール・ヨハン十四世〕になっていたベルナドットはプロイセン側に就いて北ドイツで勝利を勝ち取り、プロイセンの将軍、ブリュヒャーもシュレージエンで勝利する。

他方、ナポレオンはシュヴァルツェンベルク大公が率いるオーストリア軍をドレスデンで痛い目にあわせたが、《諸国民戦争》の決戦である一八一三年十月の十六日から十九日にかけて行われたライプツィヒ会戦では敗北を喫した。このときも、同盟側は、ドイツ、オランダ、イタリアの独立とスペインのハプスブルク家の復活を要求したが、フランスの国境線については、ライン川、アルプス、ピレネーなど元々の自然的国境を尊重する案を提示した。にもかかわらず、オーストリアのメッテルニヒをしてプロイセンの要求に与《くみ》せ

1814年3月、連合国軍がパリに入場しコンコルド広場を行進。画面右から左の方へプロイセン王、オーストリア皇帝、ロシア皇帝が並んで馬を進めている

ざるをえなくし、プロイセンをして全面的勝利を勝ち取るまで戦いつづけさせたのは、ただ、ナポレオンの頑固さであった。

ライプツィヒ会戦のあと、ドイツでは多くの変革が行われた。ライン連邦とヴェストファーレン王国は解体され、オルデンブルクとハノーファーは新たな君主のもとに置かれた。イタリアでは、フランス軍はオーストリア軍によってヴェローナに追い詰められた。オランダ王のオラニエ公ウィレム四世、教皇ピウス七世、トスカーナ公は復位した。

同盟軍は西進を続け、ナポレオンはプロイセンの将軍ブリュヒャー、オーストリア軍のシュヴァルツェンベルクと華々しく戦った。またも、オーストリア皇帝は自分の娘の王冠を救ってやり、フランスに一七九二年の国境線を保障した。ナポレオンは、自分の将軍たちからさえ非難を浴び見捨てられながら、頑固に自分の名誉は守った。一八一四年三月十三日、パリが同盟軍によって占領され、皇帝と最後まで残った忠臣たちはフォンテーヌブローに閉じこもったが、さすがの彼も無条件降伏のやむなきにいたったことを覚る。

タレーランはブルボン家を王座に呼び戻すようロシアのアレクサンドル一世を説得し、四月十一日、ナポレオンは退位する。このフォンテーヌブロー条約で、彼は、エルバ島の臨時君主に過ぎなくなる。マリー＝ルイズはパルマ公国を与えられて、息子たちとともに敗残の夫のもとを去った。しかし、フランスに課せられた和平の条件は穏やかなものであった。これは、フランスの疑わしい王座をブルボン家に保持させるために必要なことだったのである。

ウィーン会議

ヨーロッパの新しい地図を確定するためにウィーンで会議が開かれ、オーストリアとロシアの皇帝たち、各王国の王たち、ドイツ連邦の諸侯、外交官とその補佐官、さらに多くの寄食者、冒険家、売春婦が集まった。メッテルニヒとゲンツ〔訳注・プロイセン生まれだが、オーストリア政府に仕えた〕はオーストリアのために、ハルデンベルク（プロイセン宰相）とヴィルヘルム・フォン・フンボルトはプロイセンのために、ネッセルローデ（ロシアの外交官）はロシアのために、カスルレーはイギリスのために交渉し、教皇ピウス七世は枢機卿コンサルヴィを送った。

会議は一八一四年十一月二日、厳かに開幕。つづいて宴会、仮面舞踏会、橇競走が延々と続き、代表たちが一堂に集まっての会議はついに行われなかった。「会議は踊る。されど進まず」と言ったのはリニュ公

ウィーン会議では全体会議は行われなかったが、ロビー活動が盛んにくりひろげられた

〔訳注・ベルギー出身でオーストリアに仕え、外交使節としてロシアに赴き、エカテリーナに寵愛された。フリードリヒ二世、ルソー、ヴォルテール、ゲーテとも親交を結んだ。1735-1814,12〕である。

たしかに人々は踊り、全体会議は行われなかったが、ロビーでは白熱した議論が交わされた。議論をリードしたのはオーストリアのメッテルニヒとフランスのタレーランの二人であった。フランスは同盟諸国と同じ権利を認められた。メッテルニヒが賢明にも、フランスを侮辱し怒らせると、争いの火種は永遠に消すことはできないと考えたからであった。彼は、勝者にとって大事なのは派手に凱歌をあげることよりも静かに事をおさめるだと弁えていた。

二十三年間にわたる戦争で疲れ果てていたドイツの民衆は、休息を切望していたが、解放戦争を主導した学生や兵士たちはロマンティシズムとナショナリズムに染まり、一つの新しいドイツ帝国を夢見た。彼らに突きつけられた問題は、その帝国を治めるのはオーストリアかそれともプロイセンかという永遠のディレンマであった。タレーランは、ここで一つの巧妙なゲームを演じた。彼は、あくまで無私無欲に、ただ公的正義と合法性についてのみ語った。フンボルトが「公的正義がここで何の役に立つというのか?」と尋ねると、タレーランは「それがあなた方に必要だからだ。われわれフランス人は、一つの村といえども欲していない。われわれが欲しているのは正義だ」と答えた。

〔訳注・タレーランは、いずれの国の王も、自分の王座の正統性を守りたいなら、彼らもフランス王国のそれを容認すべきであると主張し、フランスは賠償金を支払わず、ナポレオンが各地で奪った芸術品も、そのままフランスが保持するという結論を勝ち取った。〕

ロシア皇帝は、このような言葉に苛立った。ポーランドをどうしても欲しかったロシアは、プロイセンにはザクセンを与えることを約束して目的を果たそうとした。この破廉恥な取引は、オーストリアにとっては危険きわまりないものであったから、防止するために、メッテルニヒはタレーランと手を組んだ。タレーランは、この時代に真新しかっただけに強力であった民族自決の原則を楯に、ポーランド人たちの自治権とザクセン王の正当性を主張し、プロイセンとロシアに対抗して一八一五年二月三日、イギリス、オーストリア、フランスの間で秘密条約を締結した。したがって、もしナポレオンがもう少し忍耐力をもっていたら、これらの両者の間で戦争が勃発し、彼にとって有利に展開していたであろう。ロシア皇帝はすでに「怪物を鎖から解き放とう」とまで言っていた。

しかし、一八一五年三月一日、ナポレオンはエルバ島を脱出してフランスに上陸。ブルボン家にうんざりし「何も学ばず、何も忘れなかった」人々〔訳注・タレーランがフランス貴族階級を皮肉って言った言葉で、体験から何も学ばず、過去の栄光を忘れなかった人々との意」に迎えられて、三月二十日、パリに入城。こうして《百日天下Cent-Jours》が始まった。

ナポレオンは、この新しい帝国が平和であることを望んでいたが、ヨーロッパはこの事態の急変に恐怖に包まれ、一致団結した。四つの軍隊が戦列を組んだ。オーストリアのシュヴァルツェンベルクの軍隊、イギリスのウェリントン軍、ロシアのバルクラーイ・デ・トリ軍、プロイセンのブリュヒャー軍である。ナポレオンの計画はブリュッセルに進軍することであった。フランス人たちにとってベルギーを失ったことは最も痛手だったからである。

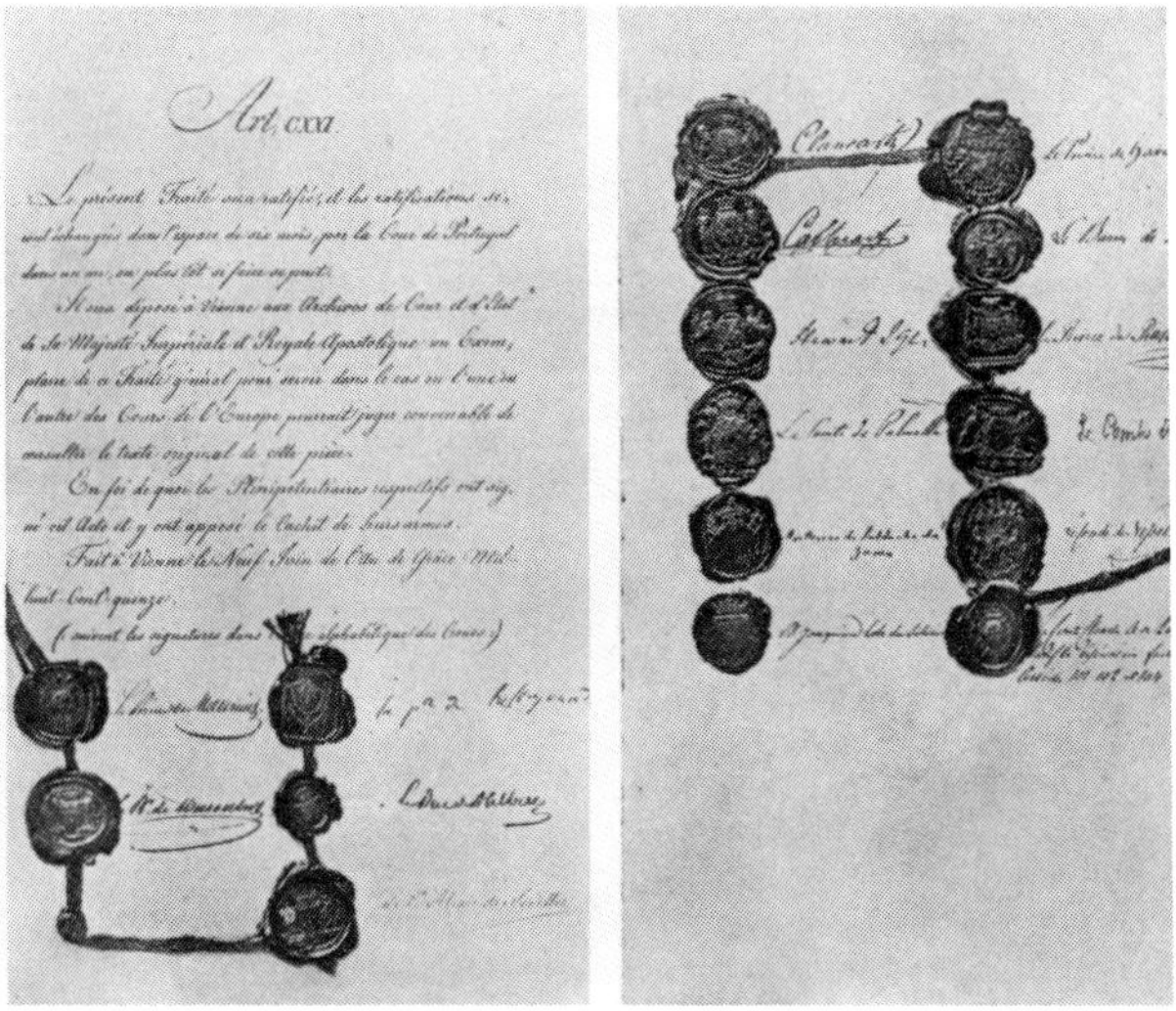
ウィーン会議議定書末尾

その間もウィーン会議は続いていた。最終的に署名が行われたのは一八一五年六月九日である。古くからのドイツ連邦が息を吹き返した。しかし帝国を再建するだけの力はないので、シュタインのような愛国主義者は、ドイツの内外にわたる安全保障と各領邦の独立と不可侵を保障するための連合を樹立することで満足しなければならなかった。ドイツを構成する領邦は三十九に減っていた。かつての神聖帝国を形成していた全領邦にプロイセンとオーストリアが君臨することになったが、東プロイセンは除外された。また、ザクセンは、生き残ったものの分断され、ラインラントとヴェストファーレンはプロイセンに併合された。

一八一六年十一月、フランクフルト・アム・マインで議会が開催され、ドイツ連邦の方向性が確定された。ルクセンブルクについてはオランダ王が、ホルシュタインについてはデンマーク王が、ハノーファーについてはイギリス王が発議権を持った。この会議を主宰したオーストリア皇帝は、イタリアではロンバルディアとヴェネト、ティロル、カリンティア、ガリツィア、トリエステなど古くからの領土を確保した。このフランクフルトの議会は選ばれた代表たちの集まりではなく、領邦の君主たちそれぞれが指名した大使たちの協議会であった。ドイツは、このドイツ連邦の設立をもって、一八四八年三月の《三月革命》で目覚めるまでの「フォルメルツ Vormärz」(「三月革命以前」の意)と呼ばれる時代に入る。

ロシアは部分的にだが、ポーランドについての要求を勝ち取った。ある個人的つながりによってポーランドの一部を併合することができたためで、これがロシアにとって中央ヨーロッパへの勢力拡大の機縁となる。オランダは、それまでのオーストリア領ベルギーを加えて、ネーデルランド王国になり、スウェーデンはノルウェーに併合された。こうして、ウィーン会議の結果、あらゆる古くからの王家が王座に復帰し、教皇領も復活したのであったが、イタリアだけが、メッテルニヒの言葉によると、相変わらず「一つの地理的表現」のままに取り残された。

フランスに関していえば、その運命はワーテルローの戦い(一八一五年六月十八日)で決まる。ナポレオンに運命を託したフランスは結局敗北し、これによってヨーロッパの君主たちとフランス革命の長い戦いがしばらく終わる。ワーテルローの戦いは、巻き込まれた兵士の数でいうと、それほど重大な戦争ではなかったが、生じた結果からいうと、一つの大きなドラマの最後の一幕となった。オーストリア、プロイセン、ロシアの君主たちは再びパリに入り（一八一五年七月十日）、ブルボン家を復位させ、ナポレオンを南大西洋のセント・ヘレナ島に移して「用心深い王たちの監視下に置く」ことで合意した。

一八一五年十一月二十日の第二次パリ条約で、フランスは戦争賠償金を支払うとともに、フランス東部の要塞には五年間、ドイツ人部隊が駐屯することとなった。それ以外のフランスの国土に関しては、一七九二年のではなかったが一七九〇年の国境線が承認された。

〔訳注・一七九〇年は革命の混乱のため、フランスは戦争どころでなく、ベルギーなどをオーストリアに奪われたが、一七九二年には市民軍が態勢を整えて、プロイセン軍やオーストリア軍を打ち破り、南ドイツにまで勢力を拡大した。〕

連合国は互いにあまり信頼し合っていなかったので、ヨーロッパにおける均衡を維持するために、敢えてフランスを大国の列から外すのを躊躇したのである。

神聖同盟と関税同盟

一八一五年には、君主国も、自由主義と革命の攻勢に対する防御態勢を固め、もはや自由と革命の発信源であるフランスの軍事力を恐れなければならない理由はないように見えたし、自国民たちが《フランス的理念》に囚われているのではないかと恐れることもなくなったように思われた。しかし、革命と自由主義が不治の病であることを知っていたメッテルニヒは、ロシア、オーストリア、プロイセンといった思慮深い宮廷間の恒常的協調の必要を感じていた。そこで結成されたのが《神聖同盟Sainte-Alliance》で、これによって上記三人の君主たちは「破れることのない兄弟愛」で結ばれることとなる。ルイ十八世やそのほかのヨーロッパの君主たちも、この《神聖同盟》に賛同した。メッテルニヒは、この同盟はヨーロッパにおけるあらゆる革命に介入し、未然に防ぐ権利を有していると宣言した。

ドイツでは、体育家ヤーン（1778-1852）をはじめ学生、軍人たちも、ウィーン会議の決議にはまったく満足していなかった。彼らの願いは、統一国家ドイツの実現であった。ナポレオン戦争の間に各地で学生同盟が結成されていたが、やがて、全ドイツ人が参加する以外に救いの道はないとの考えから、一八一八年には、《全ドイツ学生総同盟》が樹立される。彼らは、当初、メッテルニヒに幾分かの期待を寄せたが、それはたちまち失望に変わった。

一八一七年十月十八日、ライプツィヒでの諸国民戦争記念式典に呼応して、イエナの学生たちが国内平和とドイツ統一のためにヴァルトブルクで開催した祭典では、招待した全ドイツの学生組合の代表たちによって伍長の杖とメッテルニヒの政策を象徴する人形が焼かれ、反動的な本が焔のなかに放り込まれている。

〔訳注・ナポレオンが「ちびの伍長」と渾名されていたのである。〕

メッテルニヒは、この動きに強圧的に対応した。すでに南ドイツの幾つかの政府は、フランスに支配された時代の影響で、よりリベラルな憲法をもっていたし、プロイセンでも、フリードリヒ＝ヴィルヘルム三世は、シュタインに影響されて、同様の憲法を約束していた。しかし、この憲法は、メッテルニヒが危険視して妨害し、学生たちの過激分子を厳しく弾圧したため、陽の目を見るにいたらなかった。

一八一九年三月二十三日、ロシアのスパイと目された反動的ジャーナリスト、アウグスト・フォン・コツェブーがカール・ザンドなる一学生にマンハイムで刺殺される事件が起きたとき、動揺は頂点に達した。当局は驚き慌て、警戒したが、これは見当違いであった。というのは、憂鬱症による発作的な事件で、なんの政治的背景もないことが判明したからである。ついで七月にも、薬学を学ぶ一人の学生がナッサウの政府高官を暗殺しようとした事件が起きている。

メッテルニヒは、こうしたドイツの「革命運動」なるものが《自由・祖国・国民》といったスローガンで頭に血ののぼった若者たちがフランス的なものに敵愾心を燃やし、黒と赤と金の帽章をつけたベレー帽をかぶって粋がっているだけであることを見抜いていたが、これら二つの事件をテロ活動と喧伝して人々の恐怖心を煽り、それを利用して厳しく抑圧した。一八一九年八月、メッテルニヒの主宰で連邦の代表たちがカールスバートに集まり、すべての大学を厳格な管理化に置くこと、出版物の検閲を強化すること、マインツに中央委員会を設置してすべての領邦で革命を企む動きを監視することが決議された。

このカールスバートの決議は五年間、徹底して実行され、しかも、一八二四年八月には「無期限延長 sine die」がなされた。この措置の犠牲になったのが、なかでも「ギムナジウムの父」ヤーンであり、戦いの歌で知られる憂国詩人、アルント（1769-1860）であった。このため、ドイツでは何年にもわたって《自由主義》の匂いのする出版物は印刷されず、多くの自由主義者が逃れていたスイスからパンフレットが密かに送り込まれた。同盟国の君主たちはトロッパウの会議（1820）で、スペインやポルトガル、イタリアで起きている革命運動にも断固として立ち向かうことを約した。《神聖同盟》はしっかり作動していた。

しかしながら、カールスバートの決議にもかかわらず、イエナの学生たちの黒・赤・金の三色は黒・白・赤の三色と結びついて国民的色彩となった。というのは、黒と白はテュートン騎士団の色であり、赤と白はテュートン騎士団の国々とブランデンブルク選帝侯との結合のシンボルだったからである。

メッテルニヒの勝利は表面的なものであった。おそらく検閲の牙城になったのはオーストリアで、警察長官セドルニツキーはオーストリアに検閲所（cabinet noir）を設け、最も偉大な作家たちにも監視の目を向けた。このため、グリルパルツァーは著作を出版することができず、ゲーテですら、『ファウストFaust』を世に出すために愚かしい修正に従わなければならなかった〔訳注・『ファウスト第二部』はゲーテが亡くなる前年の一八三一年に完成しているが、何カ所か伏せ字になっている〕。労働者は集団で国境を越えることはできなかった。スイスやフランスで自由主義思想に汚染されている恐れがあったからである。

だが、このように鉄の箍が嵌められたにもかかわらず、ドイツは揺れ動いた。一八三〇年七月のパリでの革命（七月革命）は、ヨーロッパ各国に自由主義への覚醒をもたらし、混乱は各地に広がった。一八三二年にはハンバハ〔訳注・コブレンツの東方〕で民衆大集会が行われ、ナショナリズムと共和制、民主主義が叫ばれ、演説者たちはバイエルン政府によって逮捕された。フランクフルトの議会は民衆集会を禁止し、出版物の検閲を強化した。しかし、世界は進んでいった。状況は変化し、種々の工夫がこらされ、書類による行政府の干渉は徒労に終わった。すでに蒸気機関のために、産業自体、大きく変質していた。大型船、鉄道、電報の登場で、地理的距離は縮まり、アメリカが経済大国になっていた。こうした変革のため、インターナショナリズムとドイツ経済の狭い細分化の間の矛盾は、如何ともしがたいものになっていた。

一八一七年以来続いた不作のため、飢饉は深刻化し、同じドイツのなかでも領邦間の関税障壁のため、農産物の価格は高騰し、配分のうえでも不公正が生じた。そこで、プロイセンは領邦間の関税を撤廃し、これがのちの《関税同盟Zollverein》(1834)の先駆けとなる。というのは、この結果がすばらしく、自由が富にとっていかに創造的であるかが証明されたからで、一八三一年から一八三四年の間に多くの領邦がこの仕組みに参加し、ドイツ全体が経済的統一体をめざしていく機縁となった。

こうして、プロイセンの主導によって、統一ドイツ、さらには一つのヨーロッパへ向かう歩みが始まっていたのに、オーストリアだけはこの関税同盟に参加せず、時代の流れに背を向け、ハプスブルクの王冠はオーストリアだけのそれへと後退することとなる。

《ビーダーマイヤー様式》の隆盛

〔訳注・ビーダーマイヤーとはヴィクトール・フォン・シェッフェルが描いた俗物的市民の典型的人物、ビーダーマンBiedermannとブンメルマイヤーBummelmaierの合成語で、十九世紀前半ドイツの小市民的風俗と芸術をビーダーマイヤー様式と呼ぶようになった。なお、一般的にはBiedermeierと綴るが本書ではBiedermaierと綴っている。〕

《三月以前Vormärz》と呼ばれるこの一八一五年から一八四八年までの時期は、検閲と弾圧、密告の時代であったが、大衆は、この時代には政治に関わっていない。ドイツの大部分にあっては、花と音楽を愛し、詩に熱をあげるよき市民の時代であった。ロマンティシズムがドイツ・ナショナリズムを煽った。その代表がハインリヒ・フォン・クライスト（1777-1811）の『ヘルマン戦争Hermanns Schlacht』『アルミニウスのローマ人との戦いLa Bataille d'Arminius Contre Les Romains』『公子ホンブルクLe Prince de Hombourg』といった劇作品である。〔訳注・クライストは、新聞を発刊したが厳しい検閲で廃刊に追い込まれ、不治の病に罹っていた人妻ヘンリエッテ・アドルフィネ・フォーゲルと一緒にピストル自殺を遂げた。〕

クライストのあと現れたのが古典悲劇とスペインの劇を結合したオーストリアのフランツ・グリルパルツァー（1791-1872）であり、そのほかフリードリヒ・ヘッベル（1813-1863）、ゲオルク・ビュヒナー（1813-1837）がいる。ゲーテは一八三二年まで生き、最期にいたるまでドイツとフランスの若い詩人たちに関心を寄せ、一八三一年には『ファウスト第二部Le Second Faust』を完成している。アウグストとフリードリヒのシュレーゲル兄弟は批評家であるとともに翻訳家、歴史家であった。〔訳注・アウグストはシェイクスピア作品を翻訳。ゲッティンゲン大学でギリシア・ローマの古典文学・芸術を講義。フリードリヒはギリシア・ローマ文学を研究し、小説も書いた。〕

詩人としては、後期ロマン派のウーラント（1787-1862）、『ヒューペリオン』で有名なヘルダーリン（1770-1843）が出た。

一八三〇年から一八四八年までは、自由主義的で反抗的な《若きドイツ派》が活躍した。この運動を代表するハイネ（1797-1856）は、ライン地方のユダヤ系家族の出〔訳注・デュッセルドルフの布地商人の息子〕で、彼を人種的制約から解放したのはナポレオンであったから、ドイツを愛しながらも強くフランスに惹かれ、一八三〇年の革命のあとフランスに転居して、ジョルジュ・サンドやヴィクトル・ユゴーと親交を結び、精神的自由の喜びを味わった。彼は、あらゆる人の記憶に残る抒情的短詩を作ったが、散文は、より辛辣な風刺が効いていて、偏狭な民族主義に汚染されやすいドイツに警戒心を示している。

この時代のドイツ最大の哲学者がゲオルク・フリードリヒ・ヘーゲル（1770-1831）である。彼は、宇宙を永遠に成り行くものとし、歴史の弁証法から、テーゼにはアンチ・テーゼが生じ、ついでジンテーゼが現れて両者を和解させるというプロセスが無限に繰り返されると考えた。ここから、カール・マルクス（1818-1883）は弁証法的唯物史観を引き出すことになる。ヘーゲルは「すべて真実なるものは合理的である」と言ったが、国家は一つの現実性であり、したがって合理的であって、その利害は個人の利害に優先する。《精神 Geist》が世界の運命を司るのであるが、それは、ある瞬間に最も強力な国家に現れるとし、一八一五年以前はナポレオンに現れていたが、以後はプロイセンに現れているとして、プロイセンによる世界制覇を精神的に正当化した。

ハイネ（イシドール・ホッパー画）

汎神論的観念論者のシェリング（1775-1854）、厭世主義的観念論者のショーペンハウアー（1788-1860）も挙げておくべきであろう。また、ナポレオン時代に民族独立のために戦ったミュンヘン大学教授のヨーゼフ・ゲレス（1776-1848）は神秘主義的カトリック運動の指導者と仰がれた。

ドイツ・ロマン主義絵画を代表するダヴィド・フリードリヒの《雲海の上の旅人》

プロテスタント側の偉大な神学者としては、ロマン主義的観念論者、エルンスト・シュライエルマッハー（1768-1834）がいる。

ドイツは相変わらず音楽の偉大な母国であった。新しい作曲家たちは、おそらくバッハやベートーヴェンほどのスケールはもっていなかったが、フランツ・シューベルト（1797-1828）とロベルト・シューマン（1810-1856）は、巨匠と呼ばれるにふさわしい。フェリクス・メンデルスゾーン（1809-1847）はオーケストラの指揮者として名声を博し（彼はバッハの失われた作品を蘇らせた）、その後、作曲家として有名になった。

カール・マリア・フォン・ヴェーバー（1786-1826）は、その人生の短さにもかかわらず重要である。というのは、『フライシュッツFreischütz』（邦訳名では「魔弾の射手」）という初めてのドイツ的題目によるオペラを作ったのが彼で、モーツァルトやベートーヴェンからヴァグナーにいたる鎖の環の一つになったからである。

この時代のドイツ芸術の中心はミュンヘンである。この地方を治めたバイエルンのルートヴィヒ一世（1786-1868）は、この町を新しいアテネたらしめんという希望に燃えて芸術家たちを集め、古代彫刻を蒐集して最初の彫刻美術館（Glyptotèque）を創設した。また、画家たちには歴史画を奨励し、ドイツ史のあらゆる伝説的テーマをフレスコ画に描かせた。こうしたロマン主義的絵画を代表する画家がダヴィド・フリードリヒ（1774-1840）であり、家族や友情をテーマに描いたケルスティング（1785-1847）である。いわゆる《ビーダーマイヤー様式》絵画（この言葉には「お人好し」という意味があるように、単純で民衆的手法を特徴とする）に属するのがアドリアン・ルートヴィヒ・リヒター（1803-1884）、ヴァルトミューラー（1793-1865）、シュピッツヴェーク（1808-1885）である。『バイブルを読む二人の少女』、『臨終の女性に聖体拝領を授けるプロテスタントの牧師』、『にわか雨に遭った子供たち』、『屋根裏部屋の詩人』、『老いた独身者の散歩』など感傷的で信心家的なテーマでリアリスティックに描かれた彼らの絵は、ブルジョワの家庭に欠かせない装飾となった。

一八四八年三月の革命

いったん始まった人々の精神的発酵は、検閲などで止めることはできなかった。プロイセンでは、フリードリヒ＝ヴィルヘルム三世が一八四〇年に逝去し、後を継いだ同四世（1795-1861）は大胆な政治的・社会的改革を行うのではないかと期待された。しかし、彼は投獄されていた人々に大赦を与えただけで、中世的な古臭い考え方は変わらず、プロイセンに望ましい国の形を与えることはしなかった。

オーストリアでは、一八三五年に即位した皇帝フェルディナント一世（1793-1875）はあまりにも繊細で、しかも知性に欠けていたので、実際に国を治めたのは大公たちやメッテルニヒによって構成される国家秘密会議（Geheine Staatkonferenz）であった。神聖同盟は、すでに久しい以前から、ヨーロッパに政策を押しつけることを放棄しており、フランスで一八四八年二月の革命によって王制が打倒されたときも、何もしなかった。

いつものことながら、この革命も強烈な伝染力をもっていた。ドイツでは、それは三つの局面を示した。一つは解放的局面で、人々の間から憲法改正の要求が高まった。もう一つは統一ドイツをめざす民族主義的局面、さらにもう一つは工業と農業における社会主義的進展の局面である。しかし、支配階層は社会的感覚に欠けていたから、農業は不作のために飢饉が起き、工業もやみくもに導入された機械化のせいで失業者が急増した。

一八四八年二月二十七日、バーデンで開かれた民衆集会は、出版と裁判の自由、結社の権利、全ドイツ議会の開催を要求した。同様の集会がヴュルテンベルク、ヘッセン＝ダルムシュタットでも開催された。農民たちは家々に放火し、貴族階級を脅やかした。

しかし、最も重要な暴動は三月十三日のウィーンのそれであった。学生たちはハンガリー人愛国主義者、ルートヴィヒ・コシュート（1802-1894）の呼びかけに燃え上がった。デモ隊は王宮に迫り、銃撃で何人かの学生が犠牲になった。気の弱い皇帝は仰天して「朕もこのような事態を目にしなければならぬとは！」と叫んだ。大公たちは譲歩するよう皇帝に勧めた。民衆が求めたのは、老いたメッテルニヒの罷免であったからである。辞職を求められたメッテルニヒは威厳をもって引退し、ロンドンへと去っていった。皇帝は出版の自由を認め、憲法と国軍の創設を約束した。これで、ハプスブルクの絶対王制は終焉したと思われたが、

バリケードを築くウィーン市民

そう簡単ではなかった。この間、イタリアやチェコでもハプスブルク家の支配に対し反抗の狼煙があがった。

〔訳注・コシュートは、二月革命に呼応して起きた憲法改正と責任内閣制の実施の要求が宮廷によって受け入れられ、バチャーニュを首班とする初のハンガリー内閣の蔵相になった。しかし、オーストリアの干渉、ロシア軍の介入によって祖国を逐われてトルコに亡命。英米を経てイタリアに移り、トリノで没した。〕

プロイセンでも、三月十八日、ベルリンで市街戦が始まり、いたるところにバリケードが築かれ激しい銃撃戦となった。恐怖に囚われた王は宮殿の上に「誤解だ

MALENTENDU」と書いた白旗を掲げさせ、民衆がバリケードを撤去するなら軍隊を市外に退去させると約束した。これは、そのとおりに行われ、市民軍によって秩序は回復された。フリードリヒ＝ヴィルヘルム四世は全政治犯の大赦を行い、《大ドイツ》実現とプロイセン国民議会の召集を約束し、そのとおり、これまで経験したことのないことなので混乱はあったものの選挙が実施され、議会は五月二十二日にベルリンで開催された。

バイエルンでは、一八二五年から君臨していたルートヴィヒ一世の主導で幾つかの改革が行われたが、王は踊り子のローラ・モンテス〔訳注・スコットランド女性であるが、「スペインの舞姫」と称してヨーロッパを回っていたのが、一八四六年にミュンヘンにやってきた〕と老いらくの恋に落ち、爵位を授けたり数々の贈り物をしたりして、すっかり評判を悪くした。ミュンヘン大学で暴動が起き、群衆は王に迫って位を息子のマクシミリアンに譲らせた。〔訳注・ローラ・モンテスは騒ぎのなかスイス経由でイギリスからアメリカに逃れ、一八六一年、ニューヨークで亡くなっている。〕

そのほかにも、幾つか革命が起き、逸脱ぶりを示したが、ウィーンでは五月に民衆蜂起〔訳注・「嵐の請願」と名づけられた〕が勃発し、七月に憲法制定議会が開催される。統治不能に陥った皇帝フェルディナントはインスブルックに逃れ、一八七五年に亡くなっている。

ドイツ統一への動き

一八四八年五月十八日、フランクフルトの聖パウロ教会で国民議会が開催された。ここに出席した五百六十八人の議員たちは、ドイツにとって歴史的な日であるという印象を抱いたに違いない。メンバーの顔ぶれはモラヴィアのチェコ人もティロルのイタリア人も、ポズナニのポーランド人もいたし、職業も、三百十九人が法律家と行政関係者、百四人が教員、三十八人が商業関係者、一人が農民と多岐にわたった。ただし、労働者は一人もいなかった。

〔訳注・三月初めに西南ドイツ地域の民主主義者がハイデルベルクに集まり、将来のドイツ国家問題を協議するための準備議会を決議し、各邦国議会に代表を送るよう呼びかけ、それに応えて送られた人々であった。〕

参加者には急進的な共和派もいたが、穏健な立憲派のガーゲルン〔訳注・ハインリヒ。父ハンス・クリストフもオランダ代表としてドイツ連邦議会に列席し、ベルギーをオランダに合併するために活動した政治家〕が議長に指名され、国造りの基盤として「国家主権 souveraineté de la nation」を宣言し、オーストリア大公ヨハンが「帝国摂政」に指名され、内閣を組織することになった。ヨハン大公はハプスブルク家の人であるとともに、一八二七年に一駅長の娘と結婚したことで自由人と目されていた。彼は「オーストリアもプロイセンもない。ドイツは一つである」と述べたが、これは、オーストリアの容れるところとならず、プロイセンも態度を保留した。ドイツ連邦の

フランクフルトの聖パウロ教会で開かれた国民議会

大部分の邦国は、フランクフルトの準備議会と無関係に独自の憲法を練り上げていた。したがって、この議会は、根底的には、進行中の一つの理念を現実化するための最初の、そして国内的にも対外的にも無力な、実りのない試みでしかなかった。ヨハン大公は落胆して十二月二十日、辞任してグラーツ〔訳注・オーストリア東部〕に隠退し、一市民として慎ましい生活を送った。

では、ドイツとは何だったのか？《大ドイツGrossdeutschland》を望む人々は、ドイツ系のオーストリアがハプスブルク帝国から分離して、そのほかの邦国と一つになることを期待した。それに対して、《小ドイツ》を希望する人々はドイツ諸邦だけ加わればよいと考えた。スラヴ系の人々はオーストリア帝国がスラヴ系国家と対等な一つの国になることを求めた〔訳注・一八四八年六月のプラハにおける汎スラヴ会議〕。奇妙なことに、ハプスブルク家も、オーストリアの運命をドイツの運命から切り離すことで、このスラヴ民族主義者と合意した。フェルディナント一世が退位して若いフランツ＝ヨーゼフに譲位したとき（この後者の治世は一八四八年から一九一六年まで六十八年間続くことになる）、チェコ人たちは新しい皇帝に反発しなかった。彼らがこの人について非難したのは、ウィーンで戴冠し、ついでブダペストで戴冠したのに、プラハでは戴冠式を行わなかったことについてであった。

十月二十七日、フランクフルト議会が憲法の構想について採決を行ったが、その大ドイツ構想はオーストリアでは受け入れられなかった。全ドイツを統一国家として維持することは「一つの必要事」ではあるが、それはヨーロッパとドイツにとってであり、自分たちの進む道は別にあると考えたのである。一八四九年三月、オーストリアは「欽定憲法」を採択し、あらゆる民族が平等の権利をもつ不可分の立憲君主国となる。〔訳注・しかし、この欽定憲法は一八五一年十二月、撤回される。〕

他方、プロイセンでも、フリードリヒ＝ヴィルヘルム四世は、貴族院（chambre des seigneurs）と、内閣に責任をもたない下院（chambre des députés）の二院を擁する憲法を選ぶ。一八四九年三月二十八日、フランクフルト議会では《小ドイツ支持派》が勝利を獲得し、プロイセン国王、フリードリヒ＝ヴィルヘルム四世を皇帝に選出し、世襲皇帝として国務院と人民会議で構成される帝国議会（Reichstag）によって統治すること、そして、個人の自由権、出版や集会の自由といったドイツ人民の基本的権利、国家と教会の分離、貴族の称号の廃止を規定した帝国憲法を議決した。これによって、ホーエンツォレルン家によるドイツ統合が可能となったのであるが、フリードリヒ＝ヴィルヘルムは、これを拒絶した。

プロイセン王に帝位を捧げる役目を担ったエドナルト・フォン・ジムソンと委員たちは侮辱的なやり方であしらわれた。王は、革命派議会によって帝位を献上されるのを嫌悪し、ドイツ諸侯から帝冠を受け取ることを求めたのである。この拒絶は、フランクフルト議会への弔鐘であった。同議会の憲法は諸邦から拒絶され、プロイセンもオーストリアも代議員を引き揚げた。しばらくは残った一四〇人から成る《残骸議会》がシュツットガルトで活動を継続したが、そのうちに誰もいなくなり、このドイツ統一の試みは挫折してしまった。

プロイセン王がオーストリアぬきの君侯連合を基盤に限定的統合をめざしたのに対し、ハプスブルク家は連邦議会（Bundestag）を味方にすることによって全ドイツ統合をめざし、その結果、ドイツには二つの政府が並立し、いずれも全ての領邦の支持を得ることはできない事態となった。しかも、一八五〇年にはヘッセン選帝侯とその議会の対立に関して、オーストリアは選帝侯を、プロイセンは議会を支持し、両者の対立は戦争に発展する恐れまで生じた。これには、ロシア皇帝ニコライ一世が介入してオーストリアの肩を持ち、慎重にであるが、フリードリヒ＝ヴィルヘルムの自由主義を非難した。プロイセン王は、オーストリアとロシアを同時に敵にすることはできなかったので、ヘッセンへの介入を断念し、《限定的統合》を放棄して《オルミュッツの協約》を受け入れ、ドイツ統一問題で課題となっていたホルシュタインへの軍派遣に加わった。

シュレスヴィヒとホルシュタインの二つの公国は、住民がデンマーク人とドイツ人が相半ばし、デンマーク王を宗主としつつも、そのもとで自治権をもっていた。そうしたなかでデンマークでも憲法制定の動きが活発になり、一八四九年には制限君主制を定め、市民の権利を保障する自由主義的憲法が制定された。シュレスヴィヒ＝ホルスタイン問題は、デンマークの憲法のもとに服するか、デンマークから離れてドイツ連邦に帰属するかで、住民の意志が分かれたことによって起きた。

これに対して、プロイセンは、軍を派遣して二つの公国をドイツに帰属させようとしたのであるが、プロイセンはドイツ帝国を代表する立場ではなかったので、派遣された軍は表向きはオーストリア軍のように偽ったのであった。

デンマーク王フレデリックには子供がなかったので、ヨーロッパの列強はロンドンで会議を行い、一八五二年五月八日、フレデリック亡き後のデンマーク王として、シュレスヴィヒ＝ホルシュタイン・ゾンデルブルク・グリュックスブルクのクリスティアン大公を定めた。一八六三年には、この大公がクリスティアン九世として、これらの公国を支配することとなる。

こうして、ドイツ連邦は混迷と暴動、度重なる会議の三年間を経て、一八四八年の騒乱以前の状態近くまで復旧した。しかし、ドイツ統一は、いまだ実現されないままであった。これを実現するのは誰か？　ドイツに無関心ではないがリードしようとしないオーストリアだろうか、それとも、プロイセンだろうか？　プロイセンの主導にはオーストリアが反対したし、ドイツの愛国主義者の多くは、ドイツ人同士で戦ってまで統一が実現されることなど望んでいなかった。南ドイツはプロイセンよりオーストリアに親近感を抱いていた。フランクフルト議会の「限定的統合」が挫折するのを見守っていたポメルン〔訳注・バルト海に面した東部〕の若き土地貴族、オットー・フォン・ビスマルク（1815-1898）は、プロイセンの、しかも、連邦議会やプロイセン議会抜きの、プロイセン王のみのヘゲモニーによる統一を望んでいた。

第六章　鉄と血による統一

宰相ビスマルク

これまでドイツを形成していた領邦国家群を融解して一つのドイツに合併させる口火を付けたのがナポレオン一世（1769-1821）であり、その仕上げを助けたのが、その甥〔訳注・ナポレオン一世の弟、オランダ王ルイ・ボナパルトの息子〕のナポレオン三世（1808-1873）で、ともにフランス人であったことは、歴史の皮肉というべきであろう。

統合は多くのドイツ人の願いであったが、それには、どうすればよいのか？　連邦議会を作って自由に連合させるのか？　それとも、プロイセンの覇権あるいはオーストリアのイニシアティヴによって実現するのか？　だが、プロイセンとオーストリアが戦って雌雄を決するやり方は、住民投票では間違いなく否決されていたであろう。このとき、プロイセンを主導して、統一を実現し、初代首相となって、ドイツの近代化を成し遂げたのが、天才的で魅力的な現実主義者のビスマルクであった。このポメルンのユンカーJunker（土地貴族）であった男は、本人にはそんな気持ちはなかったであろうが、この事業の仕上げのための貴重な補佐役をフランス皇帝（ナポレオン三世）に見出したのであった。

ナポレオン三世は一つの固定観念をもっていた。それは、《民族自決主義》という原則である。かつて、リシュリューは、フランスだけが一つに統合されていて、近隣諸国はばらばらであることを望んだ。それに対しナポレオン三世は、まずイタリアが統一されること、ついでドイツも統一を実現することを誰よりも期待した。彼が一八五九年、サルデニア王のヴィットリオ・エマヌエレ二世と同盟してオーストリアに戦争を仕掛けたのは、そのためであった。こうして一八六一年三月にイタリア王国が産声を上げたものの、いわば未熟児のままであった。

ナポレオン三世は、オーストリアに対する幾つかの勝利のあとの交渉のなかで、ヴェネツィアのオーストリア帰属を認める条約を結び、イタリアの大臣、カヴール（1810-1861）を激怒させたが、このときナポレオン三世が危惧したのは、フランスがイタリアに手を取られている間に、背後でライン流域のフランス領をプロイセンが襲ってくることであり、事実、その危険性があった。とはいえ、この政策のために、フランスはイタリアからは感謝されず、オーストリアからはイタリアの独立に力を貸したことで反感を買ってしまう。

ビスマルクはプロイセンで、これらの動きを、あたかもチェス盤上の駒の動きを読むように見守っていた。すでに彼は、一八六一年には、プロイセンの新しい王〔訳注・六十四歳で即位したヴィルヘルム一世〕に対し最も影響力のある助言者になり、一八六二年には首相兼外相になっていた。彼は、自分の手の内をまったく隠そうともせず、議会の自由主義者たちに対しては公然と敵意を示し、「われわれの時代の大問題を解決するのは、議論でも投票でもない。鉄と血あるのみである」と言い放った。

大事なのはプロイセンの利益であり、そのためには、まずドイツ内におけるプロイセンの旧敵であるオーストリアを圧倒することが課題であった。彼にしてみれば、力こそ正義であり、重要なのは理屈が通っているかどうかではなく、軍事力を強化して戦争に勝利をおさめることであった。こうしてビスマルクは、世論も議会の反対も無視して、軍事法を整備し、参謀総長ヘルムート・フォン・モルトケ、陸相兼海相エミル・フォン・ローンの協力のもと、ヨーロッパで最初に、五〇万の兵を三週間で動員できるようにした。

このとき、ヴィルヘルム一世はすでに六十四歳で、すぐにでも皇太子に引き継いで退位するつもりでいたし、ドイツは、もしビスマルクがいなかったら、恐らく自由主義国になっていたであろう。ビスマルクは、軍隊は議会の投票によって動かされるには余りにも神聖であり、一国の外交政策は議会によって決められるべきではないし、議会が政府を転覆させることなどあってはならないと主張した。皇太子（フリードリヒ三世。一八八八年に即位するが一年で亡くなる）はイギリスのヴィクトリア女王の長女と結婚していた自由主義的思想の持ち主であり、大学人にはイギリス流の政治の称賛者が多く、このビスマルクのドクトリンに激しく反発した。しかし、プロイセン国民はイギリスよりずっと封建的・軍国主義的で、ビスマルク流の政治に耐える準備ができていた。とくに一八六二年のドイツ自由主義者たちの敗北（この年、ビスマルクが首相に就任し、官吏服務令を布告して自由主義者を抑圧した）は、西欧の没落の始まりとヨーロッパの兵営化を告げるものとなった。

こうした苛烈なシステムを大衆に受け入れさせるためには、勝利に次ぐ勝利、したがって、戦争が必要であった。ビスマルクは、三つの戦争を行った。

〔訳注・これから述べられるように、シュレスヴィヒ＝ホルシュタインの帰属をめぐるデンマークとの戦争、オーストリアとの戦争、そしてフランスとの戦争である。〕

戦争を必要とする人々にとって、役に立つ紛争の種は、いつでもあるものである。シュレスヴィヒ＝ホルシュタイン問題は、完璧な勝利というもののない、いわゆる国境線あるいは辺境問題の一つである。すでに述べたように、この地域ではデンマーク人とドイツ人が互いに入り交じり、双方の国が領有権を主張していた。

もとよりドイツ連邦の背後には、プロイセンとオーストリアがいた。交渉のなかでデンマークは、デンマーク語住民の多いシュレスヴィヒを併合するが、ホルシュタインについては自治権を与えることを提案した。しかし、ドイツはこの二つの公国を引き離す案に反対し、フランクフルト議会は、両公国の君主としてアウグステンブルク公を支持した。これは、両公国の独立を確認するとともに、領有権を主張していた公の父に代償を定めた上で権利を放棄させていた一八五二年のロンドン条約を無視したものであった。しかし、ビスマルクにとっては、君主であるプロイセン王のために領土がほしかっただけで、そんなことは問題ではなかった。一八六四年二月にはデンマークはプロイセンとオーストリアによって侵略され、十月には、ウィーン条約によって、二つの公国だけでなく、ラウエンブルク〔訳注・ハンブルクの東方〕も付けてプロイセン王とオーストリア皇帝に献上しなければならなかった。

だが、一つの領土を二つ以上の国が共同統治するやり方が長続きするわけはなく、一八六五年にはガシュタイン協定が結ばれ、両公国はオーストリアとプロイセンが別々に管理し、ラウエンブルクについては、プロイセンの領土となることが決められた。このときも、最大の獲物を手に入れたのはビスマルクであったが、

ベルリン近郊での大砲テスト射撃

それでも彼は満足せず、さらに多くの獲物を得るために、まずオーストリアに戦争を仕掛ける準備を進めた。それにはオーストリアを外交的に孤立させる必要があったが、これは簡単であった。

というのは、ロシアはポーランド問題でビスマルクが中立を守って以来、プロイセンに負い目を感じていた。イタリアについては、ヴェネト地域に関する約束によって、攻撃に関しても防衛に関しても、プロイセンと同盟を結んでいた。ナポレオン三世に対しては、ラインラント問題とベルギー問題に関して埋め合わせをする旨を匂わせるだけで充分であった。（ラインラントの問題に関しては、文書化は、さすがにされなかったが、ベルギー問題に関しては文書化された。このことは、叔父のレオポルド〔一世。ベルギー国王〕をなんとしても守ろうとしていたヴィクトリア女王とイギリスを不安がらせた。）

オーストリアは一八六三年以来、オーストリアも含めた《大ドイツ》の再建をめざしていたが、オーストリア抜きの《小ドイツ》を望み、これを我がものとしようと考えていたプロイセンに邪魔され、実現できないでいた。一八六五年、ビスマルクは「ドイツ民族などというものはない。われわれの政策は、ドイツをプロイセンのなかに吸収することによって、プロイセンをドイツにすることである」と書いている。

主君のヴィルヘルム一世は躊躇した。彼にしてみると、オーストリアと戦うことは兄弟殺しと同じであったし、家族からも「プロイセンの邪悪な霊」の言葉に惑わされないよう懇願されていた。こうして、ドイツのすべての領邦が戦争に反対しているのに、この男一人が鉄の意志をもって戦争を望んでいるのである。ビスマルクは「わたしが馬を濠のへりまで走らせたら、王も跳ばざるをえないだろう」と言っていた。モルトケとローンも意見が一致していた。

——今が絶好のチャンスである。プロイセンはオーストリアの二倍の速さで兵を動員できるし、プロイセンの軍備ははるかに優秀で鉄道網も整備されている。それに対し、オーストリアに加勢するであろうナポレオン三世は愚かにもメキシコ戦争にかかずらっているし、オーストリア軍の装備は旧式で、味方もなく、シュレスヴィヒ＝ホルシュタイン公国の管理に関するプロイセンとの紛争では、連邦軍の一部に支援を要請しなければならない状態である。——

プロイセンは、ガシュタイン協定違反を口実に、オーストリアが統治しているホルシュタインを力づくで征服した。こうして、兄弟殺しの戦争〔普墺戦争〕が始まった。

のちにモルトケは「一八六六年の戦争は、プロイセンの存在が脅かされたから起きたものでも、民衆の意

サドヴァ戦を絵入りで報じた新聞

志に従うためにやったのでもない。ドイツにおけるプロイセンのヘゲモニーを確定するためにずっと以前から予見され、内閣によって承認されて行われた戦争であった」と懐古している。これは率直な言葉である。オーストリアはプロイセンとイタリアを相手に両面作戦で戦わなければならず、戦いは六週間で決着した。この戦いでは、北ドイツ諸邦がプロイセンについたのに対し、南ドイツ諸邦は、大部分がオーストリア側についた。にもかかわらず短期間で終わったのは、プロイセンの参謀長の技倆のおかげであり、鉄道を軍事的に活用し動員を簡略化したからであった。決戦となったサドヴァ〔訳注・プラハの東方で、ケーニヒスグレーツ〕の戦いは一八六六年七月三日に行われ、プロイセン側は完璧な勝利を収めた。

ビスマルクは、ナポレオン三世がこの隙

を狙ってライン地方に攻撃をかけてくるのではないかと恐れた。もし自分が当人だったら、そうしていただろうからである。しかし、さいわい、ナポレオン三世は様子を見て仲裁役を買って出ただけであった。ビスマルクは、賢明にもオーストリアの領土を要求することもなく、厳しい条件はつけなかった。彼としては、オーストリアがドイツ統一に関与するのを諦め、有している公国を手放して北ドイツ連邦を承認するだけで充分であった。南ドイツの諸邦は、もし望むなら、あとで加わればよい。その場合、オーストリア側についたことで不利益を被ることはないと公言した。

この穏健なやり方は妥当であった。同じ年、バイエルン、ヴュルテンベルク、バーデン大公国がプロイセンとの軍事協定に調印した。一八六七年二月十二日、北ドイツ連邦の憲法制定議会の直接選挙が行われ、その結果、ビスマルクが連邦宰相になった。オーストリアは、いまや敗北の傷口を舐めつつ、オーストリア＝ハンガリー二重君主制を現実化することに懸命であった。

ビスマルクの対フランス政策

次にビスマルクがめざしたのは、南ドイツ諸邦を併合し、ドイツ統一を実現することであった。そのための最も迅速な道がフランスと雌雄を決することであった。とはいえ、戦いはあくまでフランスが南ドイツに仕掛け、プロイセンは防衛に関する軍事協定によって、やむなく参戦するというのでなくてはならなかった。

不幸なことにフランスには、ビスマルクが広げる赤い布に突進する「ガリアの牡牛」のような気違いじみた大臣が何人もいた。

ナポレオン三世自身は戦争を望んでいなかった。彼は、膀胱の病の苦しみで力を消耗した老人であり、戦争に関しても、征服者であるより夢想家であった。国内でも、その専横な政治に対して民主化要求運動が起き、彼の立場はますます難しくなっていた。他方、ビスマルクはフランスが南ドイツに勢力を保持していることについて、「そろそろ宿賃を精算させる solder sa note d'aubergiste」と約束していた。ナポレオン三世の側近たちは第二帝政の不良債権が増えていることに不安を高めていた。高慢なスペイン女〔訳注・ウジェニーといい、スペインの大貴族モンティホの娘〕である皇妃は、常に極端な手段を夫に選ばせた。すべてがビスマルクには好都合で、あとはきっかけを見つけることであった。

折しも、スペイン女王のイサベル二世が、王冠を餌にビスマルクに接近した。イサベルは一八六九年、革命が起きてパリに亡命し、一八七〇年、息子のアルフォンソ十二世に位を譲っているが、このときはスペインの王位は空白であった。とはいえ、一人のドイツ人がスペイン王になれただろうか？　ビスマルクは主君に相談しないで、ホーエンツォレルン＝ジグマリンゲンのレオポルト大公を推薦した。この情報にフランスは驚き慌てた。「ホーエンツォレルン家の人間がスペイン王になったら、これはフランスにとって命取りだ。黙って見ているわけにはいかない！」

ヴィルヘルム一世と皇太子は、この予期せぬ災厄に驚いて、自分たちの親族の一人が立候補することに反対した。逆に、ビスマルクとその大臣たちは、これを利用した。戦争になるのだろうか？　多分、それは間違いなかった。彼らは、その準備を進めていたし、望んでもいた。ここまではフランスに理があるように見

ヴィルヘルム一世の出発を熱狂的に見送るベルリン市民

えた。カール五世の帝国が再建されることは、フランスにとって許せることではなかった。外務大臣のグラモンは激しい調子で非難し、パリでは、排外主義的な世論が高まった。ヴィルヘルム一世は、戦争には反対であったから、件のホーエンツォレルンの候補を引っ込めさせた。フランスの首相、エミール・オリヴィエは議員のアドルフ・ティエールに「これが平和というものだ」と述べ、ティエールは「いま、あなたに必要なのは静かにしていることです」と答えている。

不幸なことに、彼らは静かにしていなかった。グラモンは、エムスの温泉で保養中のプロイセン王のもとに大使ヴァンサン・ベネデッティを派遣して、レオポルト大公には二度とこのようなことを繰り返させないという保証を求めさせた。老いた王は苛々して「レオポルトからは決定的拒絶を確認済みで、これ以上言うことはない」と返事した。だが、宮廷の正式発表は修正されていた。新聞社に送られる前にビスマルクが鉛筆で添削を加えていたのである。これが、フランスでは挑発の鐘として鳴り渡った。

「大事なのは、向こうから攻撃させることだ。ガリア人の見栄っ張りと傷つきやすい自尊心を刺戟して、そのような状況に追い込むことだ。」

ビスマルクが公表したエムスの電文は嘘だったのだろうか？　たしかに彼は、何も付け加えなかった。しかし、同じ拒絶であっても、表現を和らげて受け入れられるようにしていたものをすべて削除したのだった。このやり方は巧みであった。その意図は疑う余地がない。彼は、わざと戦争を引き起こすことによって、バイエルンも含めた南ドイツ諸邦を目ざめさせ、イギリスの新聞にもフランスに対し敵意を抱かせるようにし

スダン戦で破れて去るナポレオン三世を敬礼して見送るビスマルク

たのである。オーストリアも、サドヴァの戦いで無関心を装ったナポレオン三世を赦していなかった。イタリアはイタリアで、ナポレオン三世が教皇領の問題で教皇を無条件に支持したことで、ひどく傷ついていた。こうして、《小ドイツ》が初めて結束して戦争を仕掛けようとしているなかで、相手のフランスは見事に孤立状態に置かれたのである。〔訳注・しかも、先に世論が沸騰し、動員令（7.15）を発し、宣戦布告（7.19）したのは、フランス側であった。〕これは、まさにビスマルクの外交戦の勝利であった。

ドイツ軍は、数の点でも装備の質でも作戦の巧みさでも、圧倒していた。モルトケの戦争準備はきわめて緻密かつ万全であった。それに対し、ナポレオン三世とバゼーヌ元帥は無力さを露呈した。バゼーヌは十七万のフランス軍とともにメッスの塹壕

ヴェルサイユ宮殿でドイツ皇帝に推戴されるヴィルヘルム一世（壇上）。壇の下にビスマルクやモルトケ

基地に封じ込められた。〔訳注・一八七〇年十一月二十七日降伏。〕皇帝はシャロンでマクマオン軍と合流したが、マクマオンが退却を命令したにもかかわらず、ここに居続けようとし、スダンでドイツ軍に包囲され、捕虜となってヴィルヘルムシェーネ城に移送された。九月四日、フランスでは共和制が宣言された。

フランスでは、国民のほうが皇帝よりも防衛戦で長けていた。パリがドイツ軍に包囲されると、内相ガンベッタは気球で脱出し、地方で義勇軍を編成して、幾つかの勝利をもたらした。しかし、それで明日がもたらされたわけではなかった。パリは飢えに苦しめられながら一八七一年一月二十八日まで持ちこたえた。その間、ボルドーでは集会が行われ、ティエールを新政府の長に指名し、交渉権を与えた。フランスの大部分が九〇万のドイツ兵によって占領された。

ドイツに支払う50億フランの賠償金のために金袋を積んでシュトラスブルクのフランス銀行前に到着した馬車（カルナヴァレ美術館蔵）

和平の条件はきわめて苛酷であった。戦争賠償金は金貨で五〇億フラン、それに加えてベルフォールを除くアルザスとロレーヌの一部がドイツ連邦に併合された。〔訳注・フランスでの呼称は「アルザス・ロレーヌ」であるが、ドイツ式の呼び名は「エルザス・ロートリンゲン」となる。〕

ドイツ連邦は「ドイツ帝国Deutsches Reich」となり、ヴィルヘルム一世がヴェルサイユ宮殿の鏡の廊下で「ドイツ皇帝」（神聖ローマ帝国皇帝ではない）に推戴された（1871.1.18）。バイエルンを含む南ドイツ諸邦は皇位がホーエンツォレルン家に与えられることを受け入れた。ドイツ・カトリックの首都ミュンヘンでは激しい論争が起きたが、投票で賛成派が勝利し、これ以後、プロイセン王が全ドイツ軍の最高指揮官となり、ベルリンがドイツ帝国の首都となって、ドイツ帝国は「第二帝国」とも呼ばれることとなる。〔訳注・すでに述べたように、九六二年のオットー大帝の「第一帝国」に対するもので、のちにヒトラーのナチスは自分たちの全体主義体制を「第三帝国」と喧伝することとなる。〕そして、多くのドイツ人は、細分化され惨めにも外国の餌食にされたナポレオン時代から、こうして統一を実現しヨーロッパ大陸を支配できるようになった今までを振り返り、自分たちが「選ばれし民」であることを確信した。

こうしたビスマルクのもとでの三つの戦争の連続勝利は、ドイツ国民に過剰な熱狂と自信を芽生えさせた。それとともに、キール運河の開通で大西洋への道が開かれ、ある人々は、自分たちにはさらに偉大な運命が自分たちを待っていると考えた。一八七〇年の勝利は、昂揚したナショナリズムという毒入りのリンゴとなったのである。

ビスマルクの議会対策

ビスマルクは、このあともさらに二十年間、ドイツを統治する〔訳注・カプリーヴィに交代するのは一八九〇年である〕が、もうこれ以上は、戦争を望まなかった。彼がこれまで戦争を行ったのは、帝国の実現という目的のためであった。帝国は実現され、獅子は満足した。しかし、その平和への追求もいかにも獅子らしいやり方であった。

「つねに警戒心を忘れなかった彼は、ちょっとした兆候にも、ヨーロッパを不安に陥れるような咆哮をあ

宰相をやめて後の1893年ごろのビスマルク

げた。フランスで新しい軍事法ができたり、ロシアで部隊の移動が行われたり、国境で事件が起きたりすると、それだけで彼は、声高に危機を語り、軍に圧力をかけ、電撃的な覚書を送った。」(Benjamin Vallotton)

彼が何より恐れたのは、フランスが報復してくることであった。フランスは、アルザスとロレーヌを失いながら、期日が来る前に五〇億フランを支払った。彼自身は、アルザスとロレーヌの合併には賛成ではなかった。イタリアでは、ナポレオン三世の敗北のおかげで、ヴィットリオ・エマヌエレ二世がローマに入城し、以後、ここを住まいとする。教皇領はなくなった。教皇が世俗君主として保持するのは、幾つかの特典とヴァティカン、サン＝ピエトロ寺院、ラテラノ宮殿のみとなる。ドイツ神聖帝国は、千年以上の長きにわたってカトリック随一の強国として君臨し、教皇庁ともしばしば対立してきたが、つねに教皇の権利を認めてきた。それに対し、軍事的でプロテスタント的な《ドイツ第二帝国》はヴァティカンの権柄づくのやり方に苛立つ。教皇ピウス九世(1846-1878)は、一八六四年、回勅『クワンタ・クーラQuanta Cura』(謬説表)によって、国家と科学も、ローマ教会に絶対的に服従するよう求め、一八六九年、ヴァティカン公会議は、教皇が教皇の権威にかけて(ex cathedra)教義と道徳の問題について述べた場合は、無謬と信じるべきであると宣言した。このドクトリンは、プロテスタントのビスマルクをしてドイツのカトリック信者たちが教皇至上主義者になるのを危惧せしめただけでなく、一八五五年に政教条約(concordat)を破棄したカトリックのオーストリアをさえたじろがせた。そうした危惧は教皇無謬論の間違った解釈から生じたものであったが、その危惧が存在したことは事実である。

帝国議会(Reichstag)では、カトリック中央党が大きい勢力を有していた。〔訳注・カトリック中央党(Zentrum)は、一八七一年の第一回から一八七八年の第四回まで第二党だったが、一八八一年の第五回以後、第一党になっている。〕ビスマルクは国家レベルでの統合を実現したので、政党レベルでも統一しようとした。

勝利を重ねるドイツは、外国からは一枚岩のように見えたが、分裂の要因は残存していた。デンマーク人、ポーランド人、エルザス=ロートリンゲン人はドイツ帝国に対し抜きがたい敵意をもっていたし、保守主義的農民やプロイセンのユンカー(地主貴族)たちは、自分たちの仲間であるはずのビスマルクが自分たちに対して冷淡すぎるとして反対勢力を形成していた。自由貿易など基本政策でビスマルクを支持していたのは、イギリス的理念を掲げる自由保守党(Freikonservative)と国民自由党(Nationalliberale)であったが、これら自由主義者たちは、のちに、ビスマルクが無制限の自由貿易の欠陥に気づいて保護主義に転じると、彼から離れる。

社会民主党（Sozial-demokraten）は、当初は小勢力であったが、工業の発展に伴って絶え間なく大きくなっていくとともに、二つの方向に分かれていく。一つは、カール・マルクス（一八六七年に『資本論 Das Kapital』を出版していた）の革命的社会主義と、もう一つはフェルディナント・ラサールの改革的社会主義である。ビスマルク時代の大政党人ではアウグスト・ベーベルが後者で、前者を代表したのはヴィルヘルム・リープクネヒトである。一八七八年、皇帝狙撃事件を契機に反社会主義法が成立し、一八九〇年まで発動されたにもかかわらず、帝国議会における社会民主党議員は九人から三十五人にまで増えている。

ビスマルクは、カトリック中央党とその背後のローマ教会に対しても「文化闘争 Kultur-kampf」と称して厳しい戦いを仕掛けた。この政党は南ドイツの貴族および農民からルール地方のプロテスタントにまでいたる広汎な支持層をもっていた。ビスマルクがカトリックを嫌悪したのは、一部分はローマ教会のプロテスタントに対する非妥協性が帝国の統一性を損なうほどひどかったからであり、一部分は教皇至上主義からドイツ文化に逆らってもローマ的精神を宣揚したからで、要するに彼には、「信心家ぶった輩こそ最も革命好きだ」と映ったからであった。

一八七一年には刑法に「教壇条項 Kanzelparagraph」が付け加えられた。これは「司祭たちがその特権を悪用して公的平和を脅かした場合、禁固に値する」というものである。一八七二年には視学が国の管理下に置かれ、修道会メンバーは公教育から排除され、イエズス会士は非合法化された（これは一九一七年まで継続された）。一八七三年から一八七五年にかけ、「五月諸法」によって、民法に基づく結婚（mariage civil）が義務化され、司祭の教育活動は制限され、従わない場合は追放処分になった。その結果、多くの修道院が閉鎖され、たくさんの司教や司祭が投獄され、耐え難い立場に追いやられた。こうした事態に、一八七五年二月、教皇ピウス九世は宗教弾圧をやめるよう回勅を発したが、ビスマルクは「これは、何百年来続いてきた国家対教会のドラマの新しい幕開けである。自分は、カノッサへのこのこ出かけることはしない」と宣言している。

しかし、この鉄血宰相は、自分の過ちに気づかないほど愚かではなかった。彼は、勝てるはずのない戦いにはまり込んだことに気がついた。カトリック信者たちがかんたんに信仰を捨てるはずはなく、ローマ教会は力を保持しつづけた。ルター派の人々も、信仰の自由への制約がいつかは自分たちのところに向かってくるのではないかと不安がりはじめた。加えて帝国議会では、自由主義者たちの力が弱まり、その逆に勢力を増大する社会民主党と対決するためには、カトリック中央党を味方にすることが必要になってきた。こうしてビスマルクは、一八七六年以後はカトリックとの融和へ舵を切る。ピウス九世の非妥協性は、現実には不可能ながら《カノッサ》を必要とした。「五月諸法」は、市民権と世俗権による学校管理、民法による結婚だけを残して次第に撤廃され、カトリック中央党は政権与党にまでなることができた。

ただしビスマルクは、社会民主党が未来について示しているものを理解できるには、おそらく歳を取りすぎていた。ヴィルヘルム一世によって伯爵に、ついで公爵に叙せられたこの由緒正しい封建的大土地所有者は、労働者階級というものを知らなかったし、彼らになんの共感ももたなかった。にもかかわらず、彼が、社会主義者たちに関して行ったことは、彼らの声の代弁者たちを増やしたことだけではなかった。

十五年間でヨーロッパ第一となったドイツ工業の急進展に伴って、さまざまな改革が求められ、社会主義的あるいはキリスト教的組織が次々と形成された。ビスマルクが始めた社会主義的法制の整備は、病気に対する保険基金（1883）にせよ、災害保険（1884）にせよ、身体障害や老齢による退職保険（1889）にせよ、その後、全ヨーロッパにとって手本となっていった。これらの措置は目新しく称賛に値したが、社会民主党を温和しくさせるには不充分で、帝国議会では、「自由放任lassez-faire」を掲げる自由主義者たちと彼らの対立が激化していた。とはいえ、ドイツが社会保障システムを始めた最初の国であったことに変わりはない。

ビスマルクの外交政策

外交政策では、ビスマルクは、ドイツの東方の楯としてオーストリアとの関係を修復し維持することにこだわった。オーストリアの外務大臣、アンドラーシ伯は、オーストリアが《小ドイツ》の曳舟になることを拒み、ロシアが保証人になってくれることを期待して、ドイツ・オーストリア・ロシアの《三帝同盟Dreikaiserbund》に向かって交渉を進めた。このことは、ビスマルクの願望にも適っていた。というのは、彼は、フランスとロシアが組むことを何よりも恐れていたが、かといって、バルカン半島で対立し合っているロシア、オーストリアの双方と友好を結ぶことは不可能だろうと悩んでいたからである。

オーストリア皇帝フランツ＝ヨーゼフとロシア皇帝アレクサンドル二世、そしてドイツ皇帝ヴィルヘルム一世の会談が、一八七二年にはベルリンで、一八七三年にはウィーンで実現し、君主間の連帯の抽象的原則について話し合いが行われた。一八七五年には、フランスの驚くべき迅速な復興に不安を覚えたモルトケが予防的戦争について語っている。アレクサンドル二世とその大臣のゴルチャコフがベルリン政府に不安をぶつけてきたのに対し、首相（ビスマルク）は、フランスに戦争を仕掛ける考えはないと断言している。これは、おそらく彼の本音であった。

ロシアの対トルコ戦争とその和平条件についての論議から、ビスマルクとイギリスのディズレーリの主導で列強会議（1878.6.13-7.13）がベルリンで開催された。この会議でディズレーリはキプロスを獲得し、ビスマルクはフランスの野望をアフリカ（とくにチュニス）へ向けさせた。この結果、フランスとイギリスは、アフリカでの利権をめぐって不仲になる。他方、バルカン半島におけるロシアの勢力拡大はオーストリアを不安がらせ、オーストリアはドイツと《独墺防御同盟》（1879）を結ぶにいたる。これにイタリアが加わり、《三国同盟 Triplice》が成立する（1882）。

ドイツとオーストリアの同盟は、実質的には対ロシアのために結ばれたものであったが、そこには、スラヴ人とバルカンの人々に関して未来の紛糾の種が含まれていた。しかし「ポメルンの大男に骨を折らせる値打ちはバルカン人たちにはなく」、ビスマルクが熱望したのは、ドイツに危険な選択を課すであろう戦争を回避することであった。

植民地の分野では、ドイツは列強のなかで後発国であった。《ドイツ植民協会 Ligue coloniale allemande》が設立されたのは一八八二年で、タバコ商人リュデリッツが獲得していたカメルーンとトーゴがドイツの南西アフリカ保護領になったのは一八八四年である。一八八五年、植民協会は、カール・ペーテルス博士（1856-1918）によって獲得された東アフリカの領土の開発認可を受けている。同じ年、ビスマルクは西アフリカにおける利権についてイギリスと交渉している。

しかし、植民国グループのなかで小さな席しかもっていないことでドイツが悩む時代はまだ到来していなかった。ドイツは一八九〇年になってもまだ、イギリスに対し、北海沿岸のヘルゴランド島を手に入れるために、ザンジバルのスルタン領の権利と交換してくれるよう交渉している。この島は、エルベ河口の沖にあり、ドイツにとっては本土防衛の要衝だったからであるが、譲渡を承知したイギリスの宰相は、おそらく、それがどこにあるかさえ知らなかった。

ビスマルクの退場

鉄血宰相の在任は一八九〇年まで続いた。彼は勝者だったろうか？　厳密には勝者とはいえない。晩年になると、その「力の政治」にも翳りが見える。フランスもロシアもイギリスも、みんなが彼を悩ませた。一八八七年と一八八八年には新しい予算を帝国議会に要請しなければならなかった。彼は、互いに脅威を与えるやり方をやめるよう列強諸国に提議し、「われわれドイツ人は神を恐れても、世界のいかなる国をも恐れるものではない」と述べている。彼は、安全保障条約においてもためらうことなく二枚舌を使ったが、自分が権力の座にあるかぎりは、戦争を避けようとしたし、自分のなすべき仕事を脅かす三つの危険は遠ざけた。イギリスとの海軍対決、フランスとロシアが同盟すること、オーストリアやロシアとの紛争である。

他方、ドイツ工業の発展はめざましいものがあった。フランスが支払った戦争賠償金がその設備を整えるのに役立った。ドイツの鉱山、工場、研究所は驚くべき迅速さで発展し充実した。ドイツの商船団は、いまや世界第一級であった。産学協同は、ほかのどの国よりも進んでおり、化学産業は世界最先端を行った。かつてのハンザ都市やライン同盟都市の古くからの都市貴族たちに取って代わって近代的工業・金融・大商社が主役の座に躍り出て、旧来の土地貴族は、これら新興財閥と結びついていった。

一八八八年、皇帝ヴィルヘルム一世は九十歳になった。彼は、重い病にかかり、皇位継承者のフリードリヒ皇太子も、喉頭ガンにかかっており、サン・レモで療養したが病の進行を食い止めることはできなかった。ビスマルクは一つの治世が終わり、次の治世も短命であること、そして、皇帝の孫で、思い上がりの強いヴィルヘルムが未来の君主になることを知っていた。それでも、自分が権力の座に残ることを疑わず、かつてのダントンと同じように、「彼らも、よもやわたしを切ることはすまい」と言っていた。

ヴィルヘルム一世は「ロシアのツァーとは仲良くしていけ」と言い残しながら息を引き取った。跡を継いだフリードリヒ三世は気位が高く、ビスマルクの「鉄と血による政治」には反対で、アンティ・セミティズム〔反ユダヤ主義〕を「世紀の恥」と呼んでいた自由主義者であったが、ビスマルクをお払い箱にするどころか、しっかり抱擁し、「国家に欠かせない人である」と宣言した。だが、在位九十九日で世を去り、二十九歳になるその息子がヴィルヘルム二世の名で皇帝になった。

〔訳注・この一八八八年という年は、三月九日にヴィルヘルム一世が死去し、六月十五日にフリードリヒ三世が没し、六月二十五日にヴィルヘルム二世が即位したので「三皇帝の年」と呼ばれた。〕

この若い君主は、危険なまでに自信過剰で、「重代のメントール Mentor」〔訳注・メントールはオデュッセウスが子供の教育を託した親友〕と呼ばれたこの宰相を後見役から解任するつもりでおり、「半年は任せるが、そのあとは自分で統治する」と漏らしていた。この新しい君主の性格を知っていたビスマルクは、「火薬の樽に坐ってタバコに火を付けてくわえているようなお人」と評していた。当初は蜜月のように見えたが、そのうちに意見の違いが目立っていった。社会的な問題については、宰相は労働者たちを押さえ込む必要があると考えたが、皇帝のほうは、それはそれで間違っていなかったが労働者たちの条件を改善することが革命を防止する最良の手段だと考えた。対ロシア外交については、ビスマルクは変更を探っていたが、ヴィルヘルム二世は現行どおりでよいとした。

こうして、皇帝は、この老いた獅子を退場させるための口実を見つけ、それは、ただちに受け入れられた。しかし、ロシアでもイギリスでも、イタリア、オーストリアでも、意見は一致していた。それは、彼が去ったあと、世界は一つの恐るべき破局へと向かうだろうということであった。鉄道の駅ではたくさんの群衆が「アウフ・ヴィーダーゼーン Auf wiedersehen!（さようなら）」と叫びながらビスマルクの跡についた。彼は列車に乗り込みながら「これで、すべて、おさらばだ」と呟いた。

〔訳注・ビスマルクは一八一五年生まれであるから、一八九〇年三月二〇日のこのとき七十五歳。亡くなるのは、一八九八年七月三〇日で、享年八十三。〕

文芸における北欧的神々の復活

ビスマルク時代のドイツの文学と芸術には、軍事的・政治的高揚が反映している。ドイツ民族の一体感

ニーチェ

ヴァーグナー

（「Volk」という語が盛んに使われたが、この語彙は、民衆・民族と同時に神秘的共同体という意味をもっていた）は、リヒャルト・ヴァーグナー（1813-1883）というこの時代の最も偉大な天才の作品にインスピレーションを与えた。彼は、その抒情的ドラマのテーマを原初ドイツにまつわる伝説に求め、見事な管弦楽の技法を駆使して英雄的戦士たち、神々、巨人、そしてヴァルキューレWalkyrie〔訳注・北欧神話で主神オーディンに仕える侍女たち〕を舞台に登場させた。この《未来の音楽》が価値を認められるには時間がかかったが、ドイツをその原初の神話のなかにどっぷり浸し、壮大で男性的な一つの理想像を提示した。

思想家にして詩人であるフリードリヒ・ニーチェ（1844-1900）は、価値の全面的転換をめざした難解で崇高な哲学を歌いあげた。彼は、優しさだの謙虚といったキリスト教的美徳のすべてを軽蔑し、キリスト教そのものを真っ向から否定した。また、同時にブルジョワ的道徳、大規模工業、社会主義、あらゆる大衆運動、近代社会全般を嫌悪し、「善悪を超越したところにいる道徳的巨人」が一つのエリート層から生み出されなければならないと主張した。

当初、ニーチェはヴァーグナーに傾倒し親交を結んだが、ヴァーグナーが聖杯伝説の英雄を素材に『パルツィファルParsifal』を創作したことで、「彼は十字架の前に膝を屈した」と言って袂を別った。〔その後、北イタリア、南フランスに滞在しながら著作。〕晩年は理性を失い、一九〇〇年、精神病院で亡くなる。だが、この精神の貴族は、自分の哲学が後世にはゆがめられて、彼が間違いなく「我慢ならない凡俗性」と軽蔑したような人々、彼が責めた大衆運動を組織している連中に利用されるのを見たら衝撃を受けたであろう。

トライチュケ

ヴァーグナーはヴァーグナーで、その作品は政治的に利用され、あまつさえ、愛娘は、イギリスの人種主義者、ヒューストン・ステュアート・チェンバレンを一族に受け入れてしまった。チェンバレンは、この音楽の巨匠の末娘、エヴァ・ヴァーグナーと結婚し、ヴァーグナーの活動の中心であるバイロイトに住み着いて、アーリヤ人種の栄光に捧げる書を著し、ドイツが世界を支配すると予言した。

トライチュケ（1834-1896）、ジーベル（1817-1895）といった歴史家たちも、同じ神に生贄を捧げた。トライチュケは、プロイセン的・北欧的・プロテスタント

レントゲン

コッホ

的なものはすべて尊敬に値するとし、カトリック的・オーストリア的・南欧的なものは退廃の匂いがすると言って嫌悪した。

しかし、このような人々の荒っぽさも、外国の学生たちがドイツの大学に憧れて大挙やってくることの妨げにはならなかった。この時代のドイツの大学は、その水準の高さで世界から憧憬の的となった。医学ではコッホ（細菌学。1843-1910）とヴァッサーマン（細菌学。1866-1925）、少し遅れてフィルヒョウ（細胞病理学。1821-1902）、エールリヒ（血液学。1854-1915）がいた。物理学ではヘルムホルツ（光の散乱の電磁理論。1821-1894）、ヘルツ（電磁波の研究。1857-1894）、レントゲン（X線の発見。1845-1923）がドイツの学問的レベルの高さを示した。ツェッペリン伯（1838-1917）は最初の硬式飛行船を造り、世界の空をまわって驚かせた。

もしドイツがこれらの名声に満足していたら、ドイツ国民は世界諸国民の第一級に位置づけられていたであろう。ところが、唯一、《汎ゲルマン主義》〔訳注・主唱者はトライチュケ。ゲルマン民族が世界の覇権を握ろうというもの」という、ほかの民族にとって受け入れがたい盲信のために、ドイツは災厄のどん底に引きずり込まれていったのである。

ヴィルヘルム二世

「私はドイツを鞍にまたがらせた。このあと、馬を操ることができるかどうかは、ドイツという国次第だ」――ビスマルクはこう言っていた。だが、若い皇帝は馬の乗りこなし方を知らなかった。彼は、充分知性も教養も身につけていたし魅力にも欠けていなかったが、うぬぼれが強く、むら気と見栄っ張りであることが彼を危険な首長にした。不完全な妊娠によって生まれながらに一方の腕が不具であった彼は、そのコンプレクスから過度に男らしさを演出しようとした。そして、ドイツを神の特別な恩寵に結びついた国であるとして、飾りをいっぱい付けたきらびやかな制服に身を包み、手首には腕輪を付けて、自分を目立たせようとした。

彼の親愛の情、善意ぶりは疑う余地がなかったが、気分が変わりやすく、怒りに囚われると身体を痙攣させ、そうした友情を台無しにした。あまりにも頻繁に失言をやらかした。オーストリアに対しては「東洋と西洋の戦争は不可避だ」と述べ、ドイツに対しては「剣を研ぎすまし戦いに備えよ」と述べ、イギリスに対しては「ドイツの未来は海にかかっている」などと放言した。本音では戦争を望んでいなかったが、こうした失言と暴言が国際情勢を危ういものにした可能性がある。

彼は二十六年に及ぶ治世の間に、ビスマルクを罷免したあと、カプリーヴィ（1888-1894）、ホーエンローエ（1894-1900）、ビュロー（1900-1909）、そしてベートマン＝ホルヴェーク（1909-1917）の四人を宰相として使った。しかし、四人のいずれもビスマルクのような《宰相》ではなかった。彼らは、ホーエンローエがのちに、「わたしが妨げることができたことすべてについて、人々は記念碑を建ててくれるだろう」と述べているように、ときには命令を無視したが、基本的には皇帝の命令の実行者であった。

宰相よりずっと強い実権を握っていたのがヴィルヘルム二世の寵臣のオイレンブルク（1831-1912）であり、とくに外交問題については、謎に包まれたホルシュタイン男爵（1837-1909）であり、国を牛耳ったのは軍人たちであった。国民は数々の勝利の酔いから醒めず、議会は宰相に対しては無力で、その宰相は、皇帝のみに依存していた。提出された予算案は唯々諾々と可決された。革命主義派と修正主義派に分裂していた社会民主党は、一九一二年には議員一一〇名で第一党になるが、実質的な力はなかった。

ヴィルヘルム二世は初めは社会問題に関してビスマルクと反対で、「社会主義者鎮圧法」を廃止するなど《太陽政策》を採ったが、期待したほど労働者たちが社会民主党から離反しないのを見て、突如、社会主義に対して厳しい政策に立ち戻る。ただ、ドイツの工業の発展ぶりはめざましく、経済成長は何もしなくても高レベルを維持した。労働者たちは一定の額以上の納税者に選挙権を与える制度に不満を感じていた。とくにプロイセンの政治は反動的であった。

外交に関しては、ドイツは次々とカードを切っては失った。皇帝ヴィルヘルム二世は《世界政策Weltpolitik》を展開することが夢で、その実現のためにいたるところに介入した。〔訳注・世界政策とは、植民地を獲得し、原料供給地と商品市場を一手に収めようという政策。イギリスがケープタウン、カイロ、カルカッタを結ぶ三C政策を実現したのに対抗してヴィルヘルムはベルリン、ビザンティウム、バグダードを結ぶ三B政策を推し進めようとした。〕この傍迷惑な皇帝の行動は列強諸国に警戒心を呼び起こし、とくにイギリスに不安を与えた。ヴィルヘルム二世はイギリスのヴィクトリア女王の孫であったが、イギリスを嫉妬し、加えて海が好きだったので、イギリスに負けない艦隊を建設したがった。

かつてスペインのフェリペ二世、ついではナポレオンを相手に戦って打倒してきたイギリス艦隊は、こんどはヴィルヘルム二世を相手とすることとなった。他方ヴィルヘルム二世は、ジェームスン〔訳注・南アフリカ会社をセシル・ローズと一緒に設立した。1853-1917〕がトランスヴァール侵入に失敗したとき、トランスヴァールのクリューガー大統領に祝電を打っている。

イギリスは二十世紀初めには危険なまでに孤立を感じていた。ジェームソン事件のあとも、南アフリカで積極的政策を推進したジョセフ・チェンバレン〔訳注・グラッドストン内閣で貿易相を務めた〕はドイツとの接近を試み、ドイツの艦隊建設に同意を与えたが、これがゆがめて受け取られた。このドイツの軍事力増強への不安がイギリスとフランスの合意を可能にした。

植民地競争

イギリスとフランスはアフリカのスーダン領有をめぐって対立していたが、ドイツの軍事力増強によってフランスは死命を制せられる危険があると考えたフランスのデルカッセ首相は、イギリスはエジプト経営に、フランスはモロッコ経営に専心できるよう、英仏間の課題を精算することを提議した。このときのイギリス王エドワード七世はフランス贔屓だったことから英仏協定を推進し、一九〇四年に成立した。これは、当初はあくまで植民地に関する協定で、イギリス首相としては戦争になった場合の約束にするつもりはなかったのであるが、次第に政府としても軍事的協力の担保条件として納得するにいたった。こうした英仏の接近と協調は、ビスマルクが以前から懸念していたことであった。

フランスは、もう一つ同盟国を獲得した。ロシアである。ロシアはドイツの新しい皇帝がオーストリアに無条件の支援を約束するなかで「スラヴ人は、人に命令するためでなく、ご主人に仕えるために作られた民族である」と言ったことも知っていた。このことから、ロシアとドイツの安全保障条約は更新されることはなかった。おそらくツァーの政府は、一七八九年以来、フランスの革命的・共和制的理念を嫌悪していたが、ロシアの軍事力強化と鉄道敷設のためにフランスの技術的財政的支援を必要としていたし、バルカン半島で紛争が起きたときの西側の同盟者としてフランスを念頭に置いていた。こうして、一八九二年にフランスとロシアの間で同盟が成立した。これは、ドイツが攻撃を仕掛けてきたときの相互支援協定も含んでいた。他方、ドイツの外交当局がありえないと考えていたイギリスとロシアの合意も、両者の極東と中東における抗争が収まって現実化する。

こうして、一八八二年のドイツ・オーストリア・イタリアの三国同盟（Triplice）に対抗して、一九一四年にはイギリス・フランス・ロシアの三国協商（Triple Entente）ができた。（もっとも、イタリアは、イギリスの働きかけによって前者から離脱するのだが。）

ヴィルヘルム二世とその取り巻きたちは、エドワード七世とエドワード・グレー〔イギリスの外相〕、そしてテオフィル・デルカッセ〔フランス外相〕がドイツを封じ込める《包囲政策politique d'encerclement》を企んでいると言い出して、それに対抗するために外洋艦隊の建造に着手し、これが、ますますイギリスの警戒心を刺戟した。実際には、エドワード七世にはドイツを包囲しようなどという考えはなかったが、彼は、フランスで人気があったし、パリやローマ、リスボンを頻繁に訪れたので、人々の間で噂を呼び、それが甥であるヴィルヘルムを苛立たせ、シナや日本、モロッコなど世界のあらゆるところで、これに対抗する行動を起こさせたのであった。

イギリス・フランス・ロシアによる《包囲》がまだ仮想でしかなかった一九〇五年、ドイツ軍司令官シュリーフェンとホルシュタイン男爵は、ロシアのバルティック艦隊が極東の海で日本に派手派手しく敗北を喫し、国内でも革命の陰謀が渦巻きはじめていたのを見て、《包囲政策》を打ち破る好機であると主張した。もしドイツがフランスを攻めた場合イギリスがフランスを支援するかどうか疑わしかったし、支援したとしても大した役には立つまいと思われた。必要なのは攻撃を仕掛ける口実であった。

その口実を提供してくれたのがモロッコ事件であった。事の起こりはヴィルヘルム二世が自ら北アフリカのタンジールに上陸し、フランスに反感を抱いているスルタンに友好と援助を約束し、宰相ビューローも、モロッコ問題を国際会議に付託するよう求めた。フランス政府は対独強硬派のデルカッセ外相を辞任させた。アメリカ大統領、セオドア・ルーズベルトもモロッコ問題に関して国際会議を開く考えを支持し、その会議がスペイン南西部のアルヘシラスで開かれた（1906.1-4）。

ところが、イギリス、ロシア、イタリアがフランスを支持したうえ、ルーズヴェルトの肩入れもあって、

モロッコのスルタン支援のためタンジールに上陸したヴィルヘルム一世

フランスに有利な妥協策が採択された。ホルシュタインの外交的勝利は、一転して失策となり、彼は辞任を余儀なくされる。一九一一年四月、フランスはモロッコの反仏民族運動を鎮圧し、首都のフェズを占領する。スルタンは命令権を失い、モロッコ情勢は新しい局面を迎えた。ドイツはドイツ人住民を保護するという名目で軍艦をアガディール〔訳注・大西洋岸。この沖にカナリア諸島がある〕に派遣し、独仏は一触即発の事態にまでいたったが、イギリスがフランスを支援することを表明したうえ、フランスの首相、カイヨーがコンゴをドイツに譲渡する代わりにモロッコはフランスに任せるという妥協案を提示した結果、戦争は回避された。しかし、一九〇五年、一九一一年と相次いだ警報で、各国の政府も国民も、ヨーロッパ的規模で抗争が起きるのではという不安には、危険なまでに慣れっこになっていた。

もう一つ、爆発の危険をはらんだ地域がバルカン諸国にあった。この地域では、ロシアが汎スラヴ運動を支援し、オーストリア＝ハンガリー帝国のきわめて不安定な均衡を脅かしていた。オーストリア＝ハンガリー帝国は、ドイツ皇帝の軽率な約束に力を得て、一九〇八年、ボスニアとヘルツェゴヴィナを併合した。この「強引なやり方coup de force」が全ヨーロッパを巻き込む戦争の引き金になる。

一九一二年から一九一三年にかけて、バルカン半島で大セルビア主義を唱えて民族的運動が高まり、トルコのヨーロッパ側の領土が縮小される。トルコは自国軍隊再建のために陸軍総監として、ドイツからリマン・フォン・サンデルスという一人の将軍を招き、これにイギリス・フランス・ロシアが抗議した。この件も、一九一四年初めには何とか収まり、危機は回避され、平和の希望は残されているように見えた。

そもそも誰が戦争を望んでいただろうか？　ヴィルヘルム二世も、彼の宰相のベートマン＝ホルヴェークも戦争を望んでいるわけではなかった。皇帝は「一歩も妥協しない」と勇ましい言葉を吐いたが、彼は、見栄を張ることで満足だったのである。しかし、ドイツには、ドイツ民族の権利を声高に叫び、オーストリアやスイス、ズデーテンなどのドイツ文化圏の人々や、さらには諸外国に帰化しているドイツ人まで含めたすべての人々を一つに統合すべきであると主張している極右国家主義組織の《全ドイツ連盟Alldeutscher Verland》があった。この連盟は聴衆を持っていたが、政策はまったく語らなかった。また、陸軍と海軍も、何週間かで勝利を手にする自信があり、戦争など恐れるに足りないと豪語していた。とくに海軍司令長官のティルピッツは戦争を期待していた。

最も危険なことは、ヨーロッパの青少年たちが全般的に、戦争を人類と文明に対する罪としてでなく、国民生活にとって必要な、英雄的でさえある事態として教え込まれていたことである。外国人嫌いがのさばり、とりわけ「ドイツ艦隊協会Ligue navale」〔訳注・海軍省の肝いりで設立されたもので、第二帝政下で最大の大衆宣伝団体であった〕が反英感情を煽っていた。

フランスでは、比較的平和主義的雰囲気が支配的であったが、前述のモロッコ危機以来、戦争もやむなしという空気が強まっていた。フランス人にしてみると、とくに普仏戦争の敗北でアルザス＝ロレーヌをドイツに奪われたことは耐え難い屈辱であった。これらの地方を取り戻すためにことさらに報復戦争をしようとまでは考えなかった人々も、もし、戦争になったときは、忘れたことのない両地方を解放するつもりであった。フランス人たちは、自国が外交的に優位にあること、フランスの軍隊が充分に活躍してきたことを知っていた。ドイツの兵力増強に対抗するために、徴兵期間を延長して三年にする制度が採用され、熱烈なロレーヌ人であるレイモン・ポワンカレ（1860-1934）を共和国大統領に選んだ。

もう一度いうが、フランス人たちは平和主義的であったが、それは、古くから好戦的民族であった彼らにしては、ということであって、戦争を好きでないにしても戦争から逃げる人々ではなかった。イギリス人たちはというと、彼らは、態度を決めておらず、内閣は仮定の問題について論議するつもりはないとして、「われわれは、橋にさしかかったら渡るだけだ」と語った。

実際のところ、ヨーロッパを巻き込む戦争になるのを見てほっとしているのは、オーストリアとロシアの政府だけであった。スラヴ人の台頭と内部的亀裂に脅かされていたオーストリアは、ドイツ人主導の戦争によって、帝国を形成している諸民族に圧力を加える必要を感じていた。他方、国内に深刻な危機を抱えていたロシアも、戦争によってスラヴ人すべてが一つに結合できると期待していた。気の弱いニコライ二世を戴

サライェヴォに列車で到着したオーストリア皇太子フランツ＝フェルディナント大公夫妻。この直後馬車に乗ったところを暗殺される

く大臣たちは、極東では敗北を喫したが、ボスフォラスで挽回して、不満を抱く学生たちや、何かというとサンクト・ペテルブルクの街路にバリケードを築いて抵抗する労働者たちを黙らせることができると期待した。

そのような状況の最中に、オーストリアの皇位継承者であるフランツ＝フェルディナント大公とその妻、ホーエンベルクのゾフィーがサライェヴォで一人のセルビア人青年、ガブリロ・プリンチップによって暗殺される事件が起きた。一九一四年六月二十八日のことである。

動員

この大公の暗殺にセルビア政府が加担していたかどうかは結局証明されなかったが、オーストリア帝国指導部、とりわけ軍部は二度にわたるバルカン戦争で勢力を拡大していたセルビアを叩きつぶす好機と考えた。七月二十三日、オーストリア＝ハンガリー帝国政府はセルビアに最後通牒をつきつけ、汎スラヴ運動を支援する政策を放棄すること、反オーストリア分子を軍隊・行政府・教育から追放すること、オーストリアに対して敵対的論調を張る新聞を廃刊すること、暗殺事件の捜査にオーストリアを参加させることを要求した。独立国の政府にとっては、外国からこのような要求に即時従うよう迫られることは、受け入れがたい屈辱であったが、これについてベルリンはウィーン政府を支持し、サンクト・ペテルブルクとパリ、ロンドンに対し、オーストリアとセルビアのこの問題に介入しようとするあらゆる試みは、測り知れない結果をもたらすであろうと警告した。

これは、ロンドンとパリにとっては驚天動地のことであった。一九一四年のヨーロッパの人々は驚くべき繁栄を謳歌していた。一八七〇年の戦争のあと、文明はあらゆる点で長足の進歩を遂げ、最も貧しい人々のためのさまざまな福祉制度がととのえられる一方、複数の国にかかわる問題については、仲裁措置が採られることが多くなっていた。表現の自由が保障され、バーナード・ショー（1856-1950）やH・G・ウェルズ（1866-1946）も、アナトール・フランス（1844-1924）やレフ・トルストイ（1828-1910）も、当局から罰せられることを恐れないで時代の弱点を批判することができた。

人々の生活も、電話、映画、自動車の登場で大きく変わりつつあった。公共の図書館には万人向きの傑作が揃えられた。女性たちも自由を謳歌した。そのような時代に、率直に話し合えば解決できる問題のためにヨーロッパの各国が戦争という集団的殺し合いの手段に頼ろうとするとは考えられないことであった。

とりわけドイツは、これまで、ほかのどんな国民よりも、戦争のために多くの人を失い、損害を蒙ってきたし、現にこれほど科学と労働によって偉大な進歩を遂げているにもかかわらず、ひとたび戦争が起きたな

対ロシア危機的事態令を市民に告げている光景。1914年7月31日、ベルリンのウンター・デン・リンデンで

らば、最も美しく最も確かな未来を台無しにすることとなるのである。

セルビアがオーストリアの最後通牒をほぼ全面的に受け入れたとき、希望の光は垣間見えたように思われた。ヴィルヘルム二世さえも、セルビアの答えは許容できると言明した。にもかかわらず、オーストリアは、一九一四年七月二十八日、セルビアに宣戦を布告。各国は他国に先を越されまいと兵の動員計画を立て、軍事力を強化した。七月三十一日にはロシアが軍隊を動員し、これに対してドイツの参謀総長モルトケは《Kriegsgefahrzustand》〔訳注・戦争勃発の危機的事態令〕を発令し、オーストリアにも対ロシア戦用に動員を促した。これは《総動員令》へ向かっての最初の一歩であった。

モルトケの計画は、まだシュリーフェン計画に近いもので、まず西部戦線で、ベルギーとルクセンブルクを侵犯して軍を進め、総力を挙げてフランスを攻撃し、三週間以内に降伏させたあと、東部戦線に主力を移して東方のロシアをやっつけるというものであった。しかし、この作戦は、フランスが、その同盟国を支援するつもりがあるかどうかでまったく変わってくる。七月三十一日一九時、モルトケはフランスに対し、ロシアとドイツが戦争になった場合、フランスは中立を守るのか否かを確かめる最後通牒を送った。もし中立を守るというのなら、その抵当として東部フランスの要衝をドイツに委ねるという条件が付いていた。これは、フランスとして受け入れられるものではなかった。

八月一日一六時、フランス政府が動員令を発すると、一七時にはドイツも総動員令を発令（しかし、実際には、前夜から動員は行われていた）。一九時、ドイツは対ロシア宣戦布告。その一方で、八月一日から二日にかけての夜半、なんらの予告もなくルクセンブルクを占領。翌八月二日にはベルギーにドイツ軍通過の権利を要求するとともに、トルコと不可侵条約を締結している。八月三日一七時、ドイツはフランスに対して宣戦を布告し、先の要求に対するベルギー政府の返事も待たないでベルギー領内を侵犯した。これは明白な国際法違反であり、これを機に、まだ躊躇していたイギリスが参戦することとなる。

反応は連鎖的に続いた。イギリスの対独宣戦に関して、イタリアは八月四日には中立を宣言したが、翌年の一九一五年には英仏側に就いてオーストリアに宣戦を布告し、一九一六年に戦争を開始している。一九一四年八月五日、領土を侵犯されたベルギーは対独宣戦。オーストリアは八月六日に対露宣戦。セルビアとモンテネグロは八月七日にオーストリアに対し宣戦布告。フランスは八月十一日にオーストリアに宣戦布告。イギリスも同十四日にオーストリアに宣戦。十月二十一日、トルコがドイツから提供された軍艦でロシアの沿岸を攻撃して戦争に参入。ブルガリアはドイツ側に就き、ルーマニアは当初、中立を宣言したが、ドイツとオーストリアに宣戦を布告した。連鎖はヨーロッパだけでとどまらず、カナダ・オーストラリア・

ニュージーランドの《英連邦諸国Dominion》、ポルトガルもイギリス支援を声明。最後に一九一七年にはアメリカ合衆国が加わる。まさに、ガブリロ・プリンチップなる一介の学生が付けた火は世界的動乱へと拡大していったのであった。

これは集団的狂気であり、西欧文明は自殺の道を選んだのであった。ヨーロッパの列強諸国は互いに結束することによって世界に君臨し、平和をもたらし、幸福と正義への歩みを進めるはずであったのに、いまや、分裂し争い合うことによって自滅の道へ突き進みはじめたのである。一九一四年の戦争はヨーロッパにとっては内戦であった。ほんの少しの知性と和解の心があれば、破局は容易に避けられたであろう。だが、そんな良識の声に耳を貸す人はいなかった。国民を総動員しての地獄行き機械（machine infernal）は、いったん動き始めるや、それを停めることはもはやできなかった。ビスマルクの言葉を反転していえば、「戦争は、軍人に任せるには、あまりに重大なもの」なのである。

第一次世界大戦

しかしながら、ドイツの《戦争機械machine militaire》は、すばらしく出来がよかったので、当初は一つの故障もなく動いた。鉄道のないロシアに派遣された幾つかの部隊が、すばやく移動できず、全体の動きに対し障碍になっただけであった。それ以外の何百万という膨大な数から成るドイツ軍は、迅速にベルギーを通過し、フランス、イギリスを巻き込む巨大な旋回運動によってスイスとの国境へ向かって敗軍を追いやるはずであった。この作戦は、フランスの参謀本部がドイツ軍の実動数について間違った数値を基に軍を配置していたことから、容易に成功するはずであった。

しかし、フランス軍司令官ジョッフルは冷静にも、自軍を整然と後退させ、反撃の機会を待った。そのチャンスは、フランスに進入したドイツ軍右翼が東南に方向を転じ、パリの前で側面を晒したときに到来した。いわゆる第一次マルヌ戦である。だが、この戦いでは勝敗は決しなかった。ドイツの将校たちは、ぎりぎりのところで退却することができたからである。しかし、フランスを電撃的に降伏させるという計画は崩れ、この失敗でモルトケは参謀総長の席をファルケンハインと交代させられたが、この決定は何か月もドイツ国民には隠された。

この間、東方では、老将ヒンデンブルクと参謀ルーデンドルフがタンネンベルクとマズーリ湖〔訳注・ポーランド北東部〕の戦いでロシア軍を破ったが、西部戦線では、ドイツ軍と英仏軍が「海への競走course à la mer」〔訳注・敵におくれないために、どんどん大西洋岸に向かって前線を伸ばしていったことによる呼称〕ののち、ベルギーのほぼすべてと北フランスの連続線上で相対峙する形になった。

この前線を突破するために双方によって次々と行われた試みを記すと長くなるし、無駄でもあろう。一九一六年から一九一七年にかけて繰り広げられた攻撃と防御の対決では、楯のほうが勝ちを制した。ヴェルダンで決着をつけようとしたドイツ側の試みは、双方とも膨大な死者を出した挙げ句、失敗し、ソンム地方への英仏同盟側の攻撃も、イギリスが三〇〇万の兵を揃えたにもかかわらず、大して成功しなかった。膠着状態から脱するために、比較的防御の手薄な地域、たとえばギリシャで、ダーダネルス上陸作戦、テッサロニキ遠征〔訳注・これはイギリスの内相、チャーチルが提案した作戦〕など種々の試みが行われたが、事態の打開には繋がらなかった。

イタリア軍は、ついにオーストリア＝ハンガリーの前線を突破できなかった。オーストリアでは、一九一六年十一月、フランツ＝ヨーゼフ皇帝が死去し、跡を継いだカール一世はパルマ系ブルボン家の娘と結婚していたが、彼女の男兄弟たちの多くはオーストリアにとって敵であるベルギー軍のなかで戦っていた。若い皇帝は妻の実家であるシクストゥス公の仲介によって個別に和平協定を結ぼうとしたが、英仏からよい感触を得ることはできなかった。

この間、ドイツのティルピッツ元帥は、敵側に物資を運んでいる商船を徹底的に撃沈することによって戦況を好転できると考え、新しく登場した潜水艦を活用する作戦を推進した。しかし、この潜水艦作戦によって大西洋横断の大型客船《ルシタニア号》が犠牲となったことから、中立を守っていたアメリカの世論が沸騰し、ドイツにとって不利な状況となる。アメリカは、まずドイツとの外交関係を断絶し、ついでドイツに対し宣戦布告したため、ドイツ側の敗色は一挙に濃厚となる。すでにアメリカ合衆国の工業生産力と人口学的重みは、秤を英仏側有利に傾けさせるに充分であった。

アメリカが参戦する以前の英仏連合国側の状況は、あまり芳しくなかった。フランス軍では、シャンパーニュにおけるニヴェル将軍の不幸な攻撃作戦（一九一七年四月から五月）のあと反抗が起き、そのため、ニヴェル将軍と交代したペタンは兵士たちの紀律建て直しから始めなければならなかった。しかし、他方のドイツも、経済封鎖のために国民生活は逼迫し、不満が増大していった。軍事工場ではストライキが起き、社会主義者たちの抗議は戦争の継続を妨げる動きへと発展していった。ヴィルヘルム二世は、選挙権の納税額による制限を撤廃し、すべての成人に投票権を与えると宣言して彼らを宥め、なんとか戦争を継続しようとしたが、帝国議会のなかからも、交渉による和平を求める声が高まった。

ロシアでは、一九一七年三月十五日、メンシェヴィキ革命が勃発し、ニコライ二世は退位した。新政府のケレンスキー内閣は戦争を継続しようとしたが、ついで十一月七日に起きた第二革命で権力を掌握したレーニンのボルシェヴィキは、この「資本主義的戦争」を直ちに終わらせるためにブレスト＝リトフスク〔訳注・ワルシャワの東方〕で停戦交渉を開始し、一九一八年三月、講和条約に署名した。このロシアの脱落によりドイツ軍は、思いがけず東方で手が空いたため、軍司令官のヒンデンブルクとルーデンドルフは、アメリカ軍が大挙到着する前に西部戦線の決着をつけようとした。

ドイツは、アミアンの手前での戦いには勝利したものの、連合国側がフォッシュに指揮権を一本化して前線を強化したため、戦いは膠着状態に陥り、加えて、ドイツ側の士気を低下させる問題が露呈した。一つは、フランス首相、ジョルジュ・クレマンソーによってオーストリア皇后ツィタの兄弟、シクストゥス公の手紙が公開されたことで、そこには、フランスにはアルザス＝ロレーヌの返還を求める正当な権利があるとオーストリア皇帝カール一世が認めていることが書かれていた。第二は、アメリカ大統領、ウッドロー・ウィルソンが発表した和平プログラムの十四箇条は穏健なドイツ人たちにとっても満足できる公平かつ正当なものであったこと。そして第三は、アメリカから主力軍がぞくぞくフランスに到着していたことである。

とはいえ、ドイツは一九一八年になってもピカルディーやシャンパーニュで攻勢に出て勝利を手にしていた。「ドイツ軍はノワイヨンにあり」〔訳注・ということはパリのすぐ近くということである〕――クレマンソーは繰り返した。この呼びかけに応じて、パリ市民たちは持っている限りの武器を手に、タクシーまで動員して駆けつけ、いわゆる《les gros bataillons》でなんとかドイツ軍を撃退した。これが第二次マルヌ戦争である。全面的に流れが逆転し、ドイツ側の敗色が決定的になるのは一九一八年の七、八月からである。フォッシュの作戦指揮が功を奏したことと、アメリカ軍が加わったことで、連合国側の優位は確実になった。イタリア軍も前進し、ついにルーデンドルフも休戦協定に応じる姿勢を示した。

十月四日、独墺同盟国側（empires centraux）はウィルソン大統領の『十四箇条』を受け入れることを表明した。しかし、事態はもっと進んでいたので、クレマンソーもロイド・ジョージも、それでは満足しなかった。十月十七日、オーストリア皇帝カール一世はオーストリア＝ハンガリー帝国内のすべての民族に自治権を与えることを約束し、ドイツに同盟破棄を通告した。十一月三日、オーストリアと連合国側との停戦条約が成立。ブルガリアとトルコも武器を擱いた。

同じ十一月三日、北ドイツのキールの海軍内で暴動が起き、革命の火はドイツ全土に広がった。十一月七日、バイエルンでは、この地を支配してきたヴィッテルスバッハ家が追放され、独立国家として宣言が行われた。同九日には、ベルリンでも民衆が蜂起したため、ヴィルヘルム二世は退位し、オランダに亡命、皇太子は皇位継承を断念する意志を表明した。社会民主党のフィリップ・シャイデマンが共和制を宣言し、社会主義政党のフリードリヒ・エーベルトが共和国大統領に指名された。帝国内のほかの諸邦でも君主たちは王座を失った。ドイツをこのような敗北と混乱に陥れた責任は、なによりも権力を利用して民主主義を抑圧してきた極右の連中にあったが、彼らが逃げ出したあと権力を引き継いだ人々は、国を立て直すために勇気をもって休戦条約を締結した。

一九一八年十一月十一日、戦いが止んだとき、ドイツは飢え、人々は絶望的な状況にあり、世界全体がそ

1918年11月、ベルリン王宮前で機関銃を構える反乱ドイツ兵士。背後にネプチューンの噴水

うであったように、ほっとしたというのが真相であった。骨肉相食むこの戦争においては、勝者も敗者も、全ヨーロッパが致命的打撃を蒙った。

ヴァイマール共和体制

第一回国民会議（Assemblée Nationale）はゲーテとシラーゆかりの町、ヴァイマールで開かれた。これは、ドイツが戦士の国ではなく、ゲーテに代表されるような精神の大国たらんとしていることを示すためであった。代議員は普通選挙（投票権は女性にも与えられた）により一九一九年一月十九日に選ばれたが、得票比率で絶対多数を獲得した政党はなく、二月、国民議会が召集されたときは、三つの政党（社会民主党、カトリック中央党、民主党）で連立を組まなければならなかった。エーベルトが大統領に選ばれ、シャイデマンが首相として連立政権を率い、八月には憲法が公布され、議会制民主主義が樹立された。

しかし、ドイツにとって最大の問題は、戦後処理のための条約、すなわちヴェルサイユ講和会議であった。〔訳注・一九一九年一月一八日に始まったが、これはフランスのクレマンソーを議長に戦勝国のみで行われたものでドイツは議論には入れてもらえず、ウィルソン・プランの十四箇条も尊重されなかった。結論は五月七日にドイツ代表団に手交された。〕

エルザス＝ロートリンゲン（アルザス＝ロレーヌ）はフランスに返還され、北シュレスヴィヒ〔デンマーク

第一次大戦後のヴェルサイユ条約調印の場面。中央の白髭の男性がフランス首相のクレマンソー。向かってその右がイギリス首相のロイド・ジョージ、左がアメリカのウィルソン大統領

との国境地域〕、マルメーディ、ウペン〔訳注・ともにベルギーとの国境地域〕などの帰属問題は住民投票に委ねられることになった。東プロイセンはドイツに残ったが、ポーランドに海へのアクセスを可能にするための《ダンツィヒの回廊》が設けられたため、飛び地になり、ダンツィヒは自由都市となった。この条項はきわめて不条理であるとして、将来のために重大な棘となる。ザールの鉱山はフランスの資産となるが、どの国に帰属するかは十五年後に住民投票で決められることになった。ドイツの海外植民地は全て失われたうえ、ライン右岸の幅五〇キロについては、軍事的要塞はすべて撤去されることになった。

ドイツ軍は一〇万にまで縮小され、軍務に従事する期間は十二年までと定められた。この規定は何年もかけて幾つもの階級を昇級し熟練兵となっていくことを妨げることにその意図があったが、のちには、核となる職業的軍幹部の形成も可能となり再軍備が行われていくこととなる。ドイツは膨大な軍需物資と大部分の艦船、蒸気機関車、車両を手放すとともに、天文学的な額の賠償金支払いを義務づけられた。〔訳注・額の決定には時間がかかり、一九二一年五月になって一三二〇億金マルクと定められた。〕

しかし、この条約で満足した人は誰もいなかった。アメリカとイギリスは、この苛酷さを将来の戦争の禍根になると警告した。フランスはクレマンソーもフォッシュも未来のための保障を欲しがったが、それは得られなかった。ドイツ人たちはヴェルサイユで受けた屈辱的扱いに深く傷ついた。ドイツはウィルソンの提唱で設立された国際連盟（Société des Nations）のなかに席を与えられなかったし、他方、アメリカ合衆国は、この国際連盟に関して自分たちの大統領を拒絶した。

同じ大戦争の後始末でも、一八一五年のウィーン条約のほうが、より賢明で、より現実主義的であった。ケインズのような経済学者は、これほどの賠償金を支払えるわけがないと予告し、警告していたが、無駄で

マルクの価値暴落で何を買うにも大量の札束をもっていかなければならなかった

あった。このような膨大な額を見返りもなしで、どのように移すのか？　ドイツ人たちは、この債務をまぬかれるために自分たちの通貨を停止した。

〔訳注・このことについてアンドレ・モロワは『フランス史』においてこう書いている。「ドイツは支払わないことを決意して破産を行い、自ら貨幣価値を暴落させ、国内の負債を清算。同時に、米英から借款をして、その財政状態を、表面は破滅的でありながら、事実上は良好にした。フランスは賠償名義で得た金額の大部分を戦時公債の支払いに充てなければならなかった。ドイツはアメリカからカネを吸い上げ、それをドイツにはアメリカのクレディットの形で、フランスその他には賠償の形で、それからもう一度、アメリカへは戦時公債の名義で渡した。そして、その循環の一部を巧妙に上前をはねて、新しい都市や軍需工場の建設に使った。」（平岡昇・中村真一郎・山上正太郎訳）〕

マルクの価値は暴落した。連合国側は若いヴァイマール共和国に、このような経済的・金融的無秩序を押しつけるという致命的誤りを犯したのだった。ヴァイマール共和国は、民主的ドイツの創造を唯一の希望としていたにもかかわらず、ヴェルサイユの強制的条約と通貨制度の崩壊のゆえに、右翼ナショナリストと極左共産主義者やスパルタクス団といった左右両勢力から非難され攻撃される格好の餌食となった。

一九二〇年以後、ベルリンでは、君主制擁護論者のカップ〔訳注・父親が一八四八年のドイツ革命に失敗してアメリカに亡命していたが、息子は一九〇〇年に帰国して反共和制を唱えて暴動を起こした〕が市政を掌握するところまでいったが、労働者のゼネストで辛うじて食い止められた。また、バイエルンでも、大資産家たちが援助して旧帝国軍兵士による《自由部隊 corps libres》が出現し、急進的右翼組織は盛んにテロ活動を行った。この結果、一九二一年には元蔵相のエルツベルガー、翌二二年には外相のラーテナウが暗殺されている。

元画家でオーストリア陸軍の伍長であった男が、イタリアで成功をおさめていたムッソリーニを手本に、反自由主義的独裁政治を掲げて群衆を煽動しながらバイエルンで頭角を現すのもこのころである。彼は、仲間とともに《国家社会主義 National-sozialismus》を掲げる政党（ナチス）を結成し、ヴェルサイユ条約の破棄、ユダヤ人およびマルクス主義者を取り締まる法律を要求し、敵対する勢力を陰謀と暴力で排除していった。その野蛮な手法は良識ある人々を不快がらせたが、そのスローガンは群衆の苦しみと怨恨にマッチしていたし、とくに若者たちは「男性的ドイツよ、目覚めよ！　敗北など受け入れるな」といった党首のアドルフ・ヒトラーの演説に喜んで耳を傾けた。ナチスのミュンヘンにおける最初の暴動（1923.11）は失敗し、ヒトラーは投獄されたが、この獄中生活のなかで、ヒューストン・チェンバレンやニーチェ、そしてヴァーグナー的記憶を援用して『我が闘争 Mein Kampf』なる過激で混乱した書を著し、自らの憎悪と歪んだ希望を開陳。これは、ナチスの《バイブル》となっていった。

この間、イギリスの首相、ロイド・ジョージは、連合国とドイツが直面している難局を打開するために、ヨーロッパ会議をジェノヴァで開催することを提唱していた。この会議は流産に終わったが、連合国側が驚いたことに、これを利用してドイツとソヴィエトはラパロで条約（1922.4.16）を締結した。〔訳注・ラパロはジェノヴァ近郊の町で、ドイツはソヴィエトを正式に承認し、双方の帝政期の債務を支払い免除にすること、ソヴィエトは今大戦の賠償を請求しないことを合意したもの。〕ドイツの外相、ラーテナウ〔訳注・この少し後暗殺される〕は自由主義的資本主義者であったが、右翼的な外交官たちもドイツ国防軍（Reichswehr）も、ビスマルクの外交を引き合いに出して、この対ソ接近に好意的態度を示した。

他方、フランスのポワンカレは、アングロ・サクソンの二大国との間で期待された条約締結に失敗し、ひどく不安に陥った。そこで、フランスの安全のためとドイツが戦争賠償金を払っていないことを理由に、イギリスの反対とドイツ側の抵抗を押し切って、一九二三年、ルール地方を占拠した。マルクは急激に下落してインフレとなり、一九二二年に六六七五億マルクあった負債は、一九二四年には二七億マルクに縮小した。シュトレーゼマンを首班とする連立内閣は、ルールの騒動を終わらせ、通貨の安定を図ることに全力を注いだ。これを容易にしたのが、《レンテンマルクRentenmark》と呼ばれるもので、不動産収入を担保としてレンテン銀行から発行されたマルク紙幣である。これをさらに補強するためには、交渉によって賠償額をドイツにとって支払い可能な額にまで減らす必要があった。

これは、一九二四年にフランスでポワンカレが失脚し、代わってエドワール・エリオが政権を執ったことで容易になった。外相も、平和的で寛大なアリスティド・ブリアンに交代した。そして、ドイツが支払うことのできる限度を評価するために、アメリカ人のドーズのもとに委員会が設置され、ドイツへの外資導入、支払い軽減が定められた。このドーズ案は、ドイツからも《強制条約Dikta》ではないとして受け入れられ、エリオ首相は、ルールを占拠していたフランス軍を撤退した。

一九二五年、フランスの新首相ブリアン、イギリスのオースティン・チェンバレン、ベルギーの外相、ヴァンデルヴェルデ、イタリアのムッソリーニがスイス南部のロカルノに集まり、ドイツのルター首相、シュトレーゼマン外相と会談。ヨーロッパにおける真の平和再建のためにリスクを受け入れる用意があることを確認し合った。フランスとドイツの境界線は、イギリスとベルギー、イタリアによって保障され、シュトレーゼマンは、東方の境界線に対するドイツとしての抗議は主張しつつも、今後は力による行き方は採らない旨を約束した。

「ロカルノでは、われわれはヨーロッパ語で語り合った。これは、学ばれるべき新しい言葉である。」

このロカルノ条約でドイツの国際連盟加入の道も開かれ、その後、ブラジルが拒否権を行使するなど幾つかの難関はあったが、常任理事国の改編などが行われ、最終的にはドイツの加入が認められた。

一九二五年にはフリードリヒ・エーベルトが亡くなり、老将ヒンデンブルクが共和国大統領に選ばれた。一九二九年にはドーズ案を修正したヤング案が作成され、ドイツがまだ支払うべき賠償額が明確にされた。経済と財政における主権がドイツに返還され、外国によるあらゆるコントロールが撤廃された。ドイツは、ヘルマン・ミュラー（1928-1930）のあと、カトリック教徒で人望の厚いハインリヒ・ブリューニングが組閣。しかし、彼は、一九二九年にアメリカ合衆国で勃発し、ヨーロッパを巻き込んだ経済恐慌のなかで政権を担う不運を味わった。何年間もアメリカの信用債権で息を継いでいたドイツ工業にとって、アメリカの銀行が恐慌に襲われ、その信用が脅かされたことは、深刻な打撃であり、失業者は一九三二年初めには六〇〇万人を超えた。

次の大統領選挙の時期が来たとき、八十五歳になっていたヒンデンブルクは、さすがに立候補を躊躇した。ブリューニングは、経済的危機のさなかでの選挙は、自分の任期を延長してでも避けたいところであったが、それには国会議員の三分の二以上の同意が必要で、ヒトラーのナチス党が反対したので、選挙を行うことになった。ヒンデンブルクが共和党の候補となり、共産主義者たちはテールマン、国民党はデュスターベルク、ナチ党はドイツ市民権を取得したヒトラーを立てた。ヒンデンブルクは、ブリューニングの骨折りで一八五〇万票、ヒトラーは一一〇〇万、テールマンは五〇〇万、デュスターベルクは一五〇万票という結果になり、再投票の結果、ヒンデンブルクが一九〇〇万を獲得して大統領に再選された。ヒトラーは、このとき一三〇〇万票を集めている。

ブリューニングは選挙については成功したものの、軍隊から脅かされた。軍首脳はヒンデンブルクと彼との仲を裂こうと、「ブリューニングは赤の連中にまで票を依頼した」とヒンデンブルクに告げ口したのである。根っからの軍人であり大地主であるヒンデンブルクは、自分の勝利が共産党の協力のおかげであると言われることに不快感を抱いた。このとき、連合国側は、賠償金支払いを免除することによってブリューニングに助け船を出すことができたはずであった。事実、数か月後、後任のフランツ・フォン・パーペンには、賠償金免除を容認しているからである。彼らは、間違いなく過ちをおかしてしまった。ブリューニングは、賠償金捻出のために東プロイセンの農業改革を提言したことで、ヒンデンブルクにより解任されてしまう。

ドイツ首相に指名され、大統領ヒンデンブルクに挨拶するヒトラー（1933年3月21日）

後任のフランツ・フォン・パーペンはカトリック教徒の愛想のよい貴族で、老元帥と親しく、彼の話はこの老人を楽しませた。しかし、この軽薄な男は、ナチスの突撃隊Sturmabteilungen（略称・SA）の威嚇とテロリズムに抵抗することができなかった。ナチスは、一九三二年の国会議員選挙で三七・七％を獲得して第一党となり、ヒンデンブルクは「ボヘミアの伍長」と見くだしていたヒトラーに首相のポストを提供しなければならなくなる。ヒトラーは固辞した。彼が求めたのは「オール・オア・ナッシング」であった。国防大臣のシュライヒャーはナチ党と交渉することを提案した。パーペンが辞任したので、ヒンデンブルクはシュライヒャーを首相にしようとした。しかし、すでにドイツはヒトラーの突撃隊と親衛隊Schutzstaffeln（略称・SS）の不吉な支配下に置かれ、「カーキ色の恐怖」に覆われていた。

カネがなかったナチスはパーペンに渡りをつけ、副首相の座を餌に、首相の席をヒトラーに与えるよう、ヒンデンブルクを仕向けさせた。その夕方（1933.1.30）、老元帥と伍長の前を盛大な松明の行列が行進し、ヒトラーは《第三帝国》の誕生を高らかに宣言した。シュライヒャーに関して言えば、彼は、翌一九三四年に暗殺されている。

《第三帝国》

疲弊し壊滅してしまったように見えたドイツのなかにあって、生き永らえて巻き返しの準備をしている活動的な要素の幾つかのうち最も強力なのが軍隊と重工業であった。なかでも工業人たちは強大な経済力を保持していた。彼らは伝統的政党に結びつこうとしたが、肝心の旧政党は政策もドクトリンもばらばらで多数票を獲得することができないでいた。これに対し、新興の国家社会主義党（ナチス）はあらゆる係累に縛られず、しかも第一党となったことにより、大製鋼所などから多額の献金がその懐に流れ込んだ。工業人たちのほうは、カネの力でヒトラーを操ることができると踏んでいたが、これは見当違いであった。この薄情な男は、手にした権限を最大限に活用して、一方で恐怖を撒き散らし、もう一方で、自分の考える国家再生を押し進めていった。パーペンもフーゲンベルク（経済相・農業食糧相・国民党党首）も、教養も経験もないこの男なら簡単に飼い慣らせると考えていたが、彼らのほうが数か月足らずでヒトラーに打ち負かされてしまった。

一九三三年夏には、すべての政党、政治的・非政治的を問わずあらゆる組織が禁止され、公共生活を牛耳るのはヒトラーの党の独壇場となる。情報相ヨーゼフ・ゲッベルスの煽動的なプロパガンダにより、ゲーリングとヒムラーの親衛隊と突撃隊、そして警察の暴虐によって、ナチ党に抵抗する者はすべて沈黙させられた。有名な国会議事堂（Reichstag）の放火事件（2,27）は、ファン・デル・ルッベという男の犯行とされたが、おそらくゲーリングが仕組んだもので、共産党が黒幕であるとして弾圧が行われた。

ナチスはその後の選挙でも過半数を取ることができなかったが「国民の圧倒的多数の支持を得た」として強権を発動した。このなかで、不幸にもユダヤ人、スラヴ人、ジプシー（tziganes）〔訳注・ロマ人〕などは「非アーリア人種」として財産を没収され、強制収容所に収監されて、ひどい扱いを受けた。〔訳注・本書では詳しく言及されていないが、とくにユダヤ人については、絶滅を視野に入れた大量虐殺まで行われたことは、あまりにも有名である。〕ドイツの最も偉大な学者や作家の何人かは亡命を余儀なくされ、その多くが移り住んだアメリカには、この結果、計り知れないほど大きな文化的貢献をもたらした。

この間、ドイツでは、政党だけでなく、組合や領邦も壊滅させられた。尊敬に値する抵抗を繰り広げた教会も少なくなかった。万人同胞主義を本来の教義とするキリスト教と人種的優劣を振りかざしゲルマン人を《支配民族 Herrenvolk》とするナチズムとが協調できるはずもなく、ローマで結ばれた政教協定にもかかわらず、カトリック教会もプロテスタント教会も、おしなべて迫害を受けた。一九三七年三月十四日、教皇ピウス十一世は反ナチズムの回勅『Mit brennender Sorge』（燃えるような憂慮をもって）をドイツの司教たちに宛てて発した。ナチス政府はこれを禁じたが、いたるところで回し読みされた。

ナチズム自体がアドルフ・ヒトラーを《フューラー Führer》（指導者、案内者）と仰ぐ古代ゲルマンの神秘

労働にかり出される若者

的信仰に基づく一つの異教であり、従わない者を摘発するために、監視と密告のシステムがいたるところに張り巡らされた。その一方では、再軍備計画と大型事業のおかげで失業者は減り、若者たちは、ナチ党の忠実な道具に仕立てるための精神教育を施す仕組みのなかに入れられた。

党の理念に合わせようとしない人々に対する《パージpurges》〔粛清〕は、ヒトラーの旗揚げ当初からの仲間にも容赦なく及んだ。一九三四年六月三十日の《長いナイフの夜nuit des longs couteaux》〔訳注・血の粛清とも呼ばれる〕では、突撃隊長のレームとその一派が排除されている〔訳注・これには軍の主導権争いが絡んでおり、レームらを射殺したのは親衛隊であった〕。なお、前首相のシュライヒャーやパーペンの秘書などヴァイマール共和政時代の旧敵八十余人もこのとき殺されており、この事件の残虐さは、まだ幾分か精神的自由を保持していた人々のなかに恐怖を引き起こした。

それぱかりでなく、一九三五年の「ニュルンベルク諸法」によってユダヤ人は公民権を剝奪され、ゲットーに入れられて古代社会の奴隷よりも劣悪な状況に置かれた。〔訳注・この法律では、ユダヤ人が市民権を剝奪されただけでなく、ユダヤ人と結婚している人々も「人種の汚濁を招く」として死刑に処される一方、ヒムラーは《生命国家繁殖計画》と称して、純血種の若い女性は親衛隊員の相手を務め、金髪碧眼の北欧人に育てて、千年王国の担い手になるべしと勧めている。」

ヒムラーが率いた秘密警察、ゲシュタポGestapoは、人類史上最も残忍な加虐趣味的迫害を実行し、あらゆる恐怖を撒き散らした。

ヒトラーは、一九三四年のヒンデンブルクの死で共和国大統領に就任するとともに、「総統兼首相」を名乗った。総統はナチスの党首であると同時に国家元首であり、ドイツ民族の意志を体現する神秘的存在として、軍隊は総統の人格への絶対的忠誠を誓わなければならなかった。したがって、閣議が開かれることもなくなり、必要に応じて専門家に諮問は行われるものの、最終的には彼が一人でベルヒテスガーデンの秘密の隠れ家で決断した。とくに怒りに囚われたときは精神病の兆候が現れたが、彼がその気になったときは、人を惹きつける魅力を発揮した。とくに外国からの訪問者には虜になる人も少なくなかった。

この狂った時代にあって、正気を保っているドイツ人もいないわけではなかったが、そうした彼らも、常に警察が監視している全体主義体制に逆らうことはできなかった。

ヒトラーの外交政策

他のあらゆる分野と同様、外交も決断はヒトラー一人で行った。その基本政策は『我が闘争』のなかで示していたとおりで、ドイツ民族のすべての国家を統合すること、人間の住む全領域を征服し、千年続く世界帝国を樹立すること（！）である。彼が、自分に刃向かう政治家や将軍たちを暗殺したのちに実現しようとしたのが、これであった。行動は迅速であった。一九三三年十月十四日、ドイツは国際連盟とジュネーヴ軍縮会議から脱退。ドイツ、フランス、イギリス、イタリア各国はそれぞれ自分に固有の問題に取り組むべきで、それ以外については国際連盟の枠組みのなかで協力し合うべきであるという「四か国協定pacte à quatre」が決議されて七か月後であった。

一九三五年、ザール州が住民投票でドイツに戻る。この年、ヒトラーはヴェルサイユ条約の軍事に関する条項を無視して徴兵制を復活。これには、フランスもイギリスも反対であったが、いずれも《覚書notes》を発表することで満足した。一九三六年三月七日、ヒトラーはラインラントの非武装地帯に軍を進駐させる。このころはヒトラーの軍隊はまだ弱体だったから、フランスの出方次第では、ヒトラーは後退せざるをえなかったであろう。しかし、フランスは反応しなかった。ドイツの将軍たちは、この作戦に賛成ではなかったが、ヒトラーはリスクを冒し、実益を手にした。

同じとき、エチオピア派兵で英仏の経済的制裁を受けて傷ついたイタリアのムッソリーニがヒトラーに接近し連帯路線を探りはじめた。ヒトラーは、以前からオーストリア併合を考え、一九三四年七月にはオーストリア首相、エーゲルベルト・ドルフスを暗殺さえしていたが、イタリアの反対で邪魔されていた。それが、いまや、《ドゥーチェDuce》〔訳注・「統領」の意でムッソリーニのこと〕の暗黙の了解が得られたことで、一九三八年三月十二日、オーストリアを軍事的に占領し、《アンシュルスAnchluss》（合邦）を実現することができたのであった。ナチスはなおも反対する人々を鞭で打って路上を行進させ、自殺に追い込むなど、恐怖をもってオーストリアを支配した。

　オーストリアに続いてチェコスロヴァキアが生贄になった。チェコのドイツ側国境地帯にはドイツ語を話すズデーテン人が三〇〇万ないし四〇〇万人いた。ヒトラーは、これを口実にドイツへの併合を企てたのである。こんども、阻止できる可能性は残っていた。イギリス首相、ネヴィル・チェンバレンはベルヒテスガーデンに飛び、ズデーテン地域の住民投票を行うことで合意した。しかし、このコウモリ傘の紳士は、七日後の九月二十二日、ゴーデスベルクで新しい要求にサインさせられることとなる。ムッソリーニが仲介役を買って出て、九月二十九、三十日にミュンヘンで英仏独伊四か国会談が行われた結果、ズデーテン地方は「純粋かつ単純に」ドイツに併合される。

ローマを訪問したヒトラー。1938年5月3日

　フランスとイギリスの世論は、このミュンヘンの屈辱に沸騰した。ナチズムを叩きつぶすチャンスをことごとに逸してしまったためであったが、実際にはミュンヘン以前からすでに手遅れになっていたのである。ヒトラーはチェコスロヴァキアなど熨斗をつけて貰っても欲しくはないと言い放っていたが、いまや易々と占領することができた。

　イタリアについていえば、一九三六年十月に独伊双方の外相によるベルリン会議でベルリンとローマの枢軸協定が成り、ムソリーニは、十一月一日、ミラノで、この枢軸の成立に誇らしげに言及している。ヒトラーは、頼りにならないイタリアにはまったく期待しておらず、イタリアは中立であれば充分と考えていたが、《ドゥーチェ》のほうでは、第三帝国との明文化された同盟に大きな利益を見込んでいた。それから一年後の一九三七年九月、ドイツに招待され、盛大な歓迎を受けた彼は、自分の期待が外れていなかったことを確信した。とはいえ、ムッソリーニが期待していた同盟が実質的なものになったのは、ドイツがチェコスロヴァキアを併合して後の一九三九年五月二十二日、独伊軍事同盟、いわゆる《鋼鉄協約pacte d'acier》が成立したときである。もっとも、これによってイタリアは何の実益も得たわけではなく、ドイツにとっても南の安全保障という意味以上のものではなかった。

これでますます大胆になったドイツは、外相のリッベントロプがソ連方面への進出に意欲を見せ、リトアニアに対しメーメル地方〔訳注・バルト海に面した地域〕の割譲を要求。また、ポーランドに対しては、東プロイセンをドイツから切り離していた《ダンツィヒの回廊》を返還するよう要求したが、ポーランドは断固として拒絶。一九三九年八月、ヒトラーはスターリンとポーランドの新しい分割を秘密に話し合った。イギリス、フランスの我慢も限界に達した。イギリス首相チェンバレンは、もしポーランドが侵犯されるならば、イギリスは断固としてポーランドを守ると宣言し、フランスもこれに追随した。こうして、ポーランド問題を契機に、第二次世界大戦へと突入する。

第二次世界大戦

一八七〇年の普仏戦争や一九一四年の第一次世界大戦について、その責任を論じることができるように、一九三九年の第二次世界大戦についても、その責任の所在を論じることができる。ヒトラーが、その元凶であることは言うまでもない。彼は、すでに、この年の四月三日にはポーランド戦を開始する日を九月一日と明示し、軍隊にその準備を進めるよう命令していた。その一方で、外交上の準備も手抜かりはなかった。八月二十三日にはソヴィエトと不可侵条約を結んで英仏を驚かせているし、ムッソリーニが戦争回避への最後の仲介の労を執るのを、後押しさえして見せている。ヒトラーは、勝利を確信していた。

一九三九年九月一日、計画どおり、ドイツ軍の電撃的ポーランド侵攻が始まる。英仏はドイツに最後通告を送るが拒絶され、対独宣戦を布告(九月三日)。ポーランドは、九月一日から二十九日までの一か月間で国土を蹂躙され、降伏のやむなきにいたる。他方、東方からは、ソ連軍がモロトフ゠リッベントロップ協定で定められた境界線まで侵攻していた。

この間、西方戦線では、一九三九年九月以後、一九四〇年に入っても、開戦したのに動きのない不可思議な事態、いわゆる「奇妙な戦争 drôle de guerre」の状態が数か月間、続いていた。ヒトラーは自分のほうは準備を完璧に調えながら、敵方の世論を「pourrir」〔訳注・「腐る」の意〕させようと考えたのであった。

占領したパリの街を歩くドイツ兵。壁にドイツ軍の勝利を誇示する看板が掲げられている

一九四〇年四月九日になって、まずデンマークとノルウェーに攻撃を加えたうえで、五月十日に西方での本格的攻撃を開始した。

今度もドイツは、オランダとベルギーを数日で降伏させ、ここを通過して、北からフランスに侵攻する手法を採った。しかし、こんどは塹壕戦ではなく、飛行機と装甲師団（divisions blindées）によるもので、電撃的に勝利をおさめた。六月十日のイタリアの参戦とあいまって、六月十四日にはパリを陥落させた。レイノ内閣は倒壊し、ペタンが首相になって休戦条約を交渉、これは六月二十五日に発効した。北フランスから西部フランスの大部分がドイツの占領下に置かれ（訳注・南部はヴィシーを首都とするペタンの臨時政府のもとに）、イギリスに逃れたドゴール将軍は、ロンドンからドイツ占領軍に対するレジスタンスの指揮を執り、これは占領軍の傀儡であるヴィシー政府とは別の臨時政府となっていく。

一九四〇年の後半、イギリスをなんとしても降伏させようと、ゲーリングの空軍がロンドンをはじめイギリス工業の中心諸都市に連日、爆撃を加えた。しかし、イギリスは果敢にこれを迎え撃ったから、ドイツ空軍は多数の損失を蒙り、やがて、この作戦の継続を諦めなければならなくなる。なお、この都市爆撃作戦は、大戦末期には攻守が入れ替わり、イギリスの爆撃機がベルリンその他のドイツ諸都市に爆弾の雨を降らせることとなる。また海上では、ドイツは約一〇〇〇隻の潜水艦を動員して大西洋の安全を脅かした。

開戦初期、ムッソリーニはギリシャを、ヒトラーはブルガリア、ユーゴスラヴィアを侵略し、一九四一年の中頃以後、バルカン半島のほぼ全域がドイツの支配下に入った。しかし、フランスでのレジスタンスと同様、ここでも、さまざまなパルチザンの集団が占領ドイツ軍への抵抗を執拗に続けた。

開戦を前にヒトラーは、戦略的にソヴィエトと不可侵条約を結んだが、コミュニズムから西欧を守るということがナチスの一貫した優先的課題であったから、一九四一年に入ると、スターリンの要求は不条理であるとして、一転して、このパートナーに攻撃の刃を向けるにいたる。ロシアに侵入して無事に済まないことは、幾多の先例から彼も知っていたが、数か月で迅速に作戦を完了することによって勝利を手にすることが可能であると計算したのである。

こうして一九四一年七月には、彼は《バルバロッサ作戦》と名づけてロシアへの侵攻を開始し、九月十七日にはレニングラードに迫り、十一月十八日にはモスクワ攻撃を開始したが、ソヴィエト側の防衛軍とロシアの冬の厳しい気候のために足止めを喰らう。

他方、アメリカ合衆国は、この戦争の当初から英仏連合国を支持していたものの、表向きは中立の立場を守っていた。しかし、一九四一年十二月七日、日本がハワイの真珠湾を攻撃し、日米が交戦状態に入ったことから、日本と同盟関係にあったドイツ・イタリアも十二月十一日にアメリカに宣戦を布告し、この戦争は文字どおりの世界大戦となった。

〔訳注・アメリカは一九三九年のころは、九月に「欧州戦不介入中立」を宣言していたが、一九四一年三月に英仏に対し武器を貸与するなど支援を強化。同年八月、米大統領フランクリン・ルーズベルトと英首相ウィンストン・チャーチルが大西洋上で会談して《大西洋憲章》を発表、同十二月の日本軍による真珠湾攻撃を機に対日、ついで対独伊宣戦を布告し、この戦争に深く関わっていった。一九四二年六月には南太平洋のミドウェー海戦で日本海軍の主力を撃破する一方、一九四二年十一月には北アフリカに上陸、一九四四年六月にはノルマンディー上陸など、連合国側の勝利に大きく寄与した。〕

ヒトラーは、軍の最高指揮権を握り、みずからを「あらゆる時代を通じて最も偉大な将軍」と自称したが、実際には戦略の基本も知らない素人であった。ドイツの将軍たちにとっては、このような野放図な戦線の拡大が破綻することは自明の理であった。一九四一年から一九四二年にかけてロシア南部に侵攻したドイツ軍は、冬の訪れを機に開始されたソ連軍の反撃により、ヴォルガ河畔のスターリングラードで敗北。アフリカでも、ロンメル将軍の指揮のもと《アフリカ軍団Afrika Korps》がエル＝アラメインにまで侵攻したが、英米軍の上陸とアフリカにおけるフランス軍の登場で、一九四三年五月十二日に独伊軍部隊は降伏の余儀なきにいたる。勝ち誇る連合軍は、シシリーを経てイタリア半島に上陸し、優勢のうちに北上していった。

海戦では、当初、ドイツが英米に脅威を与えた潜水艦は、レーダーやソナーの発明で効力を失い、空軍もドイツの優位は失われた。防衛力を失って裸同然になったドイツの諸都市は連日連夜の空襲によって焼かれ、廃墟と化した。ヒトラーが最後の望みを託した《秘密兵器》（V1無人ジェット機、V2弾道ロケット弾）も、第三帝国の崩壊を食い止めるだけの効果はなかった。

一九四三年九月八日、イタリアが降伏して講和条約を結び、一九四四年六月六日にノルマンディーに上陸

爆撃で廃墟と化したドイツ西部クレーフェの街。「エルベ川のフィレンツェ」と呼ばれた東部のドレスデンでは一夜で13万5千人の市民が亡くなった

した連合軍は、一九四四年末にはフランス、ベルギー、ルクセンブルクを解放し、十月二十一日にはアーヘンに達した。ドイツは、兵士たちの勇敢な抗戦にもかかわらず、東西両面からの連合軍の進攻を支えることはできない。一九四五年初め、ソヴィエト軍がオーデル川とナイセ川に到達。他方、西部戦線では、アイゼンハワー率いる連合軍がドイツ本土に進攻した。

すでに一九四四年七月二十日には、ドイツ国内でも、ヒトラー暗殺の試みがあったが、失敗に終わっていた。総統は、戦況がますます悪化し、ベルリンの地下壕に避難しなければならない状態になっても、敗北や降伏を口にする人々を謀反人呼ばわりした。その言動は、ドイツを自分もろとも、一種の《神々の黄昏 Crépuscule des Dieux》のなかに瓦解させたがっているかのようであった。

ついに専用の防空壕のなかで、愛人のエヴァ・ブラウンとともに最期を迎える決意をした彼は、一九四五年四月の二十八日夜から二十九日にかけて、遺言書を口述し、海軍総司令官デーニッツを帝国大統領兼軍総司令に任命したのち、ピストルで自殺した。最期になって結婚したエヴァ・ブラウンは服毒死を選んだ。

デーニッツはシュレスヴィヒのフレンスブルクで組閣し、全面降伏を決定した。降伏文書は五月七日、ランスで統合参謀本部長、アルフレッド・トッド将軍により、翌八日にベルリンで陸軍元帥、ヴィルヘルム・カイテルによって署名された。デーニッツ政府のメンバーは五月二十三日、連合軍によって逮捕され、《大ドイツ帝国Grossdeutsches Reich》は消滅した。ミュンヘンでのヒトラーの、ドイツ民衆の憎悪と暴力を掻き立てる熱狂的な叫びで始まったドラマは、ついにその凄惨な結末を迎えたのである。彼のせいで、少なくとも六〇〇万人のドイツ市民が虐殺あるいは収容所で犠牲となった。

占領下のドイツ

ポツダムの会談〔訳注・一九四五年七月一七日から八月二日まで〕では、さまざまな困難を伴いつつも、アメリカ合衆国およびイギリスとソヴィエトの間でドイツの占領区割りが定められた。フランスもその一部を分担し、ベルリンに設けられた四か国最高司令官が構成する管理理事会に加わった。帝国の旧都はソ連の占領区域のなかにあったので、西側各国の占領地域からのアクセスという問題を生じることとなる。〔訳注・ドイツ全体を四つに分割するとともに、ベルリン地区も四分割されたからである。〕

戦争による恐るべき破壊はすべての建物と設備に及んでおり、敗戦後のドイツ市民の生活は手の施しようのない困窮と社会的混乱に陥っていた。しかし、状況を複雑にしていた要因は、ほかにもたくさんある。共産党の支配下に入ることを嫌って一〇〇〇万人以上のドイツ人が東ドイツから西ドイツへ、東ベルリンから西ベルリンへ移動したため、西側地区は、これを吸収しなければならなかったことと、恐るべきインフレで通貨が価値を失ったことなどである。

ニュルンベルク裁判。1945年11月20日から1946年10月1日まで開かれ、第二次世界大戦におけるナチスの指導者たちの戦争犯罪が裁かれた

当初、アメリカ人たちはドイツの非ナチ化に目を向けるばかりで、市民の生活問題については、あまり積極的ではなかったが、やがて、民主国家としてのドイツの再建に力を注ぐようになる。彼らの支援で政党も再生し、社会民主党とキリスト教民主同盟の二つが主要政党となっていく。

他方、東半分を占領したソヴィエトは社会民主主義者と、まだ少数だった共産党を合併させ、共産国化を進めたため、ソヴィエトと西側諸国の確執が激しくなっていった。アメリカは、危険なのはもはやナチスの残響ではなく共産主義

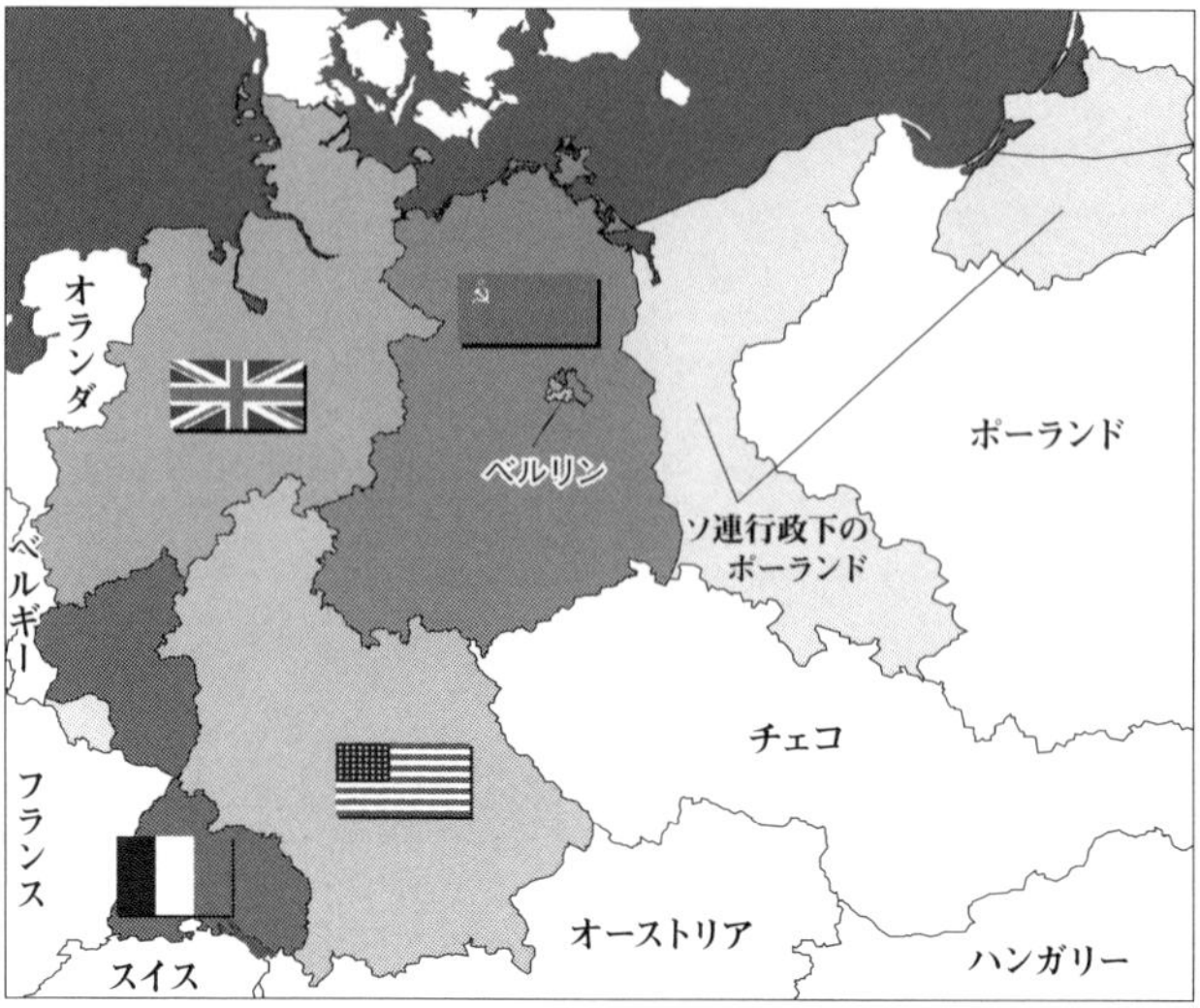

第二次世界大戦後のドイツ分割占領。ソ連軍占領地の中に飛び地のように残されたベルリン自体も4カ国に分割統治された

が勢力を拡大してくることであり、これを食い止めるには、できるだけ早くドイツを立ち直らせることが必要であると考えるようになっていった。こうして、西側三地域は結合されて、一つの《西ドイツ》となり、この西ドイツを含めたヨーロッパ全体を援助して経済的復興を実現できるよう、《マーシャル・プラン》が立てられた。一九四八年には、西側地域で通貨改革が断行され、新しいドイツ・マルクが発行された。

　ソヴィエト占領地域と西側地域の不一致はますます深刻化していった。ソ連は、西ドイツに国民的政府が設立されることに激しく反対し、一九四八年三月、東側占領軍最高司令官のソコロフスキーは「四か国管理理事会は、もはや存在理由を失った。したがって連合軍のベルリン進駐は不要である」と宣言して、西側占領地域と西ベルリンをつなぐ鉄道、道路などを封鎖した。このため、ベルリン西側地区の住民の生活を支える物資すべてを空路によって輸送する以外になくなった。一つの大都市の必要とする物資を航空輸送でまか

大空輸作戦で物資を運んで着陸する輸送機を見守る西ベルリン市民

なうというのは、まさに前例のない事態で、ドイツ進駐アメリカ軍司令官クレイの指揮下、三か国の空軍が協力して丸一年以上にわたって空輸作戦（pont aérien）が行われたのだった。〔訳注・ベルリン封鎖は一九四八年七月末から一九四九年五月まで行われ、空輸は同九月三十日まで続けられた。〕

西側地域の経済的発展にともなって、ベルリンのなかでも西ベルリンは経済的進展をたどるが、ソヴィエト地域のなかの離島という地理的特殊性から、連合国側が望んでいた新しい国家の首都になることはできなかった。一九四九年四月、西側にはドイツ連邦共和国（Bundesrepublik Deutschland）の基礎が確立され、その暫定的首都がライン河畔のボンに置かれた（五月十日）。その基本法は西側三か国の政治家たちによってフランクフルトで承認され、五月二十三日に公布された。それと対抗する形でソヴィエトも、東ドイツにドイツ民主共和国（Deutsche Demokratische Republik）を作り、一九四九年十月七日に発足させている。

この二つのドイツは、いつの日か一つになれるだろうか？　これは、ドイツ人たちの切実な願いであり、彼らの多くが新国家形成の承認に躊躇を示したのは、この分裂が恒久化することを恐れたからであった。

二つのドイツ

ドイツ連邦共和国いわゆる西ドイツの初代首相になったのが、厳格かつ熱心なカトリック教徒で、一九三三年以前と戦後と二度にわたりケルンの市長を務めたコンラート・アデナウアーである。共和国の立法府は普通選挙で選ばれる連邦議会（Bundestag）と各州代表から成る連邦参議院（Bundesrat）で構成された。共和国大統領（président）は五年任期であるが、あくまで象徴的存在で、実際に権力を行使するのは首相（chancelier）である。連邦議会は、後継首相を決めないで首相を倒すことはできないとされ、各省大臣は首相に対し責任を負った。実際、ボン政府はきわめて安定的である。

加えて、西ドイツは迅速な経済再建によって速やかに安定性を獲得し、その経済的発展は《ドイツの奇跡》として世界を驚かせた。このようにドイツ工業が迅速に再建・発展できたのは、一方では通貨改革、もう一方でマーシャル・プランにより、そしてさらにつけ加えれば軍事的負担と植民地経営の負担がなかったためであるとともに、とりわけ勤勉な市民たちの労働力のおかげである。初代経済相のルートヴィヒ・エアハルトは徹底した企業自由主義者で、綱領の一つに基幹産業の国有化を掲げていた社会民主党がこれを撤廃せざるをえなかったのは、彼のおかげであった。〔訳注・アデナウアーもエアハルトもキリスト教民主同盟で、社会民主党が政権を取るのは一九六九年のブラントと一九七四年のシュミット政権である。〕

他方、東ドイツのドイツ民主共和国は、当初は連邦的で自由主義的方向へ進むように見えたが、ソ連の圧力のもと共産党による一党独裁体制へと進み、ソヴィエト連邦の衛星国家の一つになった。その再建は西ドイツに比べて遅々たるもので、民衆の困窮は続き、一九五三年六月には、労働者の暴動が起きる事態となった。しかし、戦車を動員してのソ連による弾圧で民衆の反抗は実を結ぶにいたらず、自由と豊かな生活を求めて東ベルリンから西ベルリンへ脱出する人が毎年数千を数えた。そこで西への脱出を阻止するため、東ドイツ政府は、この二つのゾーンの間に頑丈なコンクリートの壁を建設し、時代の象徴となるにいたった。

当初、連合国側は西ドイツが非武装の平和国家であることを願ったが、米英仏をリーダーとする自由主義陣営とソ連・中国を中心とする共産主義陣営の間の緊張が世界を二分し、極東では朝鮮戦争が勃発、ヨーロッパでも西側の北大西洋条約機構〔英語ではNATO,フランス語ではOrganisation du traité de l'Atlantiqueで略してOTA〕と東側のワルシャワ条約機構が対立し合い、兵力増強の必要性が強まったことから、西ドイツにも再軍備が求められるようになっていった。こうして、アデナウアーは、社会民主党などの強い反対を押し切って西側の諸機構に加わり、この方針に従って政策を進めていった。

〔訳注・アデナウアーは一九四九年から一九六三年まで西ドイツの首相を務めた。この間、一九五七年には単独過半数を獲得。一九五九年には大統領の座を勧められたが、首相の座にこだわり、元農相のハインリヒ・リュプケを大統領に推している。〕

外交面でも紆余曲折を経たが、フランスでドゴール大統領がドイツに歩み寄りを示したことから、一九五一年、ザール問題が正常化された。しかし、なんといっても、最大の課題は東西ドイツの統一問題であった。一九六一年の総選挙でキリスト教民主同盟は下院で単独過半数を失い、アデナウアーは自由主義諸政党と連立でなければ政権を維持できなくなった。一九六二年、ドゴールがドイツを訪問し、仏独の和解と協調への道筋を開いた。しかしながら、ソ連によるベルリンへの道路封鎖や東西統合への漠然たる提示などの揺さぶりで、一九六三年、アデナウアーは政権を失い、エアハルト内閣が発足した。

政治的未来は、その大きい部分を経済情勢に負っている。ボンを首都とする西ドイツの経済的発展は、欧州共同市場（Marché commun）に結びつけられなければならないであろう。ドイツ工業の適応能力は大きいが、そのために欠かせない労働力の供給は、東ドイツからの難民では支えることができなくなっている。労働力が減少すると、工業の競争は原価の高騰を招く。

このように、ドイツの民主主義の堅固さは経済的成功に結びついており、いまやネオ・ナチの危険性は遠のいたように見える。高齢者のなかには、かつてナチ党員であったことを懐かしむ人たちが何人か残っていたとしても、若者たちはナチスのことなど笑っているし、近寄ろうともしない。とはいえ、ビスマルク的ナショナリズムに回帰する可能性は常にあるし、もし《ヨーロッパ》の建設が遅れれば、その分、危険性は高まるであろう。

過去の歴史を振り返ってみると、ドイツは世界支配の夢に引きずられて勝利を手にしても、結局は没落の憂き目を見てきた。ここ何年かは、さいわいなことに、あまり派手ではないが、より持続的な成功の経験を重ねてきた。ボンの共和国政府はヴァイマールのそれより堅固で出来もよく、そのおかげでドイツは惨めさと孤立から抜け出すことができたのだった。

〔訳注・モロワの記述は、ここで終わっており、彼は、本書を刊行して二年後の一九六七年十月九日に他界した。それから二十二年後、米ソ冷戦構造の雪解けとともに、一九八九年十一月にはドイツの若者たちによってベルリンの壁が壊され、一九九〇年には東西ドイツの統一が成り、ベルリンが首都として復帰するなど、その後の進展については、周知のとおりである。〕

訳者あとがき

アンドレ・モロワは歴史の専門学者ではない。小説家であり、伝記作者、評論家で、ひとことでいえば、人間の先達が歩んできた経験から、人間として生きていくうえでの知恵と良識を汲み取り、これからの生き方や社会のありよう、文明のあり方のなかに活かそうとする広汎な著述家であった。したがって本書は、ドイツ史を専門的に学ぶ人にとっては、あまり参考になる著作ではないかもしれないし、書かれたのが一九六五年であるから、当然のことながら、それ以後の現代ドイツ史の出来事は含まれておらず、とくに一九九〇年の東西ドイツの統一という大変革は、本書では触れられていない。

フランス・ルーアンのコルネイユ高等学校で哲学者アランに学んだアンドレ・モロワは、その八十二年の生涯に数多くの本を著し、邦訳されているものも、一九三〇年（昭和五年）の『ヂスレリ伝』から始まって、一〇〇冊を超えるそうである。わたしが愛読してきたのは、新潮文庫の『フランス史』『英国史』『アメリカ史』であるが、英国史の原著が刊行されたのは一九三七年、アメリカ史の原著は一九四三年、フランス史の原著が刊行されたのは一九四七年である。フランス史の邦訳は、最初、一九五二年から一九五三年に白水社から単行本で出版されたが、その後、新潮文庫で『アメリカ史』が一九五三年から一九五四年に、『フランス史』は一九五六年から一九五七年に、『英国史』は一九五八年に刊行された。いずれも、しばらく絶版になっていたが、一九九三年から一九九四年に、復刻版が出版された。

邦訳されていないがモロワが『ドイツ史』も著したことをわたしが知ったのは、いまから二十年ほど前のことである。しかし、ドイツが第二次世界大戦の敗戦国であること、とりわけナチズムに踊らされて、それこそ人類世界に多大な悲劇をもたらした不幸な時代を経験し、軍国主義時代の日本とも「三国同盟」の盟友であったことから、戦中時代を思い起こさせることもあって、戦後の日本ではあまり関心をもたれなかったようで、おそらく、そのために、原著があることは分かっていながら、邦訳もされないできたのであろう。

考えてみると、もし、そのような理由から邦訳されないできたとすれば、きわめて残念なことである。何事にせよ、学ぶべき尊い教訓を秘めているのは、成功体験や輝かしい歴史だけではない。むしろ、個人にあっても、国民の歴史にあっても、失敗の経験や歴史こそ、より大事な教訓を秘めているからである。歴史を学ぶ最も重要な目的は、過去を美化し神話化することでもなければ話題を豊かにすることでもない。未来をよりよくするために過去の教訓に学ぶのが歴史の目的であることは、古代ギリシアの歴史家・トゥキュディデスがペロポネソス戦争について記した「歴史八巻」を執筆するにあたって述べている通りである。

個人的問題でも、集団の出来事においても、より貴重な教訓は成功体験よりも失敗の経験にある。要は、その失敗の原因がどこにあったかを掘り下げ直視して、同じ愚をくり返さないことである。とりわけ政治を担当する人にとって最も重要な成功体験は戦争に勝利することでなく、いかに戦争を回避し平和を守ったかであり、他方、最も重大な失敗体験は戦争に敗れること自体ではなく、戦争を惹き起こし、多数の犠牲を出すことである。

その意味で、ドイツはとくに近代以後、二度の世界大戦を惹起し、自国民だけでなく、諸外国の人々に多大な犠牲を強いた。これは、「失敗体験」の最たるものといわなければならない。日本も日中戦争から太平洋戦争と、戦争を惹起する側となり、自国民にも近隣諸国民にも甚大な犠牲を生じた。明らかに「失敗体験」である。しかし、大事なのは「失敗体験」を教訓として未来のために活かすことである。もし、そうして活かされなかったら、犠牲となった多くの生命はムダ死にで終わってしまうからである。

この『ドイツ史』にも明らかにされているように、十八世紀から十九世紀にかけて、ドイツはまだ国民国家として統一される以前だったが、カントやヘーゲル、ゲーテやシラー、モーツァルトやベートーヴェンといった偉大な哲学者、文学者、音楽家、科学者を輩出した文化世界であった。その文化的国家ドイツが二十世紀に入って一転して人間性破壊の巨大なマシーンに変貌するなどと誰が想像できただろうか？

成功も失敗も、栄光も汚辱も含めて、人間が歩んできた歴史は、現在のわれわれにとり、さらには、未来の人類にとって、計り知れない数々の教訓を秘めたかけがえのない宝であり財産なのである。民族・国民のそれぞれの歴史は、その民族や国民にとってばかりでなく、他の民族や国民にとっても、貴重な宝である。なぜなら、所詮、人間は人間であり、人類世界は一つの共同体だからである。その意味で、日本にとって、明治の開国以来最も近しかった、ドイツという国が歩んだ栄光と悲惨の歴史は、わたしたちにとって日本の歴史に劣らない貴重な歴史ではないだろうか？

さらに今やヨーロッパ連合の時代なのに、なぜ「ドイツ史」なのかと言われる向きもあろう。わたしの考えではヨーロッパは経済や政治で一つになることはできても、言葉がそれぞれ違うから個々の「国」と「文化」がなくなることはありえず、個々の「国」は存続しながら「ヨーロッパ」のために寄与していく形になると思う。ひるがえって、ヨーロッパが一つでありながら細かく分かれていた中世の間、「神聖ローマ帝国」

すなわちドイツが、「ヨーロッパ」のおもしとして、まとめ役を演じてきた歴史も貴重である。

なお、東西統一後も含めたドイツの歴史をさらに詳しく研究したい方は、山川出版社の新版・世界各国史シリーズの『ドイツ史』、同じく山川出版社の『世界歴史大系　ドイツ史一～三』、有斐閣の『ドイツの歴史』などをお読みいただきたい。

最後に、本訳書の出版を快く引き受けてくださった論創社社長、森下紀夫氏、挿絵、写真、図版を選び、構成の仕事を手伝ってくれた松永裕衣子氏ほか同社のみなさんに心から感謝したい。

桐村泰次

二〇一三年八月

フェルディナント一世（皇帝1556-1564）
マクシミリアン二世（皇帝1564-1576）
ルードルフ二世（皇帝1576-1612）
マティアス（皇帝1612-1619）
フェルディナント二世（皇帝1619-1637）
フェルディナント三世（皇帝1637-1657）
レオポルト一世（皇帝1657-1705）
ヨーゼフ一世（皇帝1705-1711）
カール六世（皇帝1711-1740）

〔バイエルン・ヴィッテルスバッハ家〕
カール七世（皇帝1742-1745）

〔ハプスブルク・ロートリンゲン家〕
マリア・テレジア（1740-1765）
フランツ一世（皇帝1745-1765）
マリア・テレジア（1765-1780）
ヨーゼフ二世（皇帝1765-1790）
レオポルト二世（皇帝1790-1792）
フランツ二世（皇帝1792-1806）

〈プロイセン王――ホーエンツォレルン家〉
フリードリヒ一世（1701-1713）
フリードリヒ・ヴィルヘルム一世（1713-1740）
フリードリヒ二世（大王。1740-1786）
フリードリヒ・ヴィルヘルム二世（1786-1797）
フリードリヒ・ヴィルヘルム三世（1797-1840）
フリードリヒ・ヴィルヘルム四世（1840-1861）
ヴィルヘルム一世（1861-1888）

〈ドイツ皇帝〉
ヴィルヘルム一世（1871-1888）
フリードリヒ三世（1888）
ヴィルヘルム二世（1888-1918）

フリードリヒ一世（赤髭）（ドイツ王1152-1190）（皇帝1155-1190）
ハインリヒ六世（ドイツ王1169-1197）（皇帝1191-1197）
オットー四世（ドイツ王1198-1215）（皇帝1209-1215）
フィリップ・フォン・シュヴァーベン（ドイツ王1196-1208）
フリードリヒ二世（ドイツ王1212,1215-1250）（皇帝1220-1250）
ハインリヒ七世（ドイツ王1220-1235）
コンラート四世（ドイツ王1237-1254）
ハインリヒ・ラスペ（対立国王1246-1247）
ヴィルヘルム・フォン・ホラント（対立国王1247-1256）

〔大空位時代〕
リチャード（コーンウォール伯）（対立皇帝1257-1273）
アルフォンソ十世（対立皇帝1257-1272）

〔ハプスブルク家〕
ルードルフ一世（ドイツ王1273-1291）

〔ナッサウ家〕
アドルフ（ドイツ王1292-1298）

〔ハプスブルク家〕
アルブレヒト一世（ドイツ王1298-1308）

〔ルクセンブルク家〕
ハインリヒ七世（ドイツ王1308-1313）（皇帝1312-1313）
ルートヴィヒ四世とフリードリヒ（美王）の並立（1314-1347）
カール四世（ドイツ王1346-1378）（皇帝1355-1378）
ヴェンツェル（ドイツ王1376-1400）
ループレヒト（ドイツ王1400-1410）
ジギスムント（ドイツ王1410-1437）（皇帝1433-1437）

〔ハプスブルク家〕
アルブレヒト二世（ドイツ王1438-1439）
フリードリヒ三世（ドイツ王1440-1493）（皇帝1452-1493）
マクシミリアン一世（ドイツ王1486-1519）（皇帝1508-1519）
カール五世（皇帝1519-1556）

カールマン（876-880）
ルートヴィヒ三世（少年王）（876-882） 共治
カール三世（肥満王）（876-887）*
アルヌルフ（ケルンテンの）（887-899）
ルートヴィヒ四世（小児王）（899-911）

ルイ二世（877-879）
ルイ三世（879-884）
カルロマン（879-884） 共治
シャルル二世（肥満王）（884-887）*
ユード（パリ伯）（887-898）
シャルル三世（893-923）
ロベール一世（922-923）
ラウル（923-936）
ルイ四世（936-954）
ロテール（954-986）
ルイ五世（986-987）

＊印は同一人物

3 〈神聖ローマ皇帝とドイツ王〉

〔ザリアー家〕
コンラート一世（911-918）

〔ザクセン家〕
ハインリヒ一世（捕鳥王）（919-936）
オットー一世（大帝）（ドイツ王936-973）（神聖ローマ皇帝962-973）
オットー二世（ドイツ王961-983）（皇帝973-983）
オットー三世（ドイツ王983-1002）（皇帝996-1002）
ハインリヒ二世（ドイツ王1002-1024）（皇帝1014-1024）

〔ザリアー家〕
コンラート二世（ドイツ王1024-1039）（皇帝1027-1039）
ハインリヒ三世（ドイツ王1039-1056）（皇帝1046-1056）
ハインリヒ四世（ドイツ王1056-1106）（皇帝1084-1106）
ハインリヒ五世（ドイツ王1106-1125）（皇帝1111-1125）

〔ザクセンのズップリンゲンベルク家〕
ロタール三世（ドイツ王1125-1138）（皇帝1133-1138）

〔ホーエンシュタウフェン家〕
コンラート三世（ドイツ王1138-1152。ただし対立国王1127-1135）

ドイツ君主一覧

〔本書では出てこない人も含めてドイツ民族と国土を統治した歴代君主を一覧にした。王や皇帝それぞれに付されている年号は、在位期間である〕

1　《フランク王》（ドイツとフランスが未分化）

〈メロヴィング朝〉（480-752）
クローヴィス（481-511）

クローヴィスの王国は、現在のフランスの大部分と、ドイツではライン川流域にまたがっていた。クローヴィスのあとの約240年間、領土は東のアウストラシア（のちのドイツ）と西のネウストリア（のちのフランス）に分かれ、メロヴィングの王たちが統治したが、その領域も入り乱れ、アウストラシアは23代、ネウストリアは14代、めまぐるしい交代劇を演じた。本書では、この時期のことについては、ごく簡略にしか触れられていない。

〈カロリング朝〉（751-911,987）
ピピン（751-768）
カール一世（大帝）（768-814）
ルートヴィヒ一世（敬虔帝）（814-840）
ロタール一世（840-843）

2　ドイツとフランスの分離

カロリングの帝国も、ルートヴィヒ一世のあと、三つに分裂し、その一つのロタールの国は他の二つに併合され、東フランキア（のちのドイツ。840-911）と西フランキア（のちのフランス。840-987）が並立する。この時期の東フランキア王と西フランキア王は、次のとおり。

〈東フランキア〉
ルートヴィヒ・ドイツ人王（840-876）

〈西フランキア〉
シャルル一世（禿頭王）（840-877）

レオ九世 Léon（教皇。元トゥール司教。改革主義者。在位1049-1054）　53, 55
レオ十世 Léon（教皇。ルネサンス美術の興隆を助けた。在位1513-1521）　114, 117
レオポルト五世 Léopold de Babenberg（リチャード獅子心王を捕囚。オーストリア公。在位1157-1194）　78
レオポルト一世 Léopold（神聖ローマ皇帝。在位1640-1705）　137, 138, 139, 140, 141
レオポルト二世 Léopold（神聖ローマ皇帝。在位1790-1792）　169, 170
レオポルト Léopold（ホーエンツォレルン＝ジグマリンゲンの大公）　214, 216
レオポルド一世 Léopold（ベルギー王。1835-1909）　210
レカレド一世 Recarède（西ゴート王。516-601）　18
レクチンスキー Leczinski, Stanislas（スタニスワフ・レシチニスキーとも。ポーランド王1704-1709, 1733-1736。その後、ロレーヌ公に）　144
レッシング Lessing, Gotthold Ephraim（劇作家。1729-1781）　157
レーニン Lénin（ソ連建国者。1870-1924）　248
レーフ・エリクソン Leif Ericson（十世紀末にアメリカ大陸を発見したと考えられるノルウェーの航海者）　39
レーム Roehm, Ernst（ナチス突撃隊長。1887-1934）　262
レントゲン Roentgen, Wilhelm Konrad（ドイツ物理学者。1845-1923）　232
ロイド・ジョージ Lloyd George（イギリス政治家。1863-1945）　249, 256
ロタール Lothaire（ルートヴィヒ敬虔帝の長子。在位840-855）　35, 36, 37, 152
ロタール二世 Lothaire　37, 46
ロタール三世 Lothaire de Supplinbourg（神聖ローマ皇帝。ザクセン家。在位1125-1137）　67
ロッツァー Lotzer, Sébastien（農民戦争のとき、『十二箇条』の要求を作成。）　111
ロベスピエール Robespierre（フランス革命の政治家。1758-1794）　171
ロベール・ギスカール Robert Guiscard（南イタリアに王国を建設したノルマン人。v.1015-1085）　58
ロムルス・アウグストゥルス Romulus Augustule（西ローマ最後の皇帝となったが、四七五年ころ廃位され、カンパニアに流される）　17
ローン Roon, Albrecht（プロイセンの軍人、政治家。1803-1879）　208, 211
ロンメル Rommel, Erwin（ドイツの将軍。1891-1944）　270

【ワ】

ワシントン（ジョージ）Washington, George（1732-1799）　167

リシュリュー Richelieu（フランス宰相。1585-1642） 127, 131, 132, 133, 137, 172, 207
リチャード一世（獅子心王）Richard, Coeur de Lion（イギリス王。在位1189-1199） 78
リチャード Richard（コンウォール伯。選帝侯の一部によってドイツ皇帝に選出された。1209-1272） 85
リッベントロプ Ribbentrop, Joachim von（ドイツの外交官、政治家。1893-1946） 266, 267
リニュ Ligne, Charles-Joseph von（ブリュッセルで生まれ、オーストリアに仕え、エカテリーナに寵愛された元帥。ルソー、ゲーテ、ヴォルテールなどと文通。1735-1814） 184
リヒター Richter, Adrian Ludwig（ビーダーマイヤー派画家。1803-1884） 197
リープクネヒト Liebknecht, Guillaume（ドイツ社会民主党創立者。1826-1900） 223
リュッツォー Lützow, Adolf（プロイセンの軍人。1782-1834） 181
リュデリッツ Lüderiz, Adolf（ドイツの植民地拡大に寄与した商人。1834-1886） 226
ルイ七世 Louis（フランス王。在位1137-1180） 68, 69
ルイ九世 Louis（フランス王。在位1226-1270） 83
ルイ十一世 Louis（フランス王。在位1461-1483） 106
ルイ十四世 Louis（フランス王。在位1643-1715） 63, 137, 138, 140, 141, 145, 155, 166, 168
ルイ十五世 Louis（フランス王。在位1715-1774） 144, 166
ルイ十六世 Louis（フランス王。在位1774-1792） 166, 168, 170
ルイ十八世 Louis（フランス王。在位1814-1824） 190
ルーヴォワ Louvois（フランス国防大臣。1641-1691） 140
ルーズヴェルト（セオドア）Roosevelt, Théodore（アメリカ大統領。1858-1919） 237
ルーズヴェルト（フランクリン）Roosevelt, Franklin（アメリカ大統領。1882-1945） 270
ルソー Rousseau, Jean-Jacques（フランスの思想家。1712-1778） 153, 154, 185
ルター Luther, Martin（ドイツ宗教改革者。1483-1546） 113, 117, 118, 119, 120, 121, 124, 135, 154
ルター Luther, Hans（ドイツ首相。1879-1962） 257
ルッベ Lubbe, Marius van der（ドイツの国会議事堂放火犯） 261
ルーデンドルフ Ludendorff, Erich（ドイツの軍人。1865-1937） 246, 248, 249
ルートヴィヒ敬虔帝 Louis le Debonnaire（カール大帝の息子。在位814-840） 32, 33, 34, 35, 38, 39, 152
ルートヴィヒ二世（ドイツ人王）Louis le Germanique（東フランク王。在位840-876） 35, 36, 38
ルートヴィヒ（小児王）Louis l'Enfant（神聖ローマ皇帝。在位900-911） 39, 40
ルートヴィヒ四世 Louis（バイエルン大公。ヴィッテルスバッハ家。在位1294-1347） 94, 95, 96, 97
ルートヴィヒ一世 Louis（バイエルン王。1786-1868） 196, 200
ルードルフ一世 Rodolphe（ハプスブルク興隆の礎を築いた。神聖ローマ皇帝。在位1273-1291） 89, 90, 91
ルードルフ二世 Rodolphe（オーストリア公。1290没） 91
ルードルフ二世 Rudolphe（ボヘミア王。神聖ローマ皇帝。プロテスタントに譲歩。在位1576-1612） 124, 125, 126
ループレヒト Ruprecht（プファルツ宮中伯。1352-1410） 101
レオ三世 Léon（ビザンティン皇帝。在位717-741） 18
レオ三世 Léon（教皇。在位795-816） 29

ミュラー Müller, Hermann（ドイツ首相。1876-1931） 257
ミルトン Milton, John（イギリスの詩人。1608-1674） 157
ムッソリーニ Mussolini, Benito（イタリアの独裁者。1883-1945） 257, 264, 265, 266, 267, 269
メッテルニヒ Metternich, Clément（オーストリアの政治家。1773-1859） 179.182, 184, 185, 186, 188, 190, 191, 192, 198
メランヒトン Mélanchton（本名は Philippe Schwardzerd。1497-1560） 121, 154
メンデルスゾーン Mendelssohn, Felix（作曲家。1809-1847） 160, 196
モーツァルト Mozart, Wolfgang Amadeus（作曲家。1756-1791） 160, 161, 196
モーペルテュイ Maupertuis（フランスの数学者、天文学者。1698-1759） 156
モルトケ Moltoke, Helmuth（普仏戦争でドイツを勝利に導いた参謀総長。1800-1891） 208.211, 217, 225, 243, 244
モルトケ Moltoke, Helmuth（前者の甥。第一次大戦でドイツを敗北に誤導した。1848-1916） 246
モロー Moreau, Jean-Victor（ナポレオンと対立しロシアに協力したフランスの軍人。1763-1813） 172
モロトフ Molotov（ソ連外交官。1890-1986） 267

【ヤ】

ヤーン Jahn, Frédéric-Louis（ドイツの体操家。1778-1852） 180, 190, 191
ヤン・ソビエスキ Jean Sobieski（ポーランド王。1624-1696） 139
ユゴー（ヴィクトール）Hugo, Victor（フランスの作家。1802-1885） 195
ユスティニアヌス Justinien（ビザンティン帝国中興の祖。在位527-565） 17
ユーディット Judith（ルートヴィヒ敬虔帝の后。843没） 35
ヨーゼフ一世 Joseph（レオポルト一世の長男。皇帝。在位1705-1711） 141, 147
ヨーゼフ二世 Joseph（マリア＝テレジアの息子。皇帝。在位1765-1790） 150, 152, 153, 154, 168, 169
ヨハネス十二世 Jean（教皇。在位956-964） 46
ヨハネス十三世 Jean（教皇。在位965-972） 47
ヨハネス十六世 Jean（対立教皇。在位997-998） 49
ヨハネス二十二世 Jean（教皇。在位1316-1334） 94, 95, 96
ヨハネス二十三世 Jean（対立教皇。在位1410-1415） 104
ヨハン（親殺し）Jean le Parricide（伯父である皇帝アルブレヒトを殺した。1290-1313）92
ヨハン（盲目王）Jean l'Aveugle（ボヘミア王。在位1310-1346） 93, 96
ヨハン Jean（オーストリア大公。一八四八年のフランクフルト国民議会で帝国摂政） 201, 202
ヨハン＝フリードリヒ Jean-Frédéric（ザクセン選帝侯） 122
ヨルク Yorck, Hans David（プロイセンの元帥。1759-1830） 178, 180

【ラ】

ライプニッツ Leibniz, Gottfried Wilhelm（哲学者。1646-1716） 155, 156
ラインマル・フォン・ハーゲナウ Reinmar von Haguenau（吟遊詩人。1160-1206） 63
ラサール Lassale, Ferdinand（ドイツ社会主義者。1825-1864） 223
ラーテナウ Ratenau, Walter（ドイツの政治家、外相。1867-1922） 255, 256
ラ・ファイエット La Fayette（フランスの軍人。政治家。1757-1834） 167

ベレンガル二世 Berenger（オットー一世に敗れる。v.900-966） 46
ヘンデル Haendel, Georg Friedrich（作曲家。1685-1759） 159
ヘンリー二世 Henri（イングランド王。在位1154-1189） 76
ヘンリー八世 Henri（イングランド王。在位1509-1547） 117
ボアルネ Beauharnais, Eugène de（フランスの軍人。ナポレオンの義子。1781-1824） 176
ホーエンローエ Hohenlohe, Chrodwig（ドイツの政治家。1819-1901） 234
ボードゥアン Baudoin（エルサレム王。在位1100-1118） 65
ボニファティウス Boniface（saint）（ウィンフリード。「ドイツの使徒」v.672-754） 22, 24
ボニファティウス八世 Boniface（教皇。在位1294-1303） 92
ホノリウス三世 Honorius（教皇。在位1216-1227） 81
ホルシュタイン（男爵）Holstein, Friedrich（ドイツの外交官。1837-1909） 234, 237
ポワンカレ Poincaré, Raymond（フランス大統領。1860-1934） 240, 256
ポンパドゥール（侯妃）Pompadour（1721-1764） 149

【マ】

マクシミリアン一世 Maximilien（皇帝。ハプスブルク家。在位1493-1519） 106, 107, 108, 114, 115
マクシミリアン二世 Maximilien（フェルディナント一世の息子。在位1564-1576） 110, 124
マクシミリアン一世 Maximilien（バイエルン大公。フェルディナント二世と同盟。1573-1651） 130
マクシミリアン一世 Maximilien, Ferdinand-Joseph（オーストリア皇帝。1832-1867） 200
マクマオン Mac-Mahon, Patrice（フランス大統領。1808-1893） 218
マティアス二世 Mathias（神聖ローマ皇帝。在位1612-1619） 127
マティルダ Mathilde（ザクセン朝初代ドイツ王ハインリヒ一世の妻で、オットー大帝の母。貧しい人々を慈愛した聖女。v.890-968） 41, 43
マティルダ Mathilde（トスカーナ辺境伯の娘。広大な領地を教皇に寄進し、教皇と皇帝抗争を招いた。1046-1115） 56, 57, 58
マティルド Mathilde（イギリス王ヘンリー二世の娘。1156-1189） 76
マネゴルド Manegold de Lautenbach（ドイツの修道院長。司教任免に関して教皇の権利を擁護。v.1030-v.1103） 61
マホメット Mahomet（イスラム教の創始者ムハンマド。570-632） 18
マリー＝アントワネット Marie- Antoinette（ルイ十六世の妻。1755-1793） 168, 169
マリー＝テレーズ Marie-Thérèse（ルイ十四世の妻。1638-1683） 138
マリー・ド・ブルゴーニュ Marie de Bourgogne（マクシミリアン一世の妻。1457-1482） 115
マリー＝ルイズ Marie-Louise（ナポレオンの妻。1791-1847） 179, 180, 181, 184
マリア＝テレジア Marie-Thérèse（オーストリア女帝。1717-1780） 143, 144, 146, 147, 149, 150, 152, 164, 168
マリウス Marius, Caïus（ローマの将軍。BC.157-86） 9
マルガリーテ・フォン・バーベンベルク Maguerite de Babenberg（1267没） 89
マルクス（カール）Marx, Karl（思想家。1818-1887） 195, 223
マルティヌス五世 Martin（教皇。在位1417-1431） 105
マンフレディ Manfred（シチリア王。フリードリヒ二世の息子。1232-1266） 83

フリードリヒ＝ヴィルヘルム一世 Frédéric-Guillaume（プロイセン「軍人王」。在位1688-1740） 145, 146
フリードリヒ＝ヴィルヘルム二世 Frédéric-Guillaume（プロイセン王。在位1786-1797） 169, 171
フリードリヒ＝ヴィルヘルム三世 Frédéric-Guillaume（プロイセン王。在位1797-1840） 174, 179, 181, 190, 197
フリードリヒ＝ヴィルヘルム四世 Frédéric-Guillaume（プロイセン王。在位1840-1861） 200, 203, 204
フリードリヒ五世 Frédéric（ひと冬の王。1596-1632） 128
フリードリヒ（美男）Frédéric le Bel（オーストリア大公。1286-1330） 94
フリードリヒ賢明公（ザクセン公。ルターを支援） 117
フリードリヒ・フォン・ハウゼン Frédéric de Hausen 63
フリードリヒ Friedrich, Caspar David（画家。1774-1840） 197
ブリューニング Brüning, Heinrich（ドイツ首相。1885-1961） 257, 258
ブリュヒャー Blücher、Gebhard（プロイセンの軍人。1742-1819） 178, 182, 183, 187
プリンチップ（ガブリロ）Prinzip Gavrilo（オーストリア皇太子を暗殺したセルヴィアの学生。1894-1918） 241, 245
フルーリ Fleury（フランスの宰相。1563-1743） 143, 144, 149
フレデリク七世 Frédéric（デンマーク王。在位1848-1863） 205
フンボルト（ヴィルヘルム・フォン）Humbort, Guillaume de（1767-1835） 184, 186
ヘーゲル Hegel, Georg Friedrich（哲学者。1813-1863） 195
ペタン Pétain, Philippe（フランスの将軍、政治家。1856-1951） 247, 268
ヘッベル Hebbel, Frédéric（ドイツの作家。1813-1863） 194
ペーテルス Peters, Carl（ドイツの植民地推進者。1856-1918） 226
ベートーヴェン Beethoven, Ludwig van（作曲家。1770-1827） 161, 196
ベートマン＝ホルヴェーク Bethmann-Holweg, Théobald von（ドイツ政治家。1856-1921） 234, 239
ベネディクトゥス九世 Benoît（教皇。在位1032-1044） 53
ベネディクトゥス十二世 Benoît（教皇。在位1334-1342） 96
ベネディクトゥス十三世 Benoît（対立教皇。在位1394-1423） 104
ベネデッティ Benedetti, Vincent（フランスの外交官。1817-1900） 216
ヘーファー Höfer, Andreas（ティロルの反乱指導者。1767-1810） 179
ベーベル Bebel, Auguste（ドイツの社会主義者。1840-1913） 223
ヘルダー Herder, Johann von（ドイツの思想家。1744-1803） 157
ヘルダーリン Hölderlin, Friedrich（ドイツの詩人。1770-1843） 194
ヘルツ Hertz, Heinrich Rudolf（ドイツ物理学者。1857-1894） 232
ベルテ（トリノの）Berthe de Turin（1051-1087） 54, 57
ベルナルドゥス（クレルヴォーの）Bernard de Clairvaux（1090-1153） 68
ベルナドット Bernadotte（元ナポレオン麾下の軍人であったが、スウェーデン国王、カール・ヨハンとなった） 182
ヘルマン（シュヴァーベンの）Hermann 44
ヘルマン（ルクセンブルクの）Hermann de Luxembourg（ザルム伯。1088没） 57
ヘルムホルツ Helmholtz, Hermann（ドイツの生理学者。1821-1894） 232

フィルヒョウ Virchow, Rudolf（ドイツの病理学者。1821-1902） 232
フェリペ二世 Philippe（父カール五世と母、イサベルから広大な植民地とスペイン王位を継承。在位1556-1598） 123, 124, 235
フェリペ五世 Philippe（ルイ十四世の孫。スペイン王。在位は1700-1724, 1724-1746） 141
フェルディナント一世 Ferdinand（カール五世の弟。帝国を継承。在位1558-1564） 115, 123, 124
フェルディナント二世 Ferdinand（神聖ローマ皇帝。在位1619-1637） 126, 127, 130
フェルディナント三世 Ferdinand（神聖ローマ皇帝。在位1608-1657） 133, 138
フェルディナント大公（皇帝マクシミリアン二世の弟） 110
フェルディナント一世 Ferdinand（オーストリア皇帝。1793-1875） 197, 200, 203
フェルナンド Ferdinand d'Aragon（アラゴン王。在位1497-1516） 115
フォッシュ Foch, Ferdinand（フランスの元帥。1851-1929） 248, 249, 253
フォルモスス Formose（教皇。在位891-896） 39
フーゲンベルク Hugenberg, Alfred（国民党党首。1865-1951） 260
フーゴ（トリンベルクの）Hugo de Trimberg（ドイツ中世の著述家） 64
フス（ヤン）Huss, Jean（ボヘミアの宗教改革家。v.1370-1415） 101, 102, 104, 105
フーブマイヤー Hubenmeier, Barthazar（農民戦争のとき、『十二箇条』の要求） 111
プラトン Platon（哲学者。BC.428-347） 61
フランソワ一世 François（フランス王。1494-1547） 117
フランツ＝シュテファン François-Etienne（ロレーヌのフランソワ一世。マリア＝テレジアの夫。1708-1765） 144
フランツ二世 François（神聖ローマ帝国最後の皇帝。在位1792-1802。退位後、オーストリア皇帝フランツ一世となる。1804-1835） 170, 171, 173, 175, 181
フランツ＝フェルディナント（オーストリア皇太子。暗殺さる） 241
フランツ＝ヨーゼフ François-Joseph（オーストリア皇帝。在位1916-1918） 203, 225, 247
ブリアン Briand, Aristide（フランス首相。1862-1932） 256, 257
フリードリヒ二世 Frédéric（シュタウフェン家。バルバロッサの父。シュヴァーベン大公。1090-1147） 67
フリードリヒ一世（バルバロッサ）Frédéric（神聖ローマ皇帝。シュタウフェン家。在位1152-1190） 69, 70, 72, 73, 74, 75, 76, 77, 79
フリードリヒ Frédéric 二世（神聖ローマ皇帝、在位1212-1250。ナポリ・シチリア王としてはフリードリヒ一世） 66, 77, 79, 81, 82, 85, 93
フリードリヒ二世（大王）Frédéric（プロイセン王。在位1740-1786） 146, 147, 149, 150, 152, 153, 154, 154, 163, 164, 169, 181, 185
フリードリヒ三世 Frédéric（プロイセン王。ドイツ皇帝、在位九十九日のみ。1831-1888） 228
フリードリヒ Frédéric（オーストリア大公。バーデン辺境伯。ナポリで斬首された。1249-1268） 83
フリードリヒ三世 Frédéric le Pacifique（神聖ローマ皇帝。在位1440-1493） 106, 112, 114
フリードリヒ三世 Frédéric（プロイセン王。ブランデンブルク選帝侯。1657-1713） 137, 138
フリードリヒ＝ヴィルヘルム一世 Frédéric-Guillaume（ブランデンブルク選帝侯。1620-1688） 137

ハインリヒ・フォン・フェルデケ Heinrich von Veldecke（叙事詩人。v.1140-v.1200） 63
ハインリヒ・フォン・モルンゲン Heinrich von Morungen（詩人。v.1160-1222） 63
パーヴェル一世 Paul（ロシア皇帝。在位1796-1801） 172, 173
パスカリス二世 Pascal（教皇。在位1099-1118） 59
バゼーヌ Bazaine（フランスの元帥。1811-1888） 217
ハットー Hatto（マインツ大司教。在位891-913） 39, 41
バッハ Bach, Jean Sébastien（作曲家。1685-1750） 159, 160, 196
ハドリアヌス Hadrien（ローマ皇帝。在位117-138） 11
ハドリアヌス Hadrien 四世（対立教皇。在位1154-1159） 29, 72, 73
パーペン（フランツ・フォン）Papen, Franz von（ヒトラーを担ぎ上げた政治家。1879-1969） 258, 259, 260, 262
バルクラーイ・デ・トリ Barclay de Tolly（スコットランド生まれのロシアの将軍。1761-1818） 187
ハルデンベルク Hardenberg（プロイセン宰相。1750-1822） 184
ハルトマン・フォン・アウエ Hartmann von Aue（叙事詩人。v.1170-v.1220） 63
ハルン＝アル＝ラシッド Haroun-al-Raschid（バグダッドのカリフ。765-809） 29
ピウス七世 Pie（教皇。在位1800-1823） 173, 179, 183
ピウス九世 Pie（教皇。在位1846-1878） 222, 224
ピウス十一世 Pie（教皇。在位1922-1939） 261
ビスマルク Bismarck, Otto von（ドイツ帝国初代宰相。1815-1898）84, 205, 206, 207, 208, 209, 229, 233, 234, 236, 245, 256, 278
ピット Pitt, William（イギリス政治家。1759-1806） 172
ヒトラー Hitler, Adolf（ドイツ独裁者。1889-1945） 84, 220, 255, 258, 259, 260, 261, 263, 272
ピピン Pépin d'Héristal le Gros（v.635-714） 21
ピピン Pépin le Bref（短軀。714-768） 21, 24, 27, 44
ピピン一世 Pépin（アクィタニア王。838没） 35
ヒムラー Himmler, Heinrich（ナチス親衛隊隊長。1900-1945） 261, 263
ビュヒナー Büchner, Georg（ドイツ劇作家。1813-1837） 194
ヒューム Hume, David（イギリス思想家。1711-1776） 156
ビュロー Bülow, Bernhard（ドイツ政治家。1849-1929） 234, 237
ピョートル一世 Pierre le Grand（ロシア大帝。1672-1725） 143, 149
ピョートル三世 Pierre（大帝の孫。ホルシュタイン公。1728-1762） 150
ヒンデンブルク Hindenburg（ドイツの軍人。政治家。1847-1934） 246, 248, 257, 258, 259, 260, 263
フアナ Juana（Jeanne le Folle）（カスティリヤ女王。1479-1555） 115
ファルケンハイン Falkenhayn, Erich von（ドイツ軍人。1861-1922） 246
フィヒテ Fichte, Johann Gottlieb（ドイツ哲学者。1762-1814） 178
フィリップ・オーギュスト Philippe II Auguste（フランス王。在位1180-1223） 78, 79
フィリップ Philippe de Souabe（バルバロッサの息子。1176-1208） 79
フィリップ四世（美男王）Philippe le Bel（フランス王。在位1285-1314） 92
フィリップ Philippe le Beau（マリー・ド・ブルゴーニュとマクシミリアンの息子。1478-1506） 115

トマス・アクィナス Thomas d'Aquin（スコラ学者。1225-1274） 61
ドミティアヌス Domitien（ローマ皇帝。51-96） 11
トライチュケ Treitschke, Heinrich von（ドイツ歴史家。1834-1896） 231, 233
ドルスス（ネロ・クラウディウス）Drusus, Nero Claudius（ローマ皇帝。BC.38-BC.9） 9, 11
トルストイ（レフ）Tolstoï, Léon（ロシアの作家。1828-1910） 242
ドルフス Dollfuss, Egerbert（オーストリアの政治家。1892-1934） 264

【ナ】

ナポレオン一世 Napoléon（フランスの皇帝。1769-1821） 165, 173, 174, 175, 176, 177, 178, 179, 180, 181, 182, 183, 184, 186, 187, 189, 194, 195, 206, 235
ナポレオン三世 Napoléon（フランスの皇帝。1818-1873） 206, 207, 210, 211, 212, 213, 214, 217, 221
ニヴェル Nivel（フランス軍人。1856-1924） 247
ニコライ一世 Nicolas（ロシア皇帝。1796-1855） 204
ニコライ二世 Nocolas（ロシア皇帝。1868-1918） 240, 248
ニコラウス・クザーヌス Nicolas de Cusa（哲学者。1401-1467）108, 112
ニコラウス二世 Nicolas（教皇選挙を改革した教皇。在位1059-1061） 55
ニコラウス五世 Nicolas（対立教皇。1328-1329） 95
ニーチェ Nietsche, Friedrich（ドイツ哲学者。1844-1900） 230, 231, 255
ヌール・アッディン Nour-ed-Din（シリア地方の君主。1118-1174）68
ネッセルローデ Nesselrode（ロシアの外交官。1780-1862） 184
ノイバー Neuber, Caroline（ドイツ演劇の女優。通称、ノイベリン。1697-1760） 154

【ハ】

ハイネ（ハインリヒ）Heine, Henri（詩人。1797-1856） 194
ハインリヒ一世（捕鳥王）Henri l'Oiseleur（オットー大帝の父。在位919-936） 41, 42, 43, 44, 51
ハインリヒ二世 Henri（神聖ローマ皇帝。ザクセン家。在位1002-1024） 51
ハインリヒ三世 Henri（皇帝。ザリアー家。在位1039-1056） 52, 55
ハインリヒ四世 Henri（皇帝。ザリアー家。在位1056-1106） 54, 55, 56, 57, 58, 67
ハインリヒ五世 Henri（皇帝。ザリアー家。在位1105-1125） 58, 59, 60, 67
ハインリヒ六世 Henri（皇帝。ヴェルフェン家。ミンネゼンガー。在位1190-1197） 63, 76, 77, 78, 79
ハインリヒ一世 Henri（バイエルン大公。ザクセン家。オットー大帝の弟。在位947-955） 45
ハインリヒ二世 Henri le Querelleur（喧嘩王。バイエルン大公。ザクセン家。在位955-976） 48
ハインリヒ九世 Henri le Noir（黒王。バイエルン大公。ヴェルフェン家。在位1120-1126） 54
ハインリヒ十世 Henri le superbe（傲岸王。バイエルン大公。ヴェルフェン家。在位1126-1139） 67
ハインリヒ十二世 Henri le Lion（獅子公。バイエルン・ザクセン大公。ヴェルフェン家。在位1156-1180. 死去1195） 70, 76, 78, 79
ハインリヒ二世 Henri Jasomir Gott（ヤソミルゴット。オーストリア辺境伯。v.1107-1177） 73
ハインリヒ七世 Henri de Luxembourg（ルクセンブルク伯1288-1313神聖ローマ皇帝1308-1313） 93

ゾイゼ Seuse, Heinrich（ドイツ神秘主義思想家。1295-1368） 62
ソコロフスキー Sokolowski（ドイツ進駐ソ連軍司令官。1897-1968） 274
ゾフィー＝シャルロッテ Sophie-Charlotte（プロイセン王妃。1668-1705） 156

【タ】

ダヴー Davout, Louis-Nicolas（フランスの軍人。1770-1823） 176
タウラー（ヨハンネス）Tauler, Jean（ドイツ神秘主義者。1300-1361） 62
タキトゥス Tacite（ローマの歴史家。v.55-120） 6, 7, 11, 42
タシロ三世 Tassilon（バイエルン大公。v.740-794） 29
ダランベール d'Alembert, Jean Le Rond（百科全書家。1717-1783） 152
タレーラン Talleyrand（フランスの政治家・外交官。1754-1838） 172, 184, 185, 186
タンクマール Thancmar（オットー大帝の弟。v.905-938） 44
タンクレード Tancrède（十一世紀、シチリアを征服・支配したノルマン貴族） 78, 79
ダンテ・アリギエリ Dante Alighieri（ルネサンス期詩人。1265-1321） 81, 92, 93
ダントン Danton, Georges Jaques（フランスの革命家。1759-1794） 228
チェンバレン Chamberlain, Houston Stewart（極右思想家。1855-1927） 231, 255
チェンバレン Chamberlain, Joseph（イギリス政治家。1836-1914） 235
チェンバレン Chamberlain, Austin（イギリス政治家。1863-1937） 257
チェンバレン Chamberlain, Nevil（イギリス首相。1869-1940） 265, 266
チャーチル Churchil（イギリスの政治家。1874-1965） 247, 270
チャールズ二世 Charles（イギリス王。1630-1685） 136
ツヴィングリ Zwingle, Urlic（宗教改革家。1484-1531） 121
ツェッペリン Zeppelin（飛行船で世界を回った。1838-1917） 232
ティエール Thiers, Adolphe（フランス政治家。1797-1877） 216, 218
ディオクレティアヌス Dioclétien（ローマ皇帝。245-313） 13
ディズレーリ Disraeli, Benjamin（イギリス政治家。1804-1881） 226
ティベリウス Tibère（ローマ皇帝。BC.42-AD.37） 9
ティリー Tilly（三十年戦争で皇帝軍を指揮。1559-1632） 130, 131, 132
ティルピッツ Tirpitz, Alfred von（ドイツの海軍軍人。1849-1930） 239, 247
テオデリンデ Théodelinde（627没） 18
テオドリック Théodoric（東ゴート王。455-526）17
テオファノ Théophano（ビザンティン皇女。オットー二世の妻。956-991） 48, 49
デカルト Descartes, René（フランス哲学者。1596-1650） 127
デシデリウス Didier（八世紀、ランゴバルド最後の王） 27, 28
テッツェル Tetzel, Jean（サンピエトロ大聖堂の資金集めにドイツで免罪符を売った説教家。v.1465-1529） 118
デーニッツ Doenitz, Karl（ヒトラーの死後、敗戦処理。1891-1980） 272
デューラー（アルブレヒト）Dürer, Albert（画家。1471-1528） 110
デルカッセ Delcassé, Théophile（フランス首相。1852-1923） 236, 237
テールマン Thaelmann, Ernest（ドイツ共産党指導者。1886-1944） 258
ドゴール De Gaul, Charles（フランスの将軍。大統領。1890-1970） 268, 278
ドーズ Daws, Charles Gates（アメリカの財政家。1865-1951） 256, 257

シェリング Schelling（ドイツ哲学者。1775-1854） 195
ジェローム・ボナパルト Jérôme Bonaparte（ナポレオンの弟。1784-1860） 177
ジギスムント Sigismond（カール四世の息子。神聖ローマ皇帝。在位1410-1437） 101, 102, 104, 105
シクストゥス Sixte de Bourbon（パルマ大公。1886-1934） 247, 248
ジーベル（ハインリヒ・フォン）Sybel, Henri de（歴史家。1817-1895） 231
ジムソン Simson, Edward von（ライプツィヒ議会議長。1810-1899） 207
シャイデマン Scheidemann, Philip（ドイツ政治家。1865-1939） 249, 251
シャペラー Schappeler, Christophe（十六世紀の農民戦争当時、『十二箇条の要求』を出した） 111
シャルル軽率王 Charles le Téméraire（最後のブルゴーニュ公。1493-1477） 106, 107
シャルル禿頭王 Charles le Chauve（823-977） 36, 37, 38
シャルル・ダンジュー Charles d'Anjou（ルイ九世の弟。1226-1285） 84
シャルル・ド・ヴァロワ Charles de Valois（1284-1325） 93
シャルルマーニュ Charlemagne（カール大帝を見よ）
シャルンホルスト Scharnhorst, Gérard von（プロイセンの軍人。1755-1813） 178, 181
シュヴァルツェンベルク Schwarzenberg, Karl Philip（オーストリアの元帥。1771-1820） 182, 183, 187
シュタイン Stein, Henri（プロイセンの政治家。1757-1831） 178, 187, 190
シュターレンベルク Stahremberg（一六八三年、トルコ軍に包囲されたときのウィーン防衛指揮官） 137
シュトレーゼマン Stresemann, Gustave（ドイツの政治家。1878-1929） 256, 257
シュピッツヴェーク Spitzweg, Carl（画家。1808-1885） 197
シューベルト Schubert, Franz（作曲家。1797-1828） 196
シューマン Schumann, Robert（作曲家。1810-1856） 196
シュライエルマッハー Schleiermacher, Ernest（哲学者。1768-1834） 196
シュライヒャー Schleicher, Kurt von（ドイツの政治家。1882-1934） 259, 260, 262
シュリ Sully（フランスの宰相。1559-1641） 125
シュリーフェン Schlieffen, Alfred von（ドイツの軍人。1833-1913） 237, 243
シュレーゲル兄弟 Schlegel——アウグスト Auguste（芸術批評家。1767-1845）、フリードリヒ Frédéric（歴史家。1772-1829） 194
ショー（バーナード）Shaw, Bernard（アイルランドの劇作家。1851-1950） 242
ジョゼフィーヌ Joséphine（ナポレオンの妻。1763-1804〔皇后〕-1814） 176, 179
ジョッフル Joffre（フランス軍司令官。1852-1931） 246
ショーペンハウアー Schopenhauer, Arthur（ドイツ哲学者。1788-1860） 195
シラー Schiller, Friedrich（詩人、劇作家。1759-1805） 85, 158, 159, 161, 251
シルヴェステル二世 Sylvestre（教皇。在位999-1003） 50
シルヴェステル三世 Sylvestre（教皇。在位1045） 53
スタニスワフ・ポニャトフスキ Stanislas Poniatowski（ポーランド王。在位1764-1795） 163
スタニスワフ・レクチンスキ Stanislas Reczinski（ポーランド王——ロレーヌ公。1677-1766）144
スターリン Staline（ソ連独裁者。1879-1953） 266, 269
セドルニツキー Sedlnitzky（オーストリア警察長官。1778-1855） 192

ケルスティング Kersting, Georg Friedrich（画家。1785-1847） 197
ゲルベルガ Gerberge（神聖ローマ皇帝ハインリヒ一世の娘。v.913-969） 43
ゲルベルトゥス Gerbert（オットー大帝とは友人。フランス人最初の教皇シルヴェステル二世になる） 50
ゲルマニクス Germanicus（ローマのライン地方軍司令官。BC.15-AD.19） 11
ゲレス Görres, Joseph von（作家、歴史家。1776-1848） 195
ケレンスキー Kerenski（ロシア革命を実現したがボルシェヴィキに逐われて西欧に亡命。1881-1970） 248
ケレスティヌス三世 Célestin（教皇。在位1191-1198） 78
ゲンツ Gentz, Friedrich von（メッテルニヒとともにウィーン会議でオーストリアのために交渉した。1764-1832） 184
コシチューシコ（タデウス）Kosciusko, Thadée（ポーランドの将軍。1746-1817） 164
コシュート（ラヨシュ）Kossuth, Louis（ハンガリーの愛国者。1802-1819） 198, 199
コッツェブー Kotzebue, Auguste von（ドイツの劇作家。1760-1819） 191
ゴットフリート・フォン・シュトラスブルク Gottfried de Strasbourg（叙事詩人。v.1170-v.1210） 63
コッホ Koch, Robert（細菌学の祖。1843-1910） 232
ゴルチャコフ Gortchakov, Alexandre（ロシアの外交官。1798-1883） 225
コロンナ Colonne, Otto（ローマの名門貴族。枢機卿オッド。教皇マルティヌス五世） 104
コンサルヴィ Consalvi（枢機卿。ウィーン会議で教皇庁を代表。1757-1824） 184
コンスタンティウス（クロルス）Constance Chlore（コンスタンティヌスの父。v.250-306） 13
コンスタンティヌス Constantin le Jeune（ローマ帝国にキリスト教を公認した。v.274-337） 13, 14, 15, 44
コンスタンツァ Constance de Sicile（シチリア王ルッジェーロ二世の娘。神聖ローマ皇帝ハインリヒ六世と結婚。1154-1198） 76, 79
コンラディン Conradin（フランスのシャルル・ダンジューと南イタリアを争って敗れた。1252-1268） 83
コンラート一世 Conrad（フランケン公から出た神聖ローマ皇帝。在位911-918） 41
コンラート二世 Conrad（神聖ローマ皇帝。在位1024-1039） 52
コンラート三世 Conrad（神聖ローマ皇帝。在位1138-1152） 68, 69
コンラート四世 Conrad（神聖ローマ皇帝。在位1250-1254） 82, 83
コンラート（赤公）Conrad le Roux（ロートリンゲン大公。v.931-953） 45

【サ】

ザカリアス Zacharie（教皇。在位741-752） 24
ザックス（ハンス）Sachs, Hans（ミンネゼンガー。劇作家。1494-1576） 109
サンデルス Sanders, Daniel（ドイツ語学者。1819-1897） 239
サンド（ジョルジュ）Sand, George（フランスの女流作家。1804-1876） 195
ザント（カール）Sand, Karl（コッツェブーを殺した学生。1795-1820） 191
シェイクスピア Shakespeare（イギリス劇作家。1564-1616） 154, 157, 194
ジェームソン Jameson（南アフリカ連邦の成立に関わったイギリス人政治家。1853-1917） 235
ジェームズ一世 Jacques（イギリス王。スコットランド王としては六世。在位1603-1625） 128

グナイゼナウ Gneisenau, August（プロイセンの軍人。1760-1831） 178
クニグンデ Cunégonde（神聖ローマ皇帝ハインリヒ三世の妻。v.1033没。） 51
クライスト Kleist, Heinrich von（劇作家。1777-1811） 194
クラウゼヴィッツ Clausewitz, Karl von（『戦争論』の著者。1780-1831）178
クラッスス Crassus, Marcus Licinius（ローマの政治家。v.BC.115-53） 10
グラモン Gramond, Antoine（ナポレオン三世の外相。1819-1880） 216
グリエルモ一世（悪人王）Guillaume le Mauvais（ナポリ・シチリア王国。在位1154-1166） 73, 76
グリエルモ二世（善人王）Guillaume le Bon（ナポリ・シチリア王国。在位1166-1189） 76, 78, 79
クリスティアン四世 Christian（デンマーク王。在位1588-1648） 130
クリスティアン九世 Christian（デンマーク王。在位1863-1906） 205
クリューガー Kruger, Paul（南アフリカの政治家。トランスヴァール共和国大統領。1825-1904） 235
グリルパルツァー Grillparzer, Franz（オーストリアの劇作家。1791-1872） 192, 194
グリンメルスハウゼン Grimmelshausen（ドイツの作家。v.1621-1676） 134
グレー Grey, Edward（イギリスの政治家。1862-1933） 237
クレイ Clay, Lucius（ドイツ進駐アメリカ軍司令官。1897-1978） 275
グレゴリウス（トゥールの）Grégoire de Tours（『フランク史』を著述。538-594） 20
グレゴリウス二世 Grégoire（教皇。在位715-731） 22
グレゴリウス三世 Grégoire（教皇。在位731-741） 23, 24
グレゴリウス五世 Grégoire（教皇。在位996-999） 49, 50
グレゴリウス六世 Grégoire（教皇。在位1045-1046） 53, 55
グレゴリウス七世 Grégoire（ヒルデブランド。教皇。在位1073-1085） 55, 56, 57, 58, 72, 74
グレゴリウス九世 Grégoire（教皇。在位1227-1241） 81
グレゴリウス十一世 Grégoire（教皇。在位1370-1378） 105
グレゴリウス十二世 Grégoire（教皇。在位1406-1415） 104
クレマンソー Clemenceau, Georges（フランスの政治家。1841-1929） 248, 249, 251, 253
クレメンス二世 Clément（教皇。在位1046-1047） 53
クレメンス三世 Clément（対立教皇。在位1080-1100） 57
クレメンス五世 Clément（教皇。在位1305-1314） 92, 105
クレメンス六世 Clément（アヴィニョンの教皇。在位1342-1352） 96
クローヴィス（クロドヴェク）Clovis（フランク王。465-511） 19, 20
クロティルド Clotilde（クローヴィスの妻。v.475-545） 19
クロップシュトック Klopstock, Frédéric（詩人。1724-1803） 157
グンデカール Gundekar（アイヒシュタットの司教。多くの教会を建設。） 61
ケインズ Keynes（経済学者。1883-1946） 253
ゲッツ・フォン・ベルリヒンゲン Goetz von Berlichingen（1480-1562） 112, 158
ゲッベルス Goebbels, Joseph（ナチスの啓蒙宣伝相。1897-1945） 261
ゲーテ Goethe, Johann Wolfgang von（ドイツの詩人。1749-1832） 112, 157, 158, 159, 161, 178, 185, 192, 194, 251
ゲーリング Goering, Hermann（ナチス突撃隊長からヒトラーの後継となったが、最後には対立。1893-1946） 261, 268

オットー四世 Othon（1182-1218） 76, 79
オットー一世 Othon（バイエルン公。v.1120-1183）
オディロ Odilon（クリュニー大修道院長。962-1048） 51
オドアケル Odoacre（西ローマ帝国を滅ぼした傭兵隊長。433-493） 17
オリヴィエ Ollivier, Émile（フランスの政治家。1825-1913） 216
オルランド（シエナの）Roland（枢機卿） 73, 74

【カ】

カイヨー Calllaux, Joseph（フランスの政治家。1863-1944） 238
カヴール Cavour（イタリアの政治家。1810-1861） 207
カイテル Keitel, Wilhelm（ドイツの軍人。1882-1946） 272
カエサル（ユリウス）César, Jules（BC.101-44） 5, 8, 9, 10, 44, 95
ガーゲルン Gagern（フランクフルト国民議会議長。1799-1880） 201
カスルレー Castlereagh（イギリス政治家。1769-1822） 184
カタリーナ Catherine（ヴュルテンベルクの公女。ナポレオンの弟ジェロームと結婚） 176
カップ Kapp, Wolfgang（ドイツの政治家。1858-1922） 255
カニシウス Canisius（Pierre d'Hondt　ドイツの反宗教改革の指導者。1521-1597） 125
カプリーヴィ Caprivi（ビスマルクのあとのドイツ帝国首相。1831-1899） 220, 234
カラ＝ムスタファ Kara-Mustapha（オスマン・トルコの宰相。1634-1683） 139
カール大帝 Charlemagne（Karl〔独〕, Carolus〔羅〕。742-814） 21, 25, 27, 28, 29, 30, 31, 32, 33, 34, 38, 40, 42, 44, 45, 46, 47, 50, 51, 152, 173
カール・マルテル Charles Martel（685-741） 21, 23, 24
カール二世 Charles 38
カール三世（シャルル肥満王）Charles le Gros（839-888） 38
カール Charles 四世（ボヘミア王としてはカレル一世。1346-1378） 96, 97, 99, 101, 105
カール五世 Charles Quint（ハプスブルク家絶頂期の神聖ローマ皇帝。在位1519-1558） 113, 114, 115, 117, 119, 120, 121, 122, 123, 216
カール六世 Charles（神聖ローマ皇帝。マリア＝テレジアの父。在位1711-1740） 141, 143, 144, 147
カール七世 Charles（神聖ローマ皇帝。マリア＝テレジアと戦い敗北。在位1742-1745） 147
カール一世 Charles（オーストリア皇帝。在位1916-1918） 247, 248, 249
カール十世 Charles（スウェーデン王グスタフ。在位1622-1660） 142
カール十二世 Charles（スウェーデン王。在位1697-1718） 142, 143
カール十四世 Charles（スウェーデン王。フランス人、ベルナドット。在位1818-1844） 182
カール Charles（オーストリア大公。1771-1847） 171, 178, 179
カルロス二世 Charles（スペイン王。在位1665-1700） 140, 141
カール・テオドール Charles-Théodore（プファルツ公。1724-1799） 153
カント Kant, Emmanuel（哲学者。1720-1804） 156
ガンベッタ Gambetta, Léon（フランスの政治家。1838-1882） 218
グスタフ＝アドルフ Gustave-Adolphe le Grand（スウェーデン王「北方の獅子」。在位1611-1632） 127, 131, 132
グータ Guta, Jutta de Habsbourg（ボヘミア王ヴェンツェルの妻。1271-1297） 91

ヴィルヘルム二世 Guillaume（ドイツ皇帝。プロイセン王。1859-1941） 228, 229, 233, 234, 235, 237, 239, 243, 247, 249
ウィレム一世 Guillaume d'Orange（オラニエ公。1772-1843） 138, 183
ウィルソン Wilson, Thomas Woodrow（アメリカ大統領。1856-1924） 248, 249, 253
ウィンフリード Winfrid（ボニファティウスを見よ）
ヴェーバー Weber, Karl Maria von（作曲家。1786-1826） 196
ウェリントン Wellington, Arthur（ナポレオンを破ったイギリスの軍人。1769-1852） 187
ヴェルザー（フィリッピーネ）Welser, Philippine（富豪の娘。皇帝フェルディナントの后。1527-1580） 110
ウェルズ Wells, Herbert George（アイルランドの作家。1866-1946） 242
ヴェンツェスラウス（ヴァーツラフ）一世 Venceslas（ボヘミアの聖王。v.907-929） 152
ヴェンツェスラウス（ヴァーツラフ）四世 Venceslas l'Ivrogne（諸侯と抗争を繰り返した。Ivrogne は酔っ払いの意。1361-1419） 93, 105
ヴェンツェル Wenzel（ボヘミア王。1230-1253） 91, 101
ヴェンツェル二世 Wenzel（ボヘミア王。1278-1305） 93
ヴォルテール Voltaire（フランス啓蒙思想家。1694-1778） 107, 136, 147, 149, 155, 166, 185
ヴォルフラム・フォン・エッシェンバッハ Wolfram d'Eschenbach（叙事詩人。v.1170-1220） 63
ウーラント Uhland, Ludwig（詩人。1787-1862） 194
ウルバヌス二世 Urbain（教皇。在位1088-1099） 58
ウルフィラス Ulfilas（ゴート人聖職者。ゴート語アルファベットを作り、聖書を翻訳。v.311-383） 14
ヴワディスワス五世 Vladislas（ウラースローとも。ハンガリー王。在位1490-1516） 115
エアハルト Erhardt, Ludwig（西ドイツの第二代首相。1897-1977） 276, 278
エウゲニウス三世 Eugène（教皇。在位1145-1153） 70
エカテリーナ二世 Catherine（ロシア女帝。1729-1796） 150, 152, 163, 164
エックハルト（マイスター）Eckart, Johann（v.1260-1327） 62
エドワード三世 Edouard（イングランド王。1312-1377） 96
エドワード七世 Edouard（イギリス王。1841-1910） 236, 237
エーベルト Ebert, Friedrich（ドイツ共和国初代大統領。1871-1925）249, 251, 257
エーベルハルト Eberhard（フランケン公。939没） 41, 44
エラスムス Erasme, Didier（1466-1536） 107
エリオ Herriot, Edouard（フランスの政治家。1872-1957） 256, 257
エリザヴェータ Elisabeth（ロシア女帝。1709-1762） 149, 150
エリザベト Elisabeth de Bohême（オーストリア公アルベルトと結婚。1409-1442） 106
エルツベルガー Erzberger, Matthias（ドイツの政治家。1875-1921） 255
エールリヒ Ehrlich, Paul（ドイツの医学者。1854-1915） 232
オイゲン・フォン・サヴォイア Eugène de Savoie（オーストリアの軍人。1663-1736） 141
オイレンブルク Eulenbourg, Philipp von（外交官、詩人。1847-1921） 234
オタカル二世 Ottokar（ボヘミア王。v.1230-1278） 90, 91
オットー一世（大帝）Othon（912-973） 44, 45, 46, 47, 48, 50, 51, 82, 220
オットー二世 Othon（955-983） 48, 49
オットー三世 Othon（980-1002） 48, 49, 50, 51

アルブレヒト六世 Albert（オーストリア公。1424-1463） 106
アルベルトゥス・マグヌス Albert le Grand（スコラ哲学者。v.1193-1280） 61
アルミニウス Arminius（ゲルマンのチャルスキ族の長。トイトブルクの森でローマ軍を殲滅。BC.18-AD.19） 10, 11, 194
アルント Arndt, Ernst Moritz（プロイセンの憂国詩人。1769-1860）191
アレイオス（アリウス）Arius（アレクサンドリア司教。v.280-336）14, 15
アレクサンデル三世 Alexandre（教皇。在位1159-1181） 74, 75
アレクサンドル一世 Alexandre（ロシア皇帝。1777-1825） 165, 173, 177, 184
アレクサンドル二世 Alexandre（ロシア皇帝。1818-1881） 225
アレクシオス・コムネノス Alexis Comnène（ビザンティン皇帝。在位1081-1118）65
アンドラーシ Andrassy（オーストリア外相。1823-1890） 225
アンナ Anna（ハンガリー王ウラスロー二世の娘。1503-1547） 115
アンリ二世 Henri（フランス王。1519-1559） 122
イグナティウス・ロヨラ Ignace Loyole（1491-1556） 124
イサベル（カスティリア女王）Isabelle de Castille（1451-1504） 115
イサベル（スペイン女王）Isabelle de Bourbon（1830-1904） 214
イシュトヴァン Etienne（初代ハンガリー王。997-1038） 152
イノケンティウス二世 Innocent（教皇。在位1130-1143） 67
イノケンティウス三世 Innocent（教皇。在位1198-1216） 79
イノケンティウス四世 Innocent（教皇。在位1243-1254） 82
イノケンティウス十一世 Innocent（教皇。在位1676-1689） 139
ヴァーグナー（エヴァ）Wagner, Eva（作曲家ヴァーグナーの娘。1867-1947） 231
ヴァーグナー（リヒアルト）Wagner, Richard（楽劇作家。1813-1883） 8, 196, 230, 255
ヴァッサーマン Wassermann, Auguste von（細菌学者。1866-1925） 232
ウァルス Varus（ゲルマニアで敗北を喫したローマの将軍。AD.9没） 10, 18
ヴァルター・フォン・デア・フォーゲルヴァイデ Walter von der Vogelweide（ドイツ中世の抒情詩人。v.1170-v.1230） 63
ヴァルデマール四世 Waldemar（デンマーク王。v.1317-1375）98
ヴァルトミュラー Waldmüller, Ferdinand Georg（オーストリア、ビーダーマイヤー期の代表的画家。1793-1865） 197
ヴァレンシュタイン Wallenstein, Albrecht（三十年戦争の将帥。1583-1634） 128, 129, 130, 133, 159
ウァレンス Valens（ローマ皇帝。v.328-378） 15
ヴァンデルヴェルデ Vanderverde, Emile（ベルギーの政治家。1866-1983） 257
ヴィクトリア Victoria（イギリス女王。1819-1901） 208, 210, 235
ヴィクトール四世 Victor（対立教皇。1159-1164） 75
ウィクリフ Wycliff, John（宗教改革の先駆者。1324-1384） 101, 102
ヴィットリオ＝エマヌエレ Victor-Emmanuel（イタリア王。1820-1878） 207, 221
ウィティキンド Witikind（ヴィドゥキント Widukind とも。九世紀のザクセン公）4, 41
ウィリアム（オッカムの）Guillaume d'Occam（v.1300-1349） 96
ヴィルヘルム一世 Guillaume（プロイセン王。一八七一年、ヴェルサイユでドイツ皇帝に。1797-1888） 207-216, 219, 224, 225, 228

索　引

読み方の表記は、その人の属する国での方式に従ったが、欧文綴りは、原著のフランス綴りを付記した。同名の人物が幾つも出てくるので、識別するために、生没年とその人物を特徴づける事項を記述した。

【ア】

アイストゥルフ Astolphe（ランゴバルド王。在位749-756）　24
アイゼンハワー Eisenhower, Dwight David（第二次世界大戦でヨーロッパ連合軍最高司令官。アメリカ大統領。1890-1969）　271
アインハルト Eginhard（フランス式ではエジナール。カール大帝の伝記者。v.770-840）　32
アウグステンブルク Augustenbourg（公）（1798-1869）　209
アウグスト二世（強力侯）Auguste le Fort（ザクセン選帝侯。ポーランド王。在位1697-1704）　136
アウグスト三世 Auguste（ザクセン選帝侯。1750-1827。ポーランド王、在位1733-1763）　144, 163
アウグストゥス Auguste（ローマ初代皇帝。BC.63-AD.14）　9, 10, 11, 34, 44
アエティウス Aetius, Flavius（西ローマ帝国の将軍。v.390-454）　16
アグネス（ボヘミアの）Agnès de Bohême（1269-1296）　91
アダルベルト Adalbert（ハンブルクとブレーメンの大司教。v.1000-1072）　54
アッティラ Attila（フン族の王。v.406-453）　16
アデナウアー Adenauer, Konrad（第二次世界大戦後の西ドイツ首相。1876-1967）　276, 277, 278
アデライード Adelaïde（アーデルハイトとも。オットー大帝の妻。聖女。v.930-999）　46, 48
アドルフ（ナッサウの）Adolphe de Nassau（ドイツ王。1250-1298）　92
アナクレトゥス二世 Anaclet（対立教皇。在位1130-1134）　67
アナスタシオス一世 Anastase（ビザンティン皇帝。在位491-518）　20
アニェス・ド・ポワトゥー Agnès de Poitou（フランス王アンリ三世の妻。1077没）　54
アルヌルフ Arnulf de Carinthie（カロリンガ朝の東フランク王。皇帝。v.850-899）　38, 39, 40, 43, 44
アルノルドゥス（ブレシアの）Arnaud de Brescia（アベラルドゥスの弟子。教会改革を訴えたが破門され、絞首刑に処された。v.1100-1155）　70, 72
アルフォンソ十世（賢王）Alphonse（カスティリアとレオンの王。1221-1284）　85
アルフォンソ十二世 Alphonse（スペイン王。在位1874-1885）　214
アルブレヒト熊伯 Albert l'Ours（ブランデンブルク辺境伯。v.1100-1170）　67
アルブレヒト一世 Albert（神聖ローマ皇帝。1298-1308）　91, 92
アルブレヒト二世 Albert（神聖ローマ皇帝。1438-1439）　106

アンドレ・モロワ　André Maurois
本名はエミール・サロモン・ヴィレルム・エルゾグ（Émile Salomon Wilhelm Herzog）。ユダヤ系フランス人で、1885年ノルマンディーのエルブーフで生まれ、ルーアンのリセ・コルネイユ卒業。哲学者で教師のアランから深い感化を受ける。第一次世界大戦で英語通訳官を務め、その体験をもとに書いた小説、『ブランブル大佐の沈黙』でデビュー。以後、『シェリー伝』『バイロン伝』などの評伝、『フランス史』などの通史、評論を数多く執筆。1938年、フランス・アカデミー会員となる。1967年、82歳で没。

桐村泰次（きりむら・やすじ）
1938年、京都府福知山市生まれ。1960年、東京大学文学部卒（社会学科）。欧米知識人らとの対話をまとめた『西欧との対話』のほか、『仏法と人間の生き方』等の著書、訳書にジャック・ル・ゴフ『中世西欧文明』、ピエール・グリマル『ローマ文明』、フランソワ・シャムー『ギリシア文明』『ヘレニズム文明』、ジャン・ドリュモー『ルネサンス文明』、ヴァディム＆ダニエル・エリセーエフ『日本文明』、ジャック・ル・ゴフ他『フランス文化史』（論創社）がある。

ドイツ史
HISTOIRE DE L'ALLEMAGNE

2013年10月10日　初版第1刷印刷
2013年10月20日　初版第1刷発行

著　者　アンドレ・モロワ
訳　者　桐村泰次
発行者　森下紀夫
発行所　論 創 社
東京都千代田区神田神保町 2-23　北井ビル
tel. 03 (3264) 5254　fax. 03 (3264) 5232
振替口座 00160-1-155266
http://www.ronso.co.jp/

装　幀　野村　浩
印刷・製本　中央精版印刷

ISBN978-4-8460-1273-1